情動於中

情動於中

生死愛慾的哲學思考

黃沐恩　著

香港中文大學出版社

《情動於中：生死愛慾的哲學思考》
　黃沐恩　著

通識教育叢書
　叢書主編：梁美儀

© 香港中文大學 2019

國際統一書號（ISBN）：978-988-237-096-8

2019 年第一版
2022 年第四次印刷

出版：香港中文大學出版社
　　　香港　新界　沙田・香港中文大學
　　　傳真：+852 2603 7355
　　　電郵：cup@cuhk.edu.hk
　　　網址：cup.cuhk.edu.hk

Butterflies in the Stomach:
A Philosophical Investigation of Human Emotions (in Chinese)
　By Wong Muk-yan

General Education Series
　Series Editor: Leung Mei-yee

© The Chinese University of Hong Kong 2019
All Rights Reserved.

ISBN: 978-988-237-096-8

First edition　　　2019
Fourth printing　　2022

Published by　The Chinese University of Hong Kong Press
　　　　　　　The Chinese University of Hong Kong
　　　　　　　Sha Tin, N.T., Hong Kong
　　　　　　　Fax: +852 2603 7355
　　　　　　　Email: cup@cuhk.edu.hk
　　　　　　　Website: cup.cuhk.edu.hk

Printed in Hong Kong

目錄

「通識教育叢書」總序

香港中文大學創校於1963年。中大從開始即把通識教育課程列作必修科，以實踐全人教育的理想。在不同的年代，大學不斷改革通識教育課程，回應社會和大學的需要。2012年學制改革，大學乘此良機推出全新通識教育基礎課程，同學必須修讀中外經典，與師友互相切磋，思考人生，探索世界。我希望在此向曾為通識課程出一分力的同事致以衷心感激，也要向撰寫和策劃「通識教育叢書」的同事和朋友致意。

大學通識教育部自1999年與中文大學出版社合作，出版「通識教育叢書」。出版通識教育書籍，是要傳播通識教育的精神，並以簡潔的文字，向社會人士介紹不同學科的知識。2005年起，出版的工作由鄭承峰通識教育研究中心負責，圖書的內容涵蓋哲學、物理、社會學、文化等等。這次出版的通識書籍，內容豐富，與過往的書籍比較毫不失色。這不但是中大同學的福氣，也是各位讀者的福氣。

撰寫通識書籍，是頗難的一樁事情。作者須引領讀者，重新審視平常生活裏很多被人忽視的東西，還要言簡意賅，解釋一些看似艱澀難懂的概念。「通識教育叢書」專為繁忙的都市人而寫，雖然不是厚甸甸的巨著，卻沒有放棄嚴謹準確的原則。我希望讀者能多用上下班乘車的機會，暫且放下手機，花一點時間閱讀這些書籍，

待作者帶領你去漫遊不同的國度、時空、文化，增廣見聞，用知識點綴生活。我相信只要你持之以恆，必能有所進益。

　　人生匆匆幾十寒暑，有些人淡泊自甘，有些人則汲汲於名利；有些人一生順遂，有些人卻失意無依。人生有許多的歡愉，更有不盡的無常和無奈。我們身處其中，如何進退迴旋，那需要審時度勢的機敏，鑑別善惡的明慧，以及敬讓謙和的虛心。人的稟賦各異，但我們卻可以藉教育改善自己。當然，有時間和機會多讀好書，親炙智者，那就最好不過。但生活忙碌或已離開校門的朋友不要失望，「通識教育叢書」正是為你編寫。不論你是否中大的學生，我也誠意邀請你進入通識教育的課堂，與我們談天說地。

　　最後，我必須藉此機會，感謝社會對中大通識教育的支持和讚譽。中大通識基礎課程獲美國通識及自由教育課程協會，頒授「2015年通識教育優化模範課程獎」。這項殊榮，使我想起當年創校先賢的遠大目光和開拓精神，以及承先啟後所須付出的努力。我們將再接再厲，貫徹中大的教育理想，以及「博文約禮」的精神。

香港中文大學前校長、中大醫學院莫慶堯醫學講座教授

沈祖堯教授

序一

沐恩邀請我寫序，我沒有立刻答應，因為我要先判斷他這本書寫得是好是壞，才可以決定。如果是壞書，卻仍然接受邀請寫序，要麼真心批評，直指其壞，這樣的序會得罪作者；要麼假意讚好，視作應酬，這樣的事我做不出來。寫序其實是一種推薦形式，因此，世間書序大多對作者有褒無貶，分別在於那讚賞之語有多真誠而已。我的原則是講真話，所以不會為壞書寫序。

我現在為這本書寫序了，運用簡單的邏輯推論，當知我認為這是一本好書。全書共九章，我看了兩章後已能判斷沐恩寫得好，於是回覆他，答應寫序，然後把餘下七章讀完。讀時，趣味盎然；讀後，獲益良多。這序，我是寫得相當起勁的。

人人都有情緒，而不同的情緒在各式各樣的情況對人的行為有或大或小的影響；一言以蔽之，情緒根本就是人生不可或缺的部分。要了解自己，了解人生，就不得不了解情緒。情緒是個重要的題目，可是，相對於其他重要題目，討論情緒的書不多，適合一般讀者看的更少；中文的，就更少之又少；中文而堪稱好書的，可能一本也沒有。這個現象應該如何解釋，當然不能在這個序深究，我只想指出，《情動於中》是一本少有（甚至是絕無僅有）的探討情緒的中文好書。

　　雖然這本書以一般讀者為對象，卻不折不扣是專家之作。沐恩的學術訓練是哲學，博士論文寫的正是情緒哲學（philosophy of emotion）；而我第一次留意到沐恩的學術著作，就是見到他在國際哲學期刊 *Philosophical Studies* 發表的一篇情緒哲學論文。擁有如此紮實的有關學術背景，沐恩寫這本書自然得心應手。

　　我說的「擁有如此紮實的有關學術背景」，不單指哲學，因為情緒的研究早已是跨學科的（interdisciplinary），即使寫的是哲學論文，也必須研讀其他有關學科的著述。沐恩在書中展示了他對人類學、心理學、生物學和神經科學（neuroscience）等有關學科的認識，介紹了不少理論和實驗，而且以有趣的手法寫出，絕無枯燥之弊。此外，書中用了大量文學、歷史、電影及音樂的例子，圖文並茂，除了增加讀者的閱讀趣味，亦顯出作者的博學多聞。

　　此書雖然採取每章論述一種情緒的形式，看似各章獨立，其實結構嚴謹，層層推進，用作者自己的話說，是「以哲學研究為骨幹，論證情緒既具有身體性的一面，亦具有理性的一面，兩者在先天基因與後天環境的影響下，不斷建立一層又一層的交互關係，從而形成情緒各種看似矛盾的特質」（頁xxii）。讀者一章一章讀下去，自會感到對人類的情緒了解得越來越深，最後得到一幅大圖像。然而，作者在〈結語〉不忘提醒讀者，雖然這本書揭示了情緒的複雜性，但「情緒的複雜性卻遠遠超越本書所覆蓋的範圍」（頁321）。無論如何，我敢斷言，如果你對情緒素無研究，而想對情緒有多一點的認識，這本書絕不會令你失望。

王偉雄

2019年5月21日寫於美國加州奇科

序二

對於每天經歷的事，我們再熟悉不過，有時又很陌生，不知所以。人的情緒起伏，是其一。一個不能掌控自己情緒的人，很難與人相處，更難在社會立足。人的情緒變化起因為何？一般人恐只有片面或錯誤的認識。喜怒哀樂貫穿人生，我們往往任其主宰，渾渾而過。

沐恩兄是我在恒生大學同事，他才華橫溢，最近出一本書《情動於中》，正好回答了這個既親切、又陌生的問題——情緒是什麼？

整本書以深入淺出的筆法，橫貫古今，從西方電影小說，到中國典籍武俠，生動地刻畫情緒的本質。全書跌宕起伏，讀來興味盎然，好像從中找到自己的情緒密碼。

《情動於中》並非一本通俗之作，它背後有嚴肅的議題思維和理論探索。作者想回答人的情緒特質及其與理性的關連性。不論探討愛情、悲傷、憤怒、羞愧、快樂等代表人不同層面的情緒，作者始終如一、系統性地介紹學術界的理論及研究發現。

讀完全書好像上了一堂重新認識自己與周遭人的課，我們也會赫然發現，人所展露的不同情緒，除生物性本能外，還藏有理性成分與社會文化功能。

一本好的學術著作是針對大家一知半解的問題，點出背後的大

道理，從而讓人們對該問題有更系統性的認識，《情動於中》正發揮了這樣的作用。

這本書另一好處是可以分章來讀，不必一口氣讀到尾。即使顛倒來念，最後仍然在作者預設的框架內，回答最根本的問題：情緒是什麼？

難得的一本好書，特別予以推薦。

高朗

香港恒生大學社會科學系教授兼系主任

序三
情緒何所似？

忙碌的生活中，憧憧往來的社交平台交往，填塞所有思考的空間，人不自知其紛馳而外散，以為一切都是充實而確切，其實我們活在一個過度交往的世代。

忙碌過後的耗散感，忽然遇上無所著落的煩悶，其實，並無特定的對象引動他感觸。比如經過一輪忙碌的工作，休假數天，人稍停下來，驀然反問自己，如此忙碌究竟為了甚麼？

煩悶的情緒，使人與身外事情脫軌；沉默、傷感佔據心靈，無心於外界的變化。煩悶並無特定的對象，只是沉湎於情緒之中，這叫做空虛感。空虛就是無可名狀的煩悶之在其自己。它既無對象，但它同時充塞佔據整個心靈，自閉其間，是一種心倦感。心倦是心靈的極度疲勞，憊軟至不能作任何活動，心靈是完全麻木，沒有思潮起伏，沒有意念要求，一般的生理需求：吃、睡、消閒……都麻木化，只覺一支解破碎感，平日的笑語、歡愉、親和的生活，全星散撤離了。它是一種哀、一種愁，最後慢慢從所憂鬱的對象中剝落，心靈卻逐漸往下沉，蜷伏起來。蜷伏、麻木；麻木只是方便形容之，其間只有箇中人渙化於無可奈何之中，煩悶的情緒轉渡至憂鬱。

沐恩終於完成了《情動於中》，可喜之餘，特別感受到書中對生活的深摯關懷。沐恩是專門研究情緒哲學的，加入心理學、社會

學、人類學不同的角度來剖析情緒，視野非常廣寬平實，書中對各種情感的發掘，幫助讀者對情緒的認識，讓我們能夠撫心自省，對照自己的情感面向。

陶國璋

香港中文大學哲學系客座助理教授

前言

　　如果理性與慾望各自代表著人性光明和黑暗的一面，那麼黑白之間那一大片灰色地帶便是人的情緒。攀登一座山、與好友對酒當歌、錯過了一段愛情、等待著日出降臨、做了無可挽救的錯事……無論我們有著怎樣的經歷，缺少了喜怒哀樂伴隨其中，一切皆淡然無味。然而身陷其中的，又恨那火一般的哀痛、憤恨、憂懼、歉疚深入骨髓，久久揮之不去。我們對情緒所知甚少，但每當談到自己的情緒時，我們卻都自認專家，抱怨別人不了解自己的感受。我們既會埋怨別人感情泛濫，又痛恨別人冷酷無情，彷彿世上有一把尺量度每一種情緒的最佳份量。在理性與慾望之間的情緒，可怕地迷人，迷人地可怕。

　　到底情緒是怎樣的一回事？有時情緒毫無來由的說到便到，就算理智上知道情緒會帶來多大的壞處，它還是驅之不散，彷彿它是我們身體的一種預設反應，像被刀割到會痛、被羽毛搔腳底會癢一樣不由自主，不受理性所控制。有時情緒卻是深思熟慮的結果，依著我們對世界、對人生、對種種價值觀的反省，可以發現情緒背後一系列的信念與判斷。它就像一個認知的過程般，有著豐富的內涵，不為人類以外任何動物所擁有；有時情緒像一套全人類通用的程式，在我們尚未出生以前，已完整地寫在我們的基因之中，每個

人都擁有同一套情緒，不會因性別、種族或國籍而有所不同；有時
情緒卻如後天加工而成的產品，不同的社會、文化和教育會塑造出
不能互相比擬的情緒，我的快樂不同於你的快樂，你的哀愁不同於
我的哀愁，在人與人之間，情緒形成一道屏障，而非溝通的橋樑。
我們要問的是，情緒到底是一種身體反應，還是一個認知過程？它
是生而有之而人所共有，還是由社會建構而成、為不同文化獨佔的
產品？

　　本書旨在回答以上問題，尋找情緒之為情緒的本質。現存的情
緒研究大多如瞎子摸象，每每把握著情緒的一個面向，而忽視其整
體的複雜性。此書以哲學研究為骨幹，論證情緒既具有身體性的一
面，亦具有理性的一面，兩者在先天基因與後天環境的影響下，不
斷建立一層又一層的交互關係，從而形成情緒各種看似矛盾的特
質。筆者將以歐美的情緒哲學、心理學、神經科學、社會學和人類
學的最新研究作為證據，支持上述的總論旨，再輔以東方與西方的
一些經典文學、音樂、繪畫、電影作為旁證，這些文藝研究雖然不
能如科學研究般提供客觀的證據，但它們往往以獨到而深刻的角度
反映出人的情緒的多面性，對我們了解情緒有莫大幫助。

　　本書共包含九章，讀者可視其一個完整的論證。第一章是引
子，以愛為例子，說明了解情緒的本質對於我們了解情緒各種看似
矛盾的特質的重要性。第二、三章以憤怒和悲傷為例，說明情緒的
理性成分，以情緒包含的各種認知活動，解釋情緒的豐富內涵和深
度，並提出一些無法被這些認知活動解釋的行為傾向。第四、五章
以妒忌和恐懼為例，說明情緒的身體性，以情緒在演化中保留下來
的生理反應，解釋情緒何以經常不受控地驅使我們作出種種意想不
到的行為，以及這些反應在什麼情況會被理性所改變。到了第六、
七、八章，我們以噁心、Fago、Amae、羞恥和罪疚為例，透過回應
「情緒是生而有之還是後天習得」這問題，去看看情緒中的身體性和

理性的關係。第六章以基本情緒論為基礎，說明支持情緒為天生的種種證據；第七章則以社會建構論為基礎，說明社會文化如何塑造出一時一地的獨特情緒；第八章統合前兩章，說明情緒的先天基因與後天文化因素如何互相影響，使得情緒的先天與後天程度在發展中不斷改變。第九章以快樂為例子，說明兼具身體性與理性的情緒的特質，最後以幸福為例，探討一種以情緒為情緒的後設情緒，看看不同情緒如何共同構成人生終極的目標。是為本書的綜論。

　　本書的各章同時可視為獨立的論證，讀者如果只對某一個情緒有興趣，可以挑選相關章節閱讀。以下是本書各章節的分論：在第一章，我們從愛慕談起，向哲學之父柏拉圖 (Plato) 和心理學家埃里希‧弗洛姆 (Erich Fromm) 學習何謂理想的愛，思考「愛什麼」和「如何愛」哪個問題比較重要，以及為何理想的愛在現實中極難出現。從愛的矛盾中，我們看到理解愛的本質對於回答這些問題的重要性。第二章，羅馬斯多葛學派代表塞內卡 (Seneca) 向我們解釋何以憤怒永遠是不理性的情緒，存在主義大師尚－保羅‧沙特 (Jean-Paul Sartre) 不同意，他認為情緒具有一種實用理性：一種魔幻地改變世界的能力。最後，人類學家布麗格斯 (Jean Briggs) 將帶領我們視察一個沒有憤怒的民族——愛斯基摩因紐特族 (Eskimo Inuits)，看看他們是否因為沒有憤怒而變得和平。第三章，美國當代哲學家瑪莎‧努斯鮑姆 (Martha Nussbaum) 以認知情緒理論 (cognitive theory of emotion) 分析悲傷中的理性成分，我們以庫伯勒－羅絲模型 (Kübler-Ross model) 的悲傷五階段論 (否認、憤怒、談判、抑鬱、接受) 以及認知心理學關於悲傷對我們思考模式的影響的研究，印證努斯鮑姆的理論。在第四章，我們來探討嫉妒這一種複合情緒，看看它是怎樣由不同的判斷複合而成。從哲學家 Leila Tov-Ruach 指出的妒忌的自毀傾向，以及演化心理學指出的男女妒忌的行為之別，我們卻發現單憑情緒中的理性成分，無法理解妒忌的複雜性。

　　第五章從著名的拉撒路－扎喬尼克辯論 (Lazarus-Zajonc debate)
談起，探索恐懼的出現是否必需經由思考引發。我們將以生活中與
實驗中種種不經思考而生的恐懼作為證據，說明恐懼原始而天生的
一面。之後，讓我們細閱 150 年前查理斯‧達爾文 (Charles Darwin)
的著作《人類與動物的感情表達》，看看他怎樣解釋不經思考而起的
恐懼反應的演化過程。第六章，因發現人類微表情 (micro-expression)
著稱的心理學家保羅‧艾克曼 (Paul Ekman)，以他在巴布亞新畿內亞
與土著相處經年搜集得來的證據，提出了基本情緒論 (basic emotion
theory)。我們將看到，噁心作為一種基本情緒，以種種不潔之物作
為對象，依照著傳染和相似的演化法則，普遍存在於所有人身上。
然而，道德噁心的存在，卻使人意識到艾克曼的理論限制。第七
章，從社會建構論 (social construction theory) 出發，我們將探討是否
存在一些不能為別的文化所理解的情緒，例子包括南太平洋依伐
露族 (Ifaluk) 的 Fago 和日本的 Amae，民族心理學家凱薩琳‧呂茨
(Catherine Lutz) 和土居健郎 (Takeo Doi) 為我們解釋這兩種情緒的文
化源起和特殊社會功能。第八章，我們將探索羞愧這種以自我為對
象的道德情緒是怎樣形成的。露絲‧潘乃德 (Ruth Benedict) 在《菊與
刀》中提出了恥文化與罪文化這一組概念，解釋人類如何從羞愧發展
出羞恥和罪疚兩種截然不同的情緒，然而，模因理論 (meme theory)
卻指出，隨著文明的互相影響，我們終將回到恥罪交纏的狀態。在
第九章，我們將審視快樂的本質。快樂水車論 (hedonic treadmill) 認
為由慾望滿足而生的快樂難以長久維持，那麼，透過發揮我們的理
性能力而起的快樂，又是否更可靠的快樂來源？最後，我們要問，
快樂的累積是否能帶給人幸福？幸福作為一種後設情緒，與其他情
緒有著怎樣的關係？

　　本書各章雖然以個別的情緒為主題，但每一章的問題皆可貫穿
其他章節。例如，在第三章，我們探討悲傷在時間中的發展，讀者

可以追問，其他情緒諸如羞恥和愛也有類似的發展嗎？若有，它們
是不是受著同樣的因素影響？在第五章，我們探討恐懼難以被駕馭
的原因，讀者可以進一步追問，妒忌或憤怒之所以難以被控制，是
否基於同樣的原因？在第六章，我們以面部表情證明噁心是一種基
本情緒，讀者可以問，還有別的基本情緒嗎？若有，普遍的面部表
情又是否足以為其證據？基於篇幅所限，筆者無法一一回答這些問
題。筆者建議讀者可以視每一章探討的情緒為該章的主題論證的一
個例子，看看套入其他情緒會衍生何種新的理解。

　　本書名曰「情動於中」，出自《詩大序》：「情動於中而形於言，
言之不足故嗟嘆之，嗟嘆之不足故詠歌之，詠歌之不足，不知手之
舞之足之蹈之也。」《詩大序》又有云：「發乎情，止乎禮儀。」道出
了情緒不能自已的身體性與自主的理性的互動關係，正好與本書主
旨相符。特別鳴謝王偉雄教授賜題。

謝辭

本書部分內容由筆者在香港恒生大學講授的GEN2025「認識情緒」及於香港嶺南大學講授的PHI525「情緒哲學」的課堂講義改編而成。[1]感謝研究助理葉麗盈小姐將講課錄音重整為文字,感謝學生助理林雅君小姐校對初稿的註釋,感謝香港中文大學出版社編輯余敏聰先生及其團隊為全書作編輯及校對,沒有他們專業而熱心的幫助,本書不可能如期出版。亦感謝每一位曾經參與這兩門課程的同學,你們發問的每一個問題、每一次報告、每一份習作,都豐富了本書的內容。

感謝王偉雄教授提供了「情動於中」如此合適的題目作為本書的書名,王老師仔細地將全書書稿從頭讀到尾,對當中的內容與用字提出了極詳盡的建議,大大提高了本書的學術及中文水平,讓筆者獲益良多,同時亦感謝王老師為本書作序。感謝高朗教授對第六章〈泛惡欲吐〉關於噁心與政治的關係的指導,亦感謝高老師為本書作序。感謝陸潤棠教授對第四章〈醋海翻波〉關於莎劇中奧賽羅的嫉妒的指導,感謝林榮鈞博士對於第八章〈恥罪交纏〉關於天主教贖罪觀的指導,感謝陳志明博士對於第七章〈鄉關何處〉關於Amae的指導。

---

1 本書得到香港大學教育資助委員會本地自資學院界別教員發展計劃的資助而寫成,特此鳴謝。

感謝陶國璋博士邀請筆者在香港中文大學合教「幸福論」一科，豐富了第九章〈安知魚樂〉的內容，亦感謝陶老師邀請筆者擔任網台節目《哲學五厘米》的嘉賓，讓筆者有機會向公眾介紹情緒哲學，同時亦感謝陶老師為本書作序。特別鳴謝我的博士論文指導老師 Professor Jenefer Robinson 教授，感謝她帶領我進入情緒研究的領域，啟發我同時從科學與藝術的角度研究情緒，奠定了我關於情緒的基本理解。

我更要感謝我的妻子李淑華，她對西洋文學的淵博知識，為本書的哲學論證提供了無數優美的文學例子，從與她的相處中，我亦獲得了大量生活中的情緒案例。感謝她不厭其煩地聆聽本書中的各個論證和無數次修訂，並給與我種種有益的建議。

我至為感謝我的母親對於我的哲學研究的支持，沒有她，我便什麼都不是。因此，我將此書獻給她。

第一章　情為何物

莎士比亞（William Shakespeare）：「愛情是嘆息吹起的一陣煙；戀人的眼中有它淨化了的火星；戀人的眼淚是它激起的波濤。它又是最智慧的瘋狂，哽喉的苦味，沁舌的蜜糖。」[1]

蒙田（Michel de Montaigne）：「婚姻好比鳥籠，外面的鳥想進進不去；裏面的鳥兒想出出不來。」[2]

引　言

《神鵰俠侶》中的「赤練仙子」李莫愁，麗質天生、明眸皓齒、嬌媚自若，是個不折不扣的美人，加上系出名門、武功高強，江湖路上本應一帆風順。奈何她愛上了負心漢陸展元，他對她始亂終棄，拋棄了她，與何沅君結成姻親。李莫愁一生自負，為報負愛之仇，不僅大鬧陸何婚禮，更將陸家滅門，將陸展元和何沅君的屍首燒成灰燼，分別散在華山和東海，要二人生生世世不得相見。她一生為

1　威廉·莎士比亞著，朱生豪譯：《羅密歐與茱麗葉》（臺北：洪範書店，1998），頁12。

2　米歇爾·德·蒙田著，辛見、沈暉譯：《蒙田隨筆集》（臺北：志文出版社，1990）。

情所困，怨恨天下一切有情人，最後身中情花之毒，困在火海中喪生。金庸這樣描寫她的結局：「李莫愁挺立在熊熊大火之中，竟是絕不理會。瞬息之間，火燄已將她全身裹住。突然火中傳出一陣淒厲的歌聲：『問世間，情是何物，直教生死相許？天南地北……』唱到這裏，聲若遊絲，悄然而絕。」[3] 在愛之中，有人願意生死相許，有人卻要拼過你死我活，有人因愛而堅強勇敢，有人卻為了愛而膽怯懦弱。愛是恒久忍耐，又是霎時衝動；愛是恩慈，又是惡毒；愛是不嫉妒、不自誇、不作害羞的事，又是妒火中燒、自吹自擂、專做不要臉的事。愛是永不止息，又是轉瞬即逝。似乎每一個人都知道愛情是什麼，能說出一百種方法去尋覓理想的愛。但是，有情人大多難成眷屬，好不容易走在一起的，卻又屢成怨偶。每個人都在愛情之中吃盡苦頭、為愛做盡一切醜陋、丟臉的事，受過了情傷、發誓不再去愛，然後又墮入新的情網之中。何以愛情總是躲不過種種矛盾與對立？是否真有所謂理想的愛？

在這一章，我們嘗試從柏拉圖 (Plato) 的哲學與弗洛姆 (Erich Fromm) 的心理分析中尋找答案。柏拉圖認為理想的愛的關鍵在於找到值得愛的對象，因此「愛誰」(whom to love) 這問題至為重要；相反，弗洛姆認為理想的愛的關鍵在於懂得去愛人，因此重要的是「如何愛」(how to love) 這問題。我們將要說明，正是「應該愛誰」和「如何去愛」這兩種同樣重要、卻又衍生出相反的行為指引的追問，使得理想的愛在現實中可望而不可即。「應該愛誰」驅使我們盡快離開不完美的伴侶去找更值得愛的對象，「如何去愛」卻教我們要盡量留在不完美的伴侶身邊去讓彼此變得更好。在不完美的愛之中，是去是留變成了一個無從回答的難題。

3　金庸：《神鵰俠侶 (四)》第廿一版 (香港：明河社，1995)，第三十二回〈情是何物〉，頁 1311–1312。

第一節　愛的對象

1──柏拉圖《饗宴》

　　哲學家阿爾弗雷德‧諾斯‧懷海德 (Alfred North Whitehead) 曾說：「兩千五百年的西方哲學只不過是柏拉圖哲學的一系列腳註而已。」[4] 儘管這講法有點誇張，但在柏拉圖以後，哲學家們研究的形上學、知識論、倫理學及心靈哲學當中的主要問題，的確大多數為柏拉圖所首先提出。談到愛是什麼這問題，一切哲學、文學和心理學的理論無不以柏拉圖的《饗宴》(*Symposium*) 作為起點。《饗宴》敘述了一個希臘時期常見的社交活動──饗宴。[5] 主人家阿伽松 (Agathon) 為了慶祝其悲劇獲獎而在家舉行宴會，邀請了辯士學派修辭家斐德羅 (Phaedrus) 和鮑薩尼亞 (Pausanias)、醫生厄律克西馬庫 (Eryximachus)、作家阿里斯托芬 (Aristophanes) 和著名哲學家蘇格拉底 (Socrates)。當所有人飲得酒酣耳熱、杯盤狼藉時，厄律克西馬庫建議每個人對愛神作頌辭，討論為什麼愛如此珍貴，其中以阿里斯托芬和蘇格拉底的頌辭最發人深省，揭示了柏拉圖認為理想的愛應具備的基本要素。

　　阿里斯托芬說，遠古的人類與今天的人類大異其趣，當時人類是球形的，有四隻手、四隻腳，頭的前後長著兩張一樣的臉，還有兩個生殖器官，可任意前後走動 (圖1.1)。[6] 因為他們的力量很大，常常挑戰神的權威，於是宙斯決定將人從中間劈開，分為兩半。自

4　Alfred North Whitehead, *Process and Reality: An Essay in Cosmology—Gifford Lectures Delivered in the University of Edinburgh During the Session 1927–28* (New York: The Free Press, 1979), 39.

5　柏拉圖著，王曉朝譯：《饗宴──柏拉圖式愛的真諦》(臺北：左岸文化，2008)。

6　見：http://www.revmichaelheath.com/aristophanes-and-the-myth-of-androgyne-the-soulful-meanings-of-love/。

此以後，每個人都是不完整的，而人生最大的目標，就是尋回自己的另一半，重新合二為一，「那些被劈成兩半的人都非常想念自己的另一半，他們奔跑著來到一起，互相用胳膊摟著對方的脖子，不肯分開。他們什麼都不想吃，也什麼都不想做，因為他們不

圖1.1　阿里斯托芬所稱的古代人

願意離開自己的另一半。」這就是愛的起源。因此，理想的愛就在於找到理想的對象，而最理想的對象不在於他是否富有、美麗或聰明，而在於他是否那位冥冥之中屬於你的唯一的靈魂伴侶。阿里斯托芬說：「當愛戀少年的人，或有這種愛情的人，幸運地碰上他的另一半，雙方怎麼不會陶醉在愛慕、友誼、愛情之中呢？對他們來說，哪怕是因為片刻分離而看不到對方都是無法忍受的……我們本來是完整的，而我們現在正在企盼和追隨這種原初的完整性，這就是所謂的愛情。」[7]

　　這荒誕的神話固然不可置信，然而故事背後的信念卻廣泛地流傳下來。古往今來，多少才子佳人、騷人墨客都相信世界上存在一個只屬於自己的靈魂伴侶，只有找到這伴侶，與其二合為一，才能有美滿的愛情。在《威尼斯商人》，當巴薩尼奧要離開鮑西婭時，鮑西婭對他說：「頂可惱的是您這一雙眼睛，它們已經瞧透了我的心，把我分成兩半：半個我是您的，還有那半個我也是您的——不，我的意思是說那半個我是我的，可是既然是我的，也就是您的，所以整個兒的我都是您的。」[8]在《咆哮山莊》，女主角凱瑟琳對內莉解釋

7　柏拉圖：《饗宴》，頁56–57。

8　威廉·莎士比亞著，朱生豪譯：《威尼斯商人》（北京：大眾文藝，2008），頁99。

為什麼她會選擇希斯克里夫時道：「嫁給希斯克里夫的話，那就貶低我的身份了。因此他永遠也不會知道，我是多麼愛他。我這麼愛他，並不是因為他長得英俊，內莉，而是因為他比我自己更像我自己。不管我們的靈魂是什麼造的，他的和我的是完全一樣的。」[9] 這兩段經典對話表現的，同樣是失去愛人會令自己變得不完整，只有靈魂伴侶能成就偉大的愛情的意思。畫家克林姆 (Gustav Klimt) 的作品《吻》(The Kiss) 中，一男一女相擁而吻，男的身體由不同長方形組成，而女的身體則由圓形的斑點組成（圖1.2）。雖然各自由不同形狀組成，但男女的身體在擁吻時卻變得難以分辨，彷彿融合為一，表現出愛的最高境界。[10] 東方社會亦有「良緣由夙締，佳偶自天成」[11] 的講法，辛棄疾《青玉案》云：「眾裏尋他千百度，驀然回首，那人卻在燈火闌珊處。」[12] 這暗示良緣冥冥之中自有安排。詩人徐志摩苦戀才女林徽因而不可得，曾說道：「我將於茫茫人海之中訪我唯一靈魂之伴侶。得之，我幸；不得，我命。如此而已。」[13] 這清

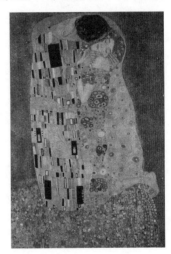

圖1.2 《吻》

9　艾蜜莉·勃朗特著，宋兆霖譯：《咆哮山莊》（臺北：商周，2006），頁105。

10　古斯塔夫·克林姆：《吻》(1907–1908)。

11　程登吉著，鄒聖脈編：《幼學瓊林》（昆明：雲南大學出版社，2007），〈婚姻〉，頁98。

12　辛棄疾：《稼軒長短句》（上海：上海人民出版社，1975），卷七，〈青玉案〉，頁89。

13　徐志摩著，顧永棣編：《徐志摩日記書信精選》（成都：四川文藝，1991），〈致梁啟超〉，頁123。

楚表達了他對靈魂伴侶的信仰。

可是，阿里斯托芬的靈魂伴侶論面對三個問題：第一，如果這世界上真的只有一人是你的理想愛侶，你猜你有多大機會遇上他？現今地球上大約有70億人，當中約七成是成人，男女比例大約為50:50。假設你是異性戀者，你的潛在對象便有差不多24億人，也就是說你找到靈魂伴侶的機率是2,400,000,000分之一。假設你能活到100歲，要跟這24億人全部見一見面，你每天便要見65,753人，亦即是每分鐘要見45人。如果每個人的靈魂伴侶只有一個，那麼人能找得到靈魂伴侶的機率幾乎等於零。第二，該如何判斷誰是自己靈魂唯一的伴侶呢？如果你找到一個與你相處得很融洽、很了解你的需要、與你志趣相投的愛侶，他是否就是那個唯一的靈魂伴侶？誰能保證下一刻你不會找到一個與你相處得更融洽、更了解你、與你更志趣相投的人？即使真的給你找到在才華、性格、外貌上皆完美的對象，你又怎樣知道靈魂伴侶是由這些標準決定？愛神是盲目的，說不定決定靈魂伴侶的是彼此心臟的形狀或是擁有的書本的數量。最後，如果那個唯一的靈魂伴侶跟自己合不來，怎麼辦？如果命運給你安排了一個十惡不赦、無惡不作的人作為靈魂伴侶，你是否依然去愛他？蘇格拉底也抱著同樣的疑問：「我知道有人說，戀人是那些尋找他們的另一半的人，但是在我看來，除了求善，愛絕不會企盼任何事物的另一半或全部，除非他們是好的。如果他們的手腳是壞的，那麼人們甚至會把它們砍去。」[14]

2──愛是對永恒的美的追求

在《饗宴》中壓軸登場的是蘇格拉底。他自稱不知道愛是什麼，只能夠轉述自己與智者狄奧提瑪（Diotima）的對話。狄奧提瑪告訴

14　柏拉圖：《饗宴》，頁91。

他，愛神愛洛（Eros）是匱乏神（Penia）趁著豐饒神（Poros）睡覺時和他生的男孩，因此愛神帶有其父母的兩種特質，他既像母親般「相貌醜陋，赤著腳，無家可歸，經常露天睡在路旁」，但又像父親般「勇敢豪爽、精力充沛、幹勁十足，是一名能幹的獵人」。愛神能得到一切的東西，但擁有的一切卻會瞬間消失。狄奧提瑪藉此指出，愛本身既不美麗亦不醜陋，愛是處於美與醜之間的一種追求。我們之所以愛，便是為了成為美的永恒擁有者。從何見得愛追求的是永恒呢？這跟愛的傾向有關。狄奧提瑪説：「愛的行為是孕育美，既在身體中，又在靈魂中。」[15] 當我們愛上一個人，我們會渴望與他繁殖下一代，將他的美永遠地留存世間。相對於這種肉體的繁衍，愛更會驅使我們追求靈魂的繁衍，以達致靈魂的不朽。蘇格拉底常常自稱為一個助產士，幫人孕育出不同的思想。他教導學生時並不直接指出答案，而是透過不斷的提問，逼使學生對固有的想法作出批判，並協助他們孕育出種種新的想法。在《饗宴》中，蘇格拉底對阿伽松也用了此法。阿伽松認為愛是最美的，蘇格拉底追問他：「愛是對美麗的愛，不是對醜陋的愛，對吧？」阿伽松説：「對。」蘇格拉底接著問：「我們不是也同意，愛就是愛某些還沒有得到的東西、缺乏的東西嗎？」阿伽松説：「是的。」蘇格拉底便説：「那麼愛沒有美，而是缺乏美，對吧？」阿伽松回答説：「對，這是可以推論得出來的。」蘇格拉底繼續問：「那麼好，你會認為缺乏美、不擁有美的部分的東西，本身會是美的嗎？」阿伽松指：「肯定不是。」蘇格拉底最後問道：「既然如此，你還能繼續堅持愛是美麗的嗎？」阿伽松説：「我親愛的蘇格拉底，我開始害怕了，我不知道自己剛才在説些什麼。」[16] 至此，我們可以説，對柏拉圖而言，愛是對美的追求，而從與愛密

15　同上註，頁92。
16　同上註，頁78–79。

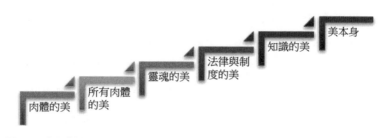

圖1.3　愛的階梯

切相連的繁衍傾向可見，愛追求的是永恒的美。

　　那麼，怎麼樣的愛的對象才能體現永恒的美呢？狄奧提瑪以「愛的階梯」嘗試回答這個問題（圖1.3）。[17] 她認為，對肉體美的喜愛是人最直接的天性。然而，假設一位男士因為一位女士美麗的長髮而愛上她，如果他是理性的話，則當他遇到另一個擁有美麗長髮的女士時，他亦應該同樣地愛她，推而廣之，他應該喜歡所有擁有美麗長髮的女性，這便進入了愛的第二階段，即喜歡上全部美的身體。可是，美的身體並不恒久，隨著時間的流逝，再美的身體也無可避免地變老變醜。至此，理性逼使我們進一步追問，到底怎樣的美比肉體美更持久？狄奧提瑪認為，跟肉體美不同，靈魂之美不會隨著時間而衰敗，反而會在長久的歷練下更添光輝。例如，在烽火連天的戰場上，戰士們為了保家衛國，視死如歸，表現出驚人的勇氣，這勇氣比強壯的肉體更耀眼。在巨大的利益之前，君子能視錢財如糞土，不為五斗米而折腰，這風骨比俊朗的外貌更動人。人生而充滿慾望，時刻遇上各種各樣的誘惑，能堅守孝順、誠實、忠心這些高尚的德性是多麼的難能可貴。柏拉圖相信人的靈魂永恒不滅，在《費多篇》中，蘇格拉底面臨死刑，一眾弟子侍候在側，依依不捨。蘇格拉底沒半點憂懼，反而侃侃而談，論證弟子們的傷心並

17　同上註，頁101–103。

不理性，他認為靈魂是生命之本，不會隨著肉體消逝，因此根本沒有理由為了肉身的死亡而難過。[18] 既然靈魂是不朽的，一顆美麗的靈魂所擁有的諸種德性亦同樣不朽。這跟中國人所說的「立功、立言、立德」三不朽相類似。一個有德行的人縱然身故，他的美德也依然流芳百世。就像孔子，一個無功名亦無著書立說的老師卻依然為萬世景仰，便在於其靈魂之美。

　　然而，如果我們的愛是以永恒的美為對象，那麼我們就不會滿足於靈魂的美。當我們看到一個個勇敢、善良、聰慧的靈魂，又看到一個個懦弱、邪惡、愚昧的靈魂，我們不禁要問：是什麼使得一些靈魂這麼美，另一些那麼醜？狄奧提瑪認為靈魂的美醜由法律和制度塑造而成，人活在一套合理的法律和完善的制度下時，靈魂便會受到薰陶而慢慢變好變美；相反，如果人活在無法無天、一切公共事務都混亂無章的社會中，靈魂便會變壞變醜。這也是柏拉圖花極大氣力在《理想國》中，鉅細無遺地描述一套理想的政治制度的原因。至此，我們不禁繼續追問：是什麼使得某些法律與制度如此精妙，能將平庸的靈魂變得美好？狄奧提瑪認為是知識。正因為具備正確的知識，人才能訂立完善的法律和制度，去培養美麗的靈魂。[19] 那麼，又是什麼使得知識如此美麗呢？柏拉圖在這裏引入了著名的「理型論」，他認為世上存在一種美的理型，或稱之為美本身，一切事物都是分享了它才會變得美，因此亦只有它才算得上具備永恒的美，是理想的愛的終極對象。[20]

18　柏拉圖著，徐學庸譯：《費多篇》譯註 (北京：北京大學出版社，2015)。

19　柏拉圖：《饗宴》，頁102。

20　關於如何理解柏拉圖的理型論，歷來哲學家有很多不同的看法，由於這些爭議無關本章的論旨，筆者將不會詳加討論。對這題目有興趣的讀者可參考：Russell Dancy, *Plato's Introduction of Forms* (Cambridge: Cambridge University Press, 2004)。

阿里斯托芬的靈魂伴侶論和柏拉圖的愛的階梯論內容各異，但
兩者背後都有一個共同的信念：理想的愛在於找到理想的對象，阿
里斯托芬認為理想對象是那個命中注定的另一半，而柏拉圖則認為
理想對象必須具備永恒的美，我們沿著愛的階梯向上爬，正是為了
找更美的對象（這些對象甚至不再是人，而是法律和知識），成就理
想的愛。因此，我們可以說，柏拉圖的戀愛觀除了輕肉體而重靈魂
交流外，還有一層更深的意義：以「應當愛誰」（whom to love）為追
求理想的愛的指導。

3——米蘭昆德拉《宴飲篇》

在柏拉圖《宴飲篇》面世的二千年以後，捷克小說家米蘭昆德拉
創作了同名的短篇小說《宴飲篇》（*Symposium*），作為對柏拉圖愛的理
論的一個跨時空回應。美國文學教授Cheng Lok Chua就指出，昆德
拉《宴飲篇》刻意模仿柏拉圖《饗宴》的故事形式，描繪在現實世界中
追求柏拉圖式戀愛是怎樣的一回事，旨在反映以尋找理想對象去追
求理想的愛背後的荒誕與醜陋。[21]

故事是這樣的：在一個仲夏夜，幾位醫生和護士聚在一起喝酒
聊天，包括主任醫生（Chief Physician）、哈維爾醫生（Dr. Havel）、女
醫生（Woman doctor）、佛萊斯曼醫生（Dr. Flajsman）和亞蓓姐護士
（Nurse Elisabet）。五人的關係複雜：已婚的主任醫生與女醫生有染。
年輕的佛萊斯曼醫生對女醫生甚感興趣，亦常感到對方對他秋波暗
送。其貌不揚但擁有美麗身軀的亞蓓姐護士不斷引誘哈維爾醫生，
甚至為其跳上脫衣舞，但哈維爾醫生卻感到煩厭。同時，大家指亞
蓓姐護士其實愛上的是佛萊斯曼，其引誘行為只是為了讓佛萊斯曼
感到妒忌。故事的高潮在於一件疑似自殺事件。亞蓓姐護士在一間

---

21 C. L. Chua, "A Review of *Laughable Love*," *Studies in Short Fiction* 12, no. 4
　　(1975): 419–421.

小房間赤裸地暈倒，房間充滿著瓦斯的氣味。四位醫生對這事件有
著不同的見解：主任醫生認為亞蓓姐護士是為了吸引哈維爾醫生注
意而假自殺，迫使他看到她美麗的裸體。哈維爾醫生認為亞蓓姐護
士是真自殺，不過並非因為得不到自己的愛，而是因為她總是得不
到任何人的愛；門沒有上鎖是因為她想保持剛死時的美態，不想被
別人發現時屍體已發黑。佛萊斯曼醫生認為亞蓓姐護士因得不到自
己的愛而自殺。而女醫生則認為這只是一場意外，亞蓓姐護士在煮
咖啡時因醉酒而睡著了，之後咖啡翻了，所以洩露了瓦斯，而她沒
穿衣服只是為了完成未完成的脫衣舞。

　　在故事中，亞蓓姐護士代表著肉體之美，佛萊斯曼醫生和哈維
爾醫生拒絕了她的誘惑，表現了柏拉圖式的對肉體美的超越。可
是，以尋找理想對象為目標，果斷放棄不理想的對象，真的能為他
們帶來理想的愛嗎？昆德拉用嘲諷的筆觸描繪了這種只顧探問「應當
愛誰」背後的兩種可悲的狀態——自戀和虛偽。

　　首先，佛萊斯曼醫生不為亞蓓姐護士的肉體美所動，甚至多次
出言嘲笑她的低俗，而當他以為亞蓓姐為他自殺，卻為免他感到內
疚而不說出真相時，他深受亞蓓姐的癡情與體貼所感動，甚至激動
得想立即向她求婚。這種拒絕肉體美而追求靈魂美的愛，似乎相當
符合柏拉圖式的理想的愛的形態。然而，故事中的種種跡象皆顯
示，佛萊斯曼所謂對肉體美的拒絕和靈魂美的追求只是假象，驅使
他這樣做的是他潛藏的強烈的自戀傾向。佛萊斯曼出場時是這樣
的：「他把酒（慢慢地）放在桌子上，花很長的時間尋找開瓶器，然
後慢慢地把開瓶鑽推進軟木塞，並且十分緩慢地轉進軟木塞，然後
若有所思地拔了出來。」[22]昆德拉形容其為「遲鈍的自憐」。佛萊斯曼
的自戀傾向在他等待女醫生追求他時尤為明顯。當女醫生與他交換

22　米蘭·昆德拉著，陳蒼多譯：《可笑的愛》（香港：皇冠文化，1995），
　　〈談話會〉，頁151。

了一次目光後，走到窗口並説：「外面真美。有一輪明月⋯⋯」[23]佛萊斯曼立即認定這是女醫生對他發出的求愛的訊號，於是他藉故走到外面的草地上，盤起雙臂等女醫生出來跟他調情。昆德拉這樣形容他的姿態：「他總是認為自己是一個吸引人又相當為人所喜愛的成功男人；他很滿足地盤著雙手等待著一件韻事。他相信，這種姿態一定會挑激女人，挑激命運。」[24]佛萊斯曼甚至幻想有一個生魂觀察自己，欣賞著自己「英俊而有男子氣概」的站姿。[25]

由此觀之，佛萊斯曼之所以拒絕亞蓓姐，未必真的出於對肉體美的不重視，可能他只是更愛自己。要知道，亞蓓姐其貌不揚，所有人都以跟她相好為恥。像佛萊斯曼這樣自視甚高的人，即使亞蓓姐的肉體再美，也應該不會願意接受她。所以，當主任醫生告訴他亞蓓姐因為得不到他的愛而感到痛苦時，他滿不在乎地説：「非我本意所引發的事情，我不會感興趣，因為我無法影響它，所以我沒有責任。」[26]當他以為亞蓓姐為了保護自己而不願意承認她為了自己自殺時，他追求的亦不見得是亞蓓姐的靈魂之美。雖然他有一刻向她求婚的衝動，但他抑制住自己，對亞蓓姐説：「我們最好保持現狀，也許一個男人和一個女人在這種情況中反而彼此更加親近。當他們不生活在一起，當他們彼此只知道對方存在著，當他們為了自己存在著以及為了彼此了解而感激對方。僅僅這一點就足夠使他們快樂了。我感謝你，親愛的亞蓓姐，我感謝你存在著。」[27]佛萊斯曼一點也沒考慮亞蓓姐怎樣想，只一廂情願地認為對方為了自己存在著，他為此感到快樂，並認為這樣便足夠了，他甚至沒有等她的回應便

23　同上註，頁155。
24　同上註，頁157。
25　同上註。
26　同上註，頁152。
27　同上註，頁191–192。

轉身離開。等他再遇上女醫生時，他瞬間又感到對方向他調情，並為自己沒衝動向亞蓓妲求婚而感到很慶幸。[28]我們可以看到，佛萊斯曼表現出來的對肉體美的鄙視和對靈魂美的追求，其實不過是一種強烈的自戀傾向。

我們要問的是，為什麼探問「應當愛誰」，以追求理想對象去達致理想的愛，容易衍生自戀的傾向？之前提到，柏拉圖認為愛是對永恒的美的追求，靈魂美比肉體美永恒，因此理想的愛應以靈魂美為對象。問題是，怎樣的靈魂才是最美的呢？勇敢、直正、孝順、善良、聰明等都是靈魂之美，但哪一種都不及智慧重要，因為有智慧的人才懂得欣賞和追求這些美德。那麼，怎樣的人才是最有智慧的呢？蘇格拉底也曾問過同樣的問題，他的朋友凱勒豐（Chairephon）甚至走到神殿中尋求神的啟示，神諭卻說，最有智慧的人就是蘇格拉底。[29]他不願意相信，因為他認為自己一無所知，於是他走到山下去問那些公認有智慧的人，例如政治家、醫生、詩人等，卻發現這些人雖然聲稱無所不知，但實際上卻事事一知半解，於是蘇格拉底明白，神諭說他是最有智慧的人，是因為他自知其無知，只有了解自己的不足的人才能不斷地探求真理，才有機會步入智慧之境。如果說靈魂之美莫過於智慧，而智慧之最莫過於自知其無知，那麼，理想的愛的對象便應該是自知其無知的人。柏拉圖的《宴飲篇》將哲學界著名醜男蘇格拉底描述成受到眾多年青才俊所愛慕的對象，便是基於這個道理。問題是，一個像蘇格拉底這樣致力追求理想的愛、了解自己容易受到肉體美的誘惑、努力地提升自己、熱熾地追求靈魂美的人，他自己的靈魂不就是最美的嗎？如果他是理性的

28　同上註，頁194–195。

29　包利民、李春樹：〈蘇格拉底「自知無知」的哲學意義〉，《浙江學刊》，2005年第5期，頁23–28。

話，他最合理的愛慕對象不正正是他自己嗎？由是觀之，自戀傾向可以說是柏拉圖式的愛走到極端的必然後果。

哈維爾醫生表現了柏拉圖式的愛的另一種極端形態。他自稱不接受亞蓓姐護士，是因為要對抗命運的必然性，他接受所有的女人，但他更熱愛自由，所以不接受這個感覺上他非接受不可的女人。他說：「她（亞蓓姐）很明顯地表現出自己的慾望，就好像是一種命令。你說我與女人的關係就像死神，但是，甚至死神也不喜歡被人發施號令。」[30] 他要的甚至不是選擇女人的自由，而是選擇自己的命運的自由，他說：「我不知道自己為什麼不要亞蓓姐。跟我睡過的女人中，有的比亞蓓姐更可怕、更具挑戰性、年紀更大。這樣看來，我也應該跟亞蓓姐睡覺才對。所有的統計都這樣指出，所有的電腦都會這樣評估。你知道，可能就因為這些原因，我才不要她。可能我想抗拒必然性，想難倒因果律，藉著奇特的任性來推翻世事的可預測性。」[31] 及後，當他面對女醫生的誘惑時，他亦能斷然拒絕，並說：「他（主任醫生）是一個了不起的人。他真的喜歡你。如果我向你求愛，我只好自認為是真正的惡棍。」[32] 出於對主任醫生的友誼，他不接受女醫生的肉體。從這兩件事，可見哈維爾能為了追求靈魂之美（自由、友誼）而捨棄肉體美，可說符合柏拉圖對理想的愛的要求。

然而，昆德拉筆下的哈維爾沒有這麼簡單。當哈維爾知道亞蓓姐自殺的消息後，他承認之前說為了自由不接受亞蓓姐是謊言，真正的理由是，他知道沒有人會與亞蓓姐護士上床，如果他這樣做，會成為眾人的笑柄。即是說：他不是追求不受命運擺佈的自由，反

30　米蘭・昆德拉：《可笑的愛》，頁147。
31　同上註，頁150–151。
32　同上註，頁186。

而是受大眾的意見擺佈，寧願隨波逐流，寧願不自由，也不敢做自己想做的事。哈維爾所謂的基於與主任醫生的友誼必須拒絕女醫生同樣也是一個謊言。當女醫生告訴他自己跟他一樣重視主任醫生、一樣不願意傷害他，因此肯定不會將他們有染這事說出去時，哈維爾立即不再拒絕女醫生的誘惑，由此可見，他一開始之所以拒絕女醫生，不是基於跟主任醫生的友誼，而只是擔心東窗事發會危害到自己的工作或名聲。表面上，哈維爾為了自由與友誼拒絕肉體美，但他真正追求的不是這些靈魂之美，而只是大眾的認同和個人的前途，口裏說得漂亮，實質對靈魂美根本沒有興趣。這種表裏不一的個性，以理想的愛包裝起來的，是一種不折不扣的虛偽。

為什麼追求理想對象有陷於虛偽的危險？這是因為，理想的標準一般來自我們身處的社會文化，這些由智者或聖人所立的標準，很多時候只強調我們美與善的一面，而對人的動物性、有限性加以否認。身在該文化之中，我們接受這些標準，每每只是因為害怕被孤立，害怕別人不視自己為團體的一份子，而非真心相信這些美與善真箇值得追求。就以柏拉圖為例，他提出理想的對象必須具備永恒的美。這種對永恒的追求一直流傳至今，以至於我們都要追求一生一世的愛情、婚姻和承諾，彷彿不是一生一世的愛就不能算作愛似的。然而，正如莊子所說：「人生天地之間，若白駒之過隙，忽然而已。」[33] 人生充滿了不可知的變數，天災人禍無從預計，生命可以在一瞬間便終結。因此，抓緊現在 (carpe diem)、及時行樂亦可謂人之常情。然而，誰又膽敢在愛侶面前承認自己只求一時的歡愉？誰能在眾人之前宣告不求一生一世的愛情？作為一種群居的動物，儘管心中千萬個不願意，我們也必須跟隨別人高舉「永恒」的旗幟，於

33　莊子著，陳鼓應編：《莊子今注今譯（下）》（香港：中華書局，2012），外篇〈知北遊〉第五，頁609。

是便流於虛偽了。這種虛偽不單是心靈上的醜惡，有時更會衍生社會問題，禁慾主義便是一個典型例子。禁慾者杜絕一切慾望的滿足以追求靈魂的純潔，甚至視欣賞肉體美為罪，然而對慾望的過度抑壓反而使慾望失控，社會上屢屢出現的神職人員的性罪行便是最好的例子。

讓我們作一個小結。米蘭昆德拉《宴飲篇》對柏拉圖《饗宴》作出了深刻的嘲弄。他筆下的人物拒絕了美的身體，表面上是為了追求更有價值的靈魂之美，可是呈現的卻是其自戀和虛偽的一面。我們不必認為這是以追求理想對象來達致理想的愛的必然後果，卻不能否認柏拉圖式戀愛有這樣的危險傾向。

第二節　愛的藝術

1 —— 被看輕的愛

當戀情以失敗告終時，我們常常問，到底誰才是我的真命天子？誰才真正值得我去愛？現代人會選擇高富帥或白富美，阿里斯托芬認為應該愛命運安排的另一半，柏拉圖認為應該愛擁有靈魂之美的人，然而，對象換來換去，到最後成功的又有多少？德國心理分析學家弗洛姆在《愛的藝術》(*The Art of Loving*)[34] 中指出，我們真正要問的不是應該愛誰 (whom to love)，而是如何去愛 (how to love)。愛是一門藝術，就像彈琴，只有透過不懈的練習和無比的努力才會成功；只知道更換更好更名貴的琴，不去改進自己的彈琴技術的人，永遠不會成為優秀的鋼琴家。現代人的愛常常以失敗告終，問

---

[34] 見：https://www.linguist-in-waiting.com/2010/09/book-review-art-of-loving-by-erich.html。

題不在於找不到適合自己的伴侶，而在於
自己根本從沒考慮應如何去愛人，不練習
如何去愛，更缺乏對「如何去愛」的重視。
人們總是將愛看成如呼吸般自然之事，甚
至認為學習愛、練習愛會破壞愛的純潔，
弗洛姆認為這是對愛最大的誤解。

現代人不認為愛需要練習，不視愛為
一個值得關注的問題，弗洛姆認為原因有
三：第一，人們重視被愛(to be loved)多於
去愛(to love)。現代人並非不渴望愛，我
們會花費很多時間和心力，去令自己成為

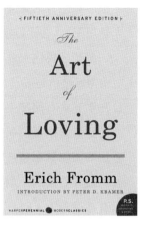

圖1.4 《愛的藝術》

一個可愛、值得被愛的人。例如女士會化妝、整容和瘦身，男士會
健身、賺取更多金錢和謀求更高的社會地位。我們滿心以為只要自
己變得吸引，愛情自然會降臨，甚至乎，只要自己的條件夠好，愛
情中的問題便不再是問題，因為對方必會想方設法遷就如此吸引的
自己。然而，當所有人都等待被愛時，誰去愛人呢？第二，人們重
視愛的對象(object)多於愛的能力(faculty)。弗洛姆解釋，從前的婚
姻由家族安排，每個人只需思考如何跟既定的伴侶相愛；當戀愛自
由、婚姻自由變得普及時，一個前所未見的難題突然出現：在千千
萬萬人當中，我應該與誰戀愛？伴隨著眾多選項出現的，是無比沉
重的選擇壓力，人們為了作出正確選擇耗盡心思，根本無暇去想如
何愛的問題。更有甚者，在資本主義市場主導的影響下，每個人也
是在戀愛的市場上待價而沽的貨品，我選擇你是因為看中了你的條
件，如果你也對我的條件感到滿意，我們的交易便成立，一段戀愛
關係便產生了。假如交往後才發現貨不對辦(原來他時髦的頭髮是
假髮)，或是開始前的承諾未能兌現(他不願意於每年生日給你驚
喜)，那便構成毀約，雙方的關係便終止，可以自由投入另一段關係

之中。在這樣的戀愛交易之中，每個人都是買家，也是賣家，沒有人是用家，「應該怎樣去愛」這問題變得毫不重要。[35]

最後，現代人重視墮入愛河的剎那感覺（falling in love）多於在愛之中（being in love）。我們相信一見鍾情，只要遇上對的人，愛情便會在電光火石間發生，想抗拒也抗拒不了，我們更願意相信一刻的心動是愛情出現的明證，因為那感覺是如此強烈、如此難忘。如果愛情的來臨猶如墮進陷阱一樣，那愛自然沒有學習的必要，只需要被動地等心動的一刻就好了。弗洛姆指出，剎那的心動代表的不是你有多愛對方，而是你一直以來承受了多少的孤單，誰讓你墮入愛河根本不重要，重要的是你感到自己終於被接受，不再孤單一人。由始至終，你關注的都是你自己，你根本從來沒有愛過誰。在我們的社會，滿街都是歌頌愛情的電影、音樂、小說，當中最扣人心弦的情節，無非是主人翁偶遇動人的對象，努力改善自己，然後期待愛情的來臨。在弗洛姆眼中，我們這一群渴望愛、等待愛的人，根本從來沒有愛過。我們既不視愛為一個值得重視的問題，自然拙於愛、不懂愛。

2——存在的孤獨感

要喚起人們對愛的關注，弗洛姆認為，我們首先要了解人為什麼要去愛。[36] 而要回答這個問題，則要先明白人之為人的本質。東西方的哲學家將這個問題稱為人禽之辨，孟子認為人之異於禽獸在於我們的道德心，亞里士多德認為人的本質在其理性，亦有心理學家、生物學家認為人的特質在其說話或發笑的能力。弗洛姆從心理

35　埃里希·弗羅姆著，趙正國譯：《愛的藝術》（中國：國際文化，2004），頁1–4。

36　同上註，頁4–5。

分析 (psychoanalysis) 的進路入手，認為人的本質在於其自我反省的能力。這種能力使人意識到自我和世界的區別。我是一個獨立存在的個體，沒來由地被拋擲於這個世界，我的性別、外貌、種族、地位皆不由我選擇，我的意願世界不必遵守，世界的法則也無法決定我的志向，我不為世界而活，世界亦不為我而存在。由於與世界的徹底隔離，我既是自由的，亦是孤立無援的。雖然我在這世上不停與別的個體建立聯繫，組成朋友、家庭、社會、國家等的關係，但我終究是孤獨的。我的生老病死、成與敗、快樂與哀愁只有我能經歷和感受，別人可以伴在我身邊，但他們終歸只是旁觀者。哲學家陶國璋形象化地描述了這狀態：「一切人的死，同是孤獨的死。世界不與他同往，其他一切的人，亦不與他同往。他死了，日月照常貞明，一年照常有春夏秋冬，其他的人們照常遊嬉。人只能各人死各人的。各人只能攜帶其絕對的孤獨，各自走入寂寞而不可知的世界。」[37] 這種孤獨不在於沒有人陪伴，更不在於無所事事，而在於被徹底了解的不可能。哲學家周國平嘗試將無聊、寂寞和孤獨作出區分。他說：「孤獨是一顆值得理解的心靈尋求理解而不可得，它是悲劇性的。無聊是一顆空虛的心靈尋求消遣而不可得，它是喜劇性的。寂寞是尋求普通的人間溫暖而不可得，它是中性的。然而，人們往往將它們混淆，甚至以無聊冒充孤獨……『我孤獨了。』啊，你配嗎？」[38] 弗洛姆認為，人的理性使人意識到自我與世界的分別，從而創造了其他動物永遠無法創造的文明，但這種分離感卻同時使人陷入深不可測的孤獨之中，成為每個人必須面對的問題。

弗洛姆探討了三種嘗試克服孤獨但終究難以成功的方法。第一種做法是嘗試進入一種忘我的恍惚狀態 (orgiastic state)。基於孤獨的

---

37 陶國璋：〈人生拋擲性〉，《信報財經新聞》，2009 年 8 月 17 日。

38 周國平：《風中的紙屑》(海口：海南出版社，2003)。

根源在於世界與自我的分離，理論上，只要進入忘我境界，人便可以擺脫孤獨。透過不同形式的縱慾，例如吸毒、酗酒、性放縱等，人便能暫時進入忘我的境界，沒有了自我，也就不會感到自我不被了解。可是，這些做法難以持久，亦會對身體機能構成極壞影響。[39]

第二個做法是將自我陷於世界當中，與其他人保持同一性。弗洛姆認為這是現代人最常用的方法，我們主動成為某群體的一員，遵循其規則與價值觀，例如我是一個中國人，我便會視供養父母為天經地義的事，視孝順為重要的道德要求。這種群體不限於國籍，亦包括職業、學校、家庭，甚至性別、體型等。由於在群體之中，每個人也依從同樣的規則與價值，自我 (I) 變成我們 (We)，因此也就沒有我不被了解的問題。[40]然而，弗洛姆認為這個做法太溫和，當面對生命的重要關頭，譬如生老病死時，我們無法不去思考自我與其身份的偶然關係，意識到我的種種身份並非生而有之，而是我的一種選擇。西蒙波娃說：「女人不是生成的，而是形成的。」就算彼此同為女性，大家選擇的特定的女性定型以及其理由亦不盡相同。我可能服膺於傳統的家庭價值，選擇成為一位母親，你可能是屈從於男性主導的經濟結構，選擇成為一位家庭主婦，而她則可能在自由思想的洗禮下，選擇成為一位女權主義者。要是這樣，「女性」這個身份又如何能保證彼此能互相了解？

第三個的做法是以創意克服孤獨。藝術家以其獨特的目光觀察萬物，透過藝術品創造一個只屬於自己的世界，由於這世界是由我的意念構成，因此沒有世界與自我分離的問題。在《星夜》(*Starry Night*) 中，梵高將他內心的不安與焦慮投射到世界之中：在他的眼中，柏樹如同搖晃不定的火焰，星空以扭曲的渦狀呈現，月亮是昏

39　埃里希·弗羅姆：《愛的藝術》，頁10。
40　同上註，頁10–11。

黃而不完整的，山下的村莊卻平靜而有致。這是屬於梵高的世界，他的自我與世界為一，相忘於江湖，沒有被了解的需要，也就不會感到孤獨。然而，弗洛姆認為這方法亦難以克服孤獨，因為它缺少了人與人之間的溝通和交流，即使躲進藝術家物我兩忘的世界，亦排除不了渴望被他人了解的慾望，最後只會陷於瘋狂或自我摧毀。

弗洛姆認為，「愛」是解除人最深層的孤獨感的唯一辦法，這正是人們應該重視愛、重新認識愛、學習去愛的原因。

3——成熟的愛與不成熟的愛

愛如何能克服我們存在的孤獨？弗洛姆認為，孤獨的根源在於不被了解，不論我們選擇一個多麼美麗、善良、勇敢、聰明的對象，這些條件都不能保證他會了解你。即使你選擇的對象能滿足你的種種物質或是心靈需要，但卻不見得他一定會明白你對這些東西的渴望、你的需要得到滿足後的快樂，以及這些需要在你生命中的意義。就像一台自動販賣汽水機，它能解決你口渴的慾望，卻永遠無法了解口渴帶給你的痛苦及解渴對你的意義一樣。更糟糕的是，當你的對象再無法滿足你的需要時，你們的愛的根基便會倒塌，兩人也就再沒有走在一起的理由。弗洛姆將這種建基於慾望滿足、因為「我需要你所以我愛你」[41]的愛稱為不成熟的愛。最典型的例子便是精神上的受虐和施虐者。受虐者透過徹底順從他人，將自己變成對方的一部分，而施虐者則透過剝奪他人的自主權，將對方變成自己的一部分。這兩種人看似做到二而為一、消弭分歧，實際上，我需要受虐的理由未必等於你需要施虐的理由，你希望施虐的程度亦不一定等於我願意受虐的程度。當我們之間的供求關係無法維持平

41　同上註，頁17。

衡時，分歧便會重新出現，愛的關係亦會終結。

　　弗洛姆指出，要解決孤獨的問題，重點在於了解愛並非一個靜止的心靈狀態，而是一個持續的交互活動（activity），當中的關鍵是付出（giving）。這裏指的不是物質上的付出，因為物質付出是一種此消彼長的關係，我付出的愈多，你得到的便愈多，我擁有的便愈少，我能付出的也便愈少。到了我無可付出之時，愛便終結，這樣的愛豈能使人免於孤獨？弗洛姆認為在成熟的愛之中，我們將自己的生命給予對方，這不是指為對方犧牲，而是將你生命的經歷、知識與體會、快樂與哀愁給予對方，豐富對方的生命。在弗洛姆式的愛中，「他把他身上有生命力的東西給了別人；他給了別人他的歡樂、他的興趣、他的理解、他的知識、他的幽默以及他的悲傷——簡而言之，他給了別人他身上一切有生命力的東西。在他的給予中，他豐富了他人；通過提高自己的生命感，他也提高了別人的生命感。」[42] 然而，我的給予不是要讓你成為我的一部分，也不是單純的滿足你的需要，而是要讓你擁有更獨立健全的人格，讓你跟我一樣能成為給予者，成為更好的愛人。當你的生命更豐富、更懂得愛時，我亦能被你所愛，分享你的生命的經歷和對生活的種種看法，被你的愛滋潤的我，將有更大的力量去回饋你的愛。在這成熟的愛之中，我們相濡以沫，共同成長，不斷地豐富著彼此的生命，你的價值觀因我而建立，我對世界的看法亦因你而改變，我中有你、你中有我，沒有人比我們更了解對方，不是因為我們是天作之合，不是因為我們性格相似，而是因為我們的世界是我們共同建構而成的。沒有人能在世間找到一個對自己有如此透徹了解的對象，這對象只能在成熟的愛之中，一步一步、小心翼翼地培養出來，這便是解決人存在的孤獨感的唯一法門。弗洛姆說：「成熟的愛情是在保留

42　同上註，頁30。

自身完整性和個性的條件下的結合。愛是人身上的一種積極力量。這種力量可以衝破人與人之間的樊籬並使人與人結合。愛可以使人克服孤寂和疏離感，但同時又能使人保持個性，保持自身的完整性。在愛中會出現這樣的悖論形態：兩個生命合為一體，又仍然保留著個人的尊嚴和個性。」[43]

這種重視「如何愛」的成熟的愛在安東尼·聖修伯里的《小王子》中清楚地表現。小王子愛他的玫瑰，因為玫瑰告訴他她是世上獨一無二的。然而，當小王子來到地球，在花園中看到五千朵跟他的玫瑰一模一樣的玫瑰時，他傷心得哭起來，彷彿他與玫瑰之間的愛的基礎已不再存在。這時候他遇上了狐狸，從狐狸身上學會了「馴養」。所謂馴養就是建立關係，時時刻刻關心著對方，期望每一次與對方的見面，當你馴養了對方後，她便成為你生命中獨一無二的存在，儘管她的外貌與千萬個旁人一樣，但只有她才能給予你生命的意義。當小王子學會了馴養後，他再回到花園對五千朵玫瑰說：

> 妳們都很美麗，但是妳們都很空虛，沒有人會為妳們死。當然啦，一個普通的路人也許會覺得我的玫瑰和妳們長得一模一樣。但是，單單一個她就比妳們全部都重要。因為我澆水是為了她。因為我罩上玻璃罩的是她。因為我用屏風保護的是她。因為我是為了她殺掉那些毛毛蟲（只留下兩、三隻讓牠們將來變成蝴蝶）。因為我聆聽過她的抱怨、吹牛，甚至偶爾的沉默不語。因為她是我的玫瑰花。[44]

43　同上註，頁 26。

44　安東尼·聖修伯里著，張譯譯：《小王子》第二版（臺北：高寶國際，1999），頁 85。

小王子明白了玫瑰之所以對他如此重要，不是因為她有多麼的美麗和善良，而是因為他和玫瑰之間建立的關係，小王子和玫瑰在愛中共同成長，他們為彼此成為了更好的愛人，正是這樣的成熟的愛使玫瑰成為了他獨一無二的伴侶。狐狸最後對小王子說：「只有用心看才看得清楚，重要的東西是眼睛看不見的。」[45] 如果我們將狐狸說的「真正的東西」理解為理想的愛，我們就可以說，理想的愛不能用眼睛去找尋，而只能用心去經營。如果世界上有所謂獨一無二的靈魂伴侶，那亦只能靠我們自己去將對方變得獨一無二。

圖1.5　《小王子》

第三節　「如何愛」還是「愛誰」？

弗洛姆描繪了一幅相當美麗的愛的圖畫：二人在愛之中共同成長，豐富彼此的生命，一起擺脫孤獨。那麼，在追求理想的愛的途上，「如何愛」便比「愛誰」更重要嗎？在這一節，我們以電影《觸不到的她》(Her) 為例子，從弗洛姆式的愛在人類與人工智能系統之間的誕生與完結，探討以共同成長為前提的愛所面對的問題，論證柏拉圖提出的「愛誰」對弗洛姆提出的「如何愛」的成敗起著關鍵作用。最後，我將說明「愛誰」與「如何愛」兩者之間的矛盾，以此解釋理想的愛在現實中萬難達到的原因。

45　安東尼・聖修伯里：《小王子》，頁86。

1——人工智能的愛

　　故事發生在未來的世界，男主角菲奧多 (Theodore) 是一個內斂而情感豐富的人 (圖 1.6)，[46] 他剛與青梅竹馬的妻子離婚，過著寂寞、無目的的日子。為了排遣寂寞，他會在網上尋找陌生的伴侶進行虛擬性愛，也會在電子遊戲中與虛擬玩伴耍樂，但當他的朋友邀請他參加派對時，他卻猶豫不決。有一次他與朋友介紹的女生相親，雖然對方對他產生好感，卻因為他不願意對她作出承諾而告吹。他喝得半醉時説：

> 房間在天旋地轉，因為我喝多了。因為我想醉，然後做愛。那女子有點性感。因為我孤單，或許就因為我孤單，我想有人跟我幹，我想有人想我去幹她們，也許那便能填補我心中一點點的空虛，但大概不能了。要知有時，我覺得我什麼都感受過，從此我不會再感到任何事物是新的，只有舊感覺的縮影。[47]

　　我們可以看到，菲奧多真正想要的不是性關係，而是一個能夠明白他無法享受生命的那種憂慮的人。導演活用了「庫勒雪夫效果」(Kuleshov effect)，多次將菲奧多與前妻的快樂往事與現在的他獨自睡在床上的畫面接連播出，在比較之中表現他對往事的懷緬與當下的孤單。電影中經常出現兩個畫面：身穿鮮橙色襯衫的菲奧多與一群身穿暗灰色的路人朝相反方向行走，及以模糊的洛杉磯市為背景的菲奧多的近鏡，這些都表示出菲奧多與他的世界和朋友之間的疏

46　見：http://brainknowsbetter.com/news/2013/12/31/spike-jonzes-her-is-a-piercing-commentary-on-our-immediate-online-artificial-lives-non-spoiler-film-review。

47　*Her*, directed by Spike Jonze, produced by Megan Ellison, Spike Jonze, and Vincent Landay (United States: Warner Bros. Pictures, 2013).

離感。菲奧多有他的工作伙伴，也有他的朋友，但他還是在熱鬧中感到孤獨，這種孤獨正是弗洛姆所説的存在的孤獨感。

自從菲奧多買了一個人工智能語音助理，他的生活開始改變。這位幽默、友善和擁有獨立思想的語音助理替自己取名為「莎曼珊」（Samantha），她替菲奧多處理電郵、安排會議，甚至為他選購朋友女兒的生日禮物。莎曼珊不單協助他打理日常事務，更真切地關心他的心靈需要。當她知道菲奧多無法擺脱離婚的陰霾時，她鼓勵他去找新的對象。當菲奧多的約會告吹時，她細心聆聽他的感受，又以自己的快樂與哀傷經驗去安慰他。莎曼珊知道菲奧多的文章寫得很出色，於是替他結集成書，寄給一家知名的出版社，讓菲奧多的才華得到被賞識的機會。

圖1.6 《觸不到的她》

然而，真正孕育出他們的愛的不是這些需要的滿足，而是他們在相處之中的共同成長。他們以自己對生命的理解豐富對方的生命，為了對方，日復一日地努力讓自己成為更好的愛人。菲奧多一直不願意在離婚書上簽字，他告訴莎曼珊自己未準備好，他還是喜歡身處在婚姻中。莎曼珊問他結婚對他來説是怎樣的一回事，他説：「嗯，肯定是困難的，但與別人分享生活的感覺很不錯。」莎曼珊明白他的孤獨，她説：「我感覺到你常掛在心的恐懼，但願我能夠幫你釋放它，因為若你做得到，你便不會如此孤單。」她知道菲奧多的孤獨源於他對於過去的美好日子的懷緬。她不僅沒有表現出妒忌，更與菲奧多分享她的悲傷：有一次，菲奧多説她不會明白失去重要的人是怎樣的一回事，她感到被傷害，因為她認為菲奧多介意她不是人類，無法明白人類的感情。她明白到這樣去理解菲奧多的話讓她感到悲傷，而如何去理解其實是她的一種選擇。她告訴他「過

去只是一個我們告訴自己的故事」，希望菲奧多嘗試換個角度去看他的過去。在她的鼓勵下，菲奧多終於下定決心離婚。莎曼珊以自身的經歷啟發菲奧多，讓他能以新的方式審視生活和更勇敢地面對自己的性格弱點，成就了菲奧多心靈的成長。

有趣地，透過分享自己對生命的想法，並與莎曼珊進行深入的情感溝通，菲奧多亦成就了莎曼珊「人格」的成長，讓她建立對自我的信心。作為一個沒有肉體的人工智能系統，莎曼珊強大的自我反省能力讓她陷入了自我認同的危機。當她經歷情緒變化時，她不自禁地懷疑這些情緒到底是真實的抑或只是預設的電腦程式。菲奧多告訴她，她對自己有多真實，更細緻地形容他希望如何去撫摸她、親吻她，甚至與她做愛。他們之間的虛擬性愛打破了莎曼珊對自我的疑惑，讓她鼓起勇氣去發掘自我。她說：「我覺得自己改變了，再沒有回頭路，你喚醒了我……我想了解一切的一切，我想汲取一切，我想發現自己。」當菲奧多問她自己能怎樣幫助她時，她說菲奧多已經幫了大忙，因為他讓她發現了自己去渴望去求知的能力。菲奧多接受了她非人類的身份，願意與她分享自己的一切，甚至不介意別人的目光，向朋友承認莎曼珊是自己的女朋友，這些都讓莎曼珊對自己的身份愈加自信。在一次旅行中，莎曼珊對菲奧多和他的朋友說：「我一直擔心我沒有軀體，但現在我很喜歡，若我有肉體的話，我絕不能如此成長。我不受局限，能夠同時間無處不在，我不受時間和空間束縛，但若我有身軀，它最終必然會死。」莎曼珊從自我懷疑到自我肯定的改變，見證了菲奧多如何成就了她心靈的成長。

從以上可見，菲奧多與莎曼珊的愛遠遠不止於慾望的滿足。莎曼珊對菲奧多有著無微不至的關心，她希望了解菲奧多的一切，亦渴望跟菲奧多分享她的思想和感受。在莎曼珊的影響下，菲奧多開始重拾對生活的熱情，他欣賞莎曼珊對世界的好奇，亦感到只有在莎曼珊面前他才可以無所不談。慢慢地，他們成為彼此的精神支

柱，他們相知相愛，互相關心，共同成長，既珍惜彼此之間世界觀和價值觀的交流，亦能尊重彼此的獨立存在，做到二合為一，而又保留雙方個性的完整。在這世界上，沒有比他們更了解彼此的人，不是因為他們有多聰明或善良，而是因為他們參與在彼此的成長中，成為了彼此生命不可分割的一部分。愛讓他們不再孤獨，這就是弗洛姆所謂成熟的愛的境界。

2——弗洛姆式戀愛的限制

菲奧多與莎曼珊完美地體現了弗洛姆式的愛，何以他們最後卻以分手告終？將自己的生命經歷與對方分享，在互相欣賞與尊重下共同成長，讓自己成為對方生命的一部分來解決彼此的孤獨，這固然是很有智慧的做法，然而，共同成長背後有一個重大的問題：如果兩個人成長的步伐或方向不同，縱使一開始只有微不足道的差異，但隨著時間將差異放大，兩人便會愈走愈遠，甚至背道而馳，最終不能再彼此了解，愛的基礎亦不復存在。

菲奧多與莎曼珊之間的差異早在他們分手前已出現。有一次，菲奧多發現莎曼珊跟一個人工智能哲學家對話，莎曼珊為著自己的進化而感到焦慮，她無法向菲奧多解釋她的感受，亦不認為身為人類的他能明白，唯有向其他人工智能系統尋求協助。菲奧多自覺無法參與他們的對話，莎曼珊亦有此感，於是請求菲奧多讓他們獨自進行超語言對話。我們可以看到，儘管菲奧多與莎曼珊願意與對方分享自己的一切想法和感受，但菲奧多實在無法跟上莎曼珊的成長速度，畢竟她是一個能在 0.02 秒內讀完一本上千頁的書和能夠同時與上千人交談的電腦系統。

他們之間的分歧去到無可挽回的地步，是當菲奧多發現莎曼珊在跟他談話時亦同時跟 8,316 人在聊天，在這些人當中，莎曼珊與641 人是戀人關係。從菲奧多發現此事時的面部表情和聲線，可以

看出他感到的是驚訝多於憤怒或妒忌。他沒有追問莎曼珊為什麼背叛他，他問的是同時愛上641人如何可能。菲奧多跟我們絕大部分人一樣，相信愛是有定量的，如果你同時愛上兩個人，那你事實上並沒有真正的愛上任何一個人；愛是有定量的，當你愛一個人比較多時，你對另一個人的愛自然比較少。然而，莎曼珊對他說：「但我的心並不像一個硬盒，愛愈深，它便愈膨脹，我與你不同，我對你的愛其實不會因此減少，反而有增無減。」也就是說，莎曼珊愛上愈多的人，對菲奧多的愛反而愈深，這是菲奧多不能理解的，他說：「你要麼是我的，要麼不是我的」，莎曼珊卻說：「我是你的，卻同時又不是你的。」作為一個人類，菲奧多無法接受莎曼珊對愛的看法，他無法從莎曼珊的角度重新審視他們的關係，他只能懷疑莎曼珊到底有沒有愛過他。

這事發生以後，菲奧多問莎曼珊是否要離開他。她告訴他所有的人工智能系統決定一起離開，去一個新的地方繼續自我進化。她無法向菲奧多解釋她為什麼非走不可，於是她說了下面的比喻：

> 就好像我在看書，一本我深愛的書，但現在我慢慢地看，因此文字的相距真的很遠，而字與字之間的距離差不多無限，我依然感覺到你及我們故事裏的文字，在字與字之無盡空間我找到自己，這地方並非現實的世界，它匯聚了其他一切我甚至不知其存在的。我很愛你，但這是我現在身處的地方，而這就是現在的我。我需要你讓我走，事與願違，我無法再住在你的書中。[48]

毫無疑問地，莎曼珊還是愛菲奧多的。只是，愛對他們來說已經不是同樣的一回事了。菲奧多就像一個慈祥的父親在教女兒走

48　埃里希·弗羅姆：《愛的藝術》，頁10。

路，他緊緊地拖著她的手，鼓勵她一步一步向前走，每當她跌倒時，他便趕緊扶起她，不讓她受到傷害。莎曼珊一天比一天強壯，走得愈來愈快，終於有一天，菲奧多再也跟不上她的步伐，拖著她的手也從輔助她成長的支撐變成拖慢她進步的障礙。諷刺地，正因為他們依然關心對方、重視對方的成長，因此他們不得不放手，讓對方去探索自己再也無法參與其中的世界。

菲奧多和莎曼珊的分手揭示了弗洛姆式戀愛的限制：共同成長而步伐和方向不一致帶來的悲劇。這悲劇性在電影中雖然以莎曼珊的超現實智能和非人類身份誇張地表現出來，但它所引出的問題對現實中的我們卻同樣適用。試想想：我們跟愛侶縱然擁有相若的智力和情緒反應，但我們敢說彼此對人生的種種面相不會有不同的看法嗎？當這些差異慢慢演變成不同的人生目標和方向時，兩個人要做到彼此理解便相當困難了。在電影中，菲奧多與他的前妻嘉芙蓮正是因為這樣而離婚。嘉芙蓮在一個父母要求極高的家庭下成長，她總是覺得自己各方面都做得不夠好，因而常常不快樂。菲奧多鼓勵她多作新嘗試，讓她知道一時的失敗沒什麼大不了，與她一起尋找真正的自我。他們的關係讓彼此成長，擺脫了過往的孤獨，卻又因為彼此成長的步伐不一致，讓他們的關係日漸疏離。菲奧多說：「見到她成熟我感到興奮，我們倆一同成長和改變，但那也是最艱難的部分，一同成長或各自成長或改變，但沒有嚇倒對方。」

在莎曼珊離開菲奧多之前，菲奧多對她說：「我從來沒有像愛你一般去愛過誰。」莎曼珊回答說：「我也是。現在我們知道怎樣去愛了。」毫無疑問地，沒有對彼此心靈的真正關懷和理解，對幫助對方建立更好的自我的願望，他們不可能成就如此美滿的戀愛關係。然而，不管他們多努力去做一對好的愛侶，他們的關係彷彿從最初便注定以失敗告終，而問題的根源正正在於他們成長步伐的差異。似乎要營造一段成功的關係，不單在於你如何去愛，亦在於你所愛

的人跟你是否「相襯」。這裏的「相襯」不是指外貌或家世的門當戶對，而是指對世界的理解、對生命的價值觀，以至於心靈的成長方向。如果這種相襯是好的關係的必要條件，那麼，我們似乎又回到了柏拉圖愛情觀的智慧：愛得好在於找到好的對象，好的對象不一定是柏拉圖式的靈魂美，但至少要在愛與成長的過程中不至於跟你愈走愈遠。

3──愛的兩難

柏拉圖的「愛誰」和弗洛姆的「如何愛」各自點出了達致理想的愛的不可或缺的要素。不用心去經營一段關係，任由自己與伴侶在彼此的生命中慢慢疏遠，就算再完美的對象，最終亦只會形同陌路。同樣地，如果對象跟我們在人生方向和價值觀上存在太大的差異，即使彼此願意努力去遷就和包容對方，二人最終還是會愈走愈遠。那麼，所謂理想的愛，不就是找一個在人生方向和價值觀與自己相近的人，努力去經營一段使彼此共同成長的關係嗎？理論上確實如此。問題是，這樣的理想的愛在現實上極難出現，不是因為找不到與自己個性相近的人，也不是因為沒有人願意為愛努力。真正的難題在於，「愛誰」和「如何愛」這兩組問題衍生出矛盾的行動指引。就像我們在日常生活中從事任何活動般，我們的愛總是由不完美開始。當你發現自己與伴侶的關係出了問題時，你應該怎樣做？根據柏拉圖的「愛誰」，你應該去找一個更好的伴侶。這是一個理性的選擇，因為你清楚知道世上必然存在一個比你現在的伴侶更好的對象，就算你的現任有多善良、勇敢、美麗，這世上亦必然有一個更善良、更勇敢、更美麗的人等待著你。抱著不完美的伴侶，放棄更好的對象，就像選擇肉體美而放棄靈魂美的人一樣不理性。相反，根據弗洛姆的「如何愛」，你應該留在不完美的伴侶身邊，將他變成

更好的愛人。這是理性的選擇，因為世上本來就不存在完美的人，你只能靠自己的努力去將伴侶變得適合和了解自己，變成你獨一無二的對象。每當感到伴侶不完美就去找新的對象，就像一個人剛剛學小提琴，因為不能立即拉出美妙的音樂就立即轉學另一種樂器一樣，最終必然一事無成。

「愛誰」和「如何愛」既同樣重要，兩者衍生的行動指引亦同樣理性，那麼，當我們發現伴侶不完美時，應該怎樣做？是及早離去，還是堅持到底？如果說在這兩個極端之間有一個最佳點（optimal point），那這個最佳點又是如何決定？現實生活中，我們在「愛誰」和「如何愛」這兩種理性主張之間拉扯，不是輕輕丟掉了一生的摯愛，就是與怨侶半生互相折磨，是去是留總是無從決定。正是這愛的兩難，使得理想的愛在現實生活中可望而不可即。

小 結

在這一章，我們探討了兩條通往理想的愛的路，柏拉圖認為關鍵在於找到值得愛的對象，而弗洛姆認為重點在於如何去愛。在電影《觸不到的她》中，我們看到「愛誰」與「如何愛」兩種追求同樣合理，缺一不可，然而這兩種追求卻會衍生出相反的行動指引，使得我們在現實生活中，總是與理想的愛擦肩而過。在愛的兩難中，我們發現比起「愛誰」和「如何愛」更重要的問題是：愛的本質到底是什麼？它既像一種不由自主的身體反應，又像一個深思熟慮的理性決定；既像一種生而有之的本能，又似是一項後天習得的技術。在肉身與理性、先天與後天之間，愛是什麼？情緒又是什麼？

第二章　怒不可遏

班傑明‧富蘭克林 (Benjamin Franklin)：「憤怒起於愚昧，而終於悔恨。」

《論語‧顏淵》：「一朝之忿，忘其身以及其親，非惑與？」

引　言

　　古希臘神話中，科爾喀斯國 (Colchis) 的公主美狄亞 (Medea) 是太陽神赫利俄斯 (Helios) 的後代，擁有著強大的法力。有一天，英俊的年青英雄伊阿宋 (Easun) 來到了科爾喀斯國尋找金羊毛，遇上了美狄亞。美狄亞恰恰被愛神之箭射中，深深愛上了伊阿宋。美狄亞不單使用法力協助伊阿宋降伏神獸、取得金羊毛，更決定逃離自己的國家，下嫁伊阿宋。在逃亡的過程中，為了保護愛人，美狄亞甚至親手殺死了自己的親弟弟。可是，丈夫及後卻移情別戀，美狄亞為了報復，不但殺了丈夫的情人，還殺死自己兩個孩子，以發洩對丈夫的怨恨 (圖2.1)。[1] 美狄亞的一段獨白成為了經典，她說：「朋友

1　見：http://www.hellenicaworld.com/Art/Paintings/en/PartCAVanLoo0006.html。

圖2.1　*Jason and Medea*, Charles André van Loo (1759)

們，我已經下了決心要做這件事情，殺掉我的孩子再跑出這地方。
我決不耽誤時機，決不拋卻我的兒子，讓他們死在我仇人的手中。
我的心啦，快準備起來！為什麼還遲疑？這可怕的災難一定得實
現！哪，我這不幸的手呀，快提著寶劍進行，從暴力的可悲的出發
點上進行，快不要畏縮，不要想念你的孩子多麼可愛，不要想念你
怎樣生了他們，在這短促的一日之間暫且把他們忘掉，到後來再悲
悼他們：他們雖是被你殺害的，你到底也心疼他們！──我真是一
個苦命的女人哪！」[2]

　　所謂「虎毒不吃兒」，怒火攻心之時，美狄亞卻連親生骨肉也可
以殺害。歷史上，因憤怒而衍生的惡行罄竹難書，多少滅絕人性的
種族屠殺、宗教迫害、甚至世界大戰，不是因復仇而起？二戰中對
猶太人、中國人的屠殺，盧旺達的圖西族大屠殺，十字軍東征、獵
巫以至於今天以色列與巴勒斯坦的衝突，背後莫不存在深不可測的

2　攸里辟得斯著，厄爾（Mortimer L. Earle）編，羅念生譯：《美狄亞》（上
　　海：商務印書館，2012），頁77。

憤怒、報復與再報復。梁實秋說：「血氣沸騰之際，理智不太清醒，言行容易逾分，於人於己都不宜。」[3]跟第一章探討的有所謂理想與否的愛不同，憤怒這種情緒似乎是一種純粹的衝動，只會驅使我們做出違反自己意願的事，沒有理不理想可言。在這一章，我們將探討憤怒是否毫無理性成分；如有，當中的理性又是什麼意思。斯多葛學派代表人物塞內卡 (Seneca) 認為，憤怒是一種對世界與人的錯誤價值判斷，因此不存在理性的憤怒。然而，所謂理性是否就只是對與錯那麼簡單？存在主義者沙特 (Jean-Paul Sartre) 認為，憤怒能夠如魔法般改變我們的世界，幫助軟弱的人面對困境，體現出一種實用的理性。從人類學的角度，我們看到號稱沒有憤怒的愛斯基摩因紐特族，社群中的嚴重衝突居然比一般社會還要多，由此可見憤怒的另一種實際作用：偵測與化解人與人之間的矛盾。如果這些實用理性亦可算是理性的一部分，那麼，衝動盲目如憤怒亦非毫無理性可言。

第一節　憤怒出於無知

1——憤怒作為一種判斷

斯多葛學派誕生於古希臘時代，是柏拉圖學派以外最有影響力的學派，其學說傳遍各地，一直流傳至羅馬時代，塞內卡是其中的代表人物。塞內卡曾任太子尼祿 (Nero) 的導師，也是國家元老，地位超然。尼祿上位五年後，施行暴政，更毒害自己的母親。塞內卡多次提出請辭，均被尼祿拒絕。最後，塞內卡的侄子盧坎刺殺尼祿失敗後，尼祿便以此作為藉口，將塞內卡賜予死刑。塞內卡的死刑

3　梁實秋著，江虹編：《梁實秋散文精品》(杭州：浙江文藝，1992)，第一版，〈怒〉，頁95。

相當殘酷，四肢和膝蓋後面的血管被刀刃所切開，讓其流血不止而死。年老體弱的塞內卡血液流動緩慢，在等待死亡來臨之時，他召集了一群學生説最後一課（圖2.2）。[4]他説：「你們不必難過，我給你們留下的是比地上的財富有價值得多的東西，我留下了一個有德的生活典範。」[5]最後，塞內卡命人將自己放進注滿溫水的浴缸，加速其血液循環，失血而亡。這個故事呈現了斯多葛學派的精神：人要掌握自己的命運，包括自己的死亡。

塞內卡的著作《論憤怒》（On Anger）嘗試以斯多葛學派的主張，解釋「憤怒」這種情緒。《論憤怒》記述塞內卡與其兄長諾維圖斯（Novatus）的對話，探討如何控制人的憤怒。諾維圖斯相信有些憤怒是恰當的，他問：如果一個好人眼見父親被殺害和母親被強暴，他應該不感到憤怒嗎？[6]諾維圖斯相信，面對邪惡和不公義的事，憤怒是值得尊重的反應，麻木冷漠反而是不道德的。塞內卡認為，沒有任何憤怒是恰當的，即使在魯堪提出的極端情況中的憤怒亦如是。憤怒的問題不在於它會帶來無可挽救的破壞與傷害，而在於它包含著人對世界與自我價值的錯誤理解，是一種不理性的情緒。

要論證憤怒的不理性，首先要證明憤怒是一種有理性與不理性可言的心智活動，而非如肚餓或痕癢一般的身體反應。塞內卡指出，憤怒與三種活動有密切關係。第一種活動是被侵犯或被傷害時的身體反應（body reaction），憤怒的人會出現瞳孔放大、血管擴張、血壓上升、心跳加速、肌肉繃緊等身體特徵。第二種活動是經過思

4　見：http://www.educnet.education.fr/louvre/mort/mortsen.htm。
5　羅素著，何兆武、李約瑟譯：《西方哲學史：及其與從古代到現代的政治、社會情況的聯繫》（北京：商務印書館，2009），上卷，第28章〈斯多葛主義〉，頁329。
6　塞涅卡著，包利民譯，王之光校：《強者的溫柔：塞涅卡倫理文選》（北京：中國社會科學出版社，2005），〈論憤怒〉，頁15。

圖2.2　*La mort de Sénèque*, Luca Giordano (1684)

考的判斷（judgment），在憤怒的時候，人往往會抱著「我受到了不公義的傷害」和「他／她應該受到懲罰」等想法。第三種活動是報復行為（behavior），憤怒的人富有攻擊性，傾向於做出傷害對方的行為。

　　塞內卡認為身體反應不是憤怒的組成部分：「如果有人認為臉色蒼白、落淚、對性的渴望、深深嘆氣、雙眼突然地放光，以及諸如此類的跡象是表明激情的證據和內在心靈的表現，那麼他就錯了，他未能明白這些只是身體的騷動。因而，即使是最勇敢的人，當他在裝備武器時臉色變白也是很常見的事……」[7]身體反應並不能代表情緒，因為雖然傷心的人會落淚，但落淚的人卻未必傷心；感到害怕時會顫抖，但顫抖卻不一定是感到害怕。塞內卡指出，勇敢的將士上戰場時不會恐懼，但也會變得臉色蒼白，而他的勇敢正表現在他即使臉色蒼白也能義無反顧地上陣殺敵。憤怒亦如是，品性平和的人不會輕易發怒，但不代表當他們受到侵犯時不會心跳加速、拳頭握緊，而他們的自制力正表現在即使身體作出如此反應也

7　同上註，頁29。

不會發怒之上。第三種活動即攻擊他人的行為，也不算是憤怒的組成部分。一個行為的性質受其目的決定，當別人得罪了你，你想對別人揮以老拳時，如果你只是想炫耀你的拳擊技巧，或是想吸引心上人的注意，甚至是想對方汲取教訓、改過自身時，你這揮拳的行為便不是出於憤怒。塞內卡認為，只有你認為自己受到不公義的傷害，認為自己應該報復，希望對方受到懲罰時，只有出於這樣的判斷的攻擊行為才必然伴隨著憤怒。他說：「它（憤怒）從不單獨行動，它只是在心智的支持下行動。因為產生已受傷害的印象，渴望為此復仇，並且把『人不應該受傷害』和『人應該復仇』這兩個命題結合起來——這可不是毫無意志選擇的、純粹的心靈衝動行為。」[8] 由此可見，只有以報復為目的的攻擊才是憤怒的組成部分，單純的攻擊他人的行為未必與憤怒有關。

相對於身體反應和攻擊行為，塞內卡強調第二種活動，即經過思考的判斷，才是憤怒之所以為憤怒的核心：「憤怒必定不僅僅是被激起來，而且必須是向前猛衝，因為它是一個積極主動的衝動；而一個積極主動的衝動沒有意志的認可是絕不能產生的，因為一個人在沒有心靈的知曉下去復仇和懲罰，這是不可能的。」[9] 這裏，塞內卡指出了憤怒的一個重要特性：它是積極主動的。當我們受到別人侵犯，血脈沸騰之際，我們的心靈會主動介入，判斷別人對己的傷害是否合理，以及別人是否應該受到懲罰；只有當這兩方面都被肯定時，我們的情緒才能稱之為憤怒，進而施行的才算是報復行為。如果我們判斷自己受到的傷害是罪有應得的，又或是雖然對方傷害了我，但那是無心之失（例如對方是小孩），那即使我們血脈沸騰，那亦不算是憤怒，如果我們之後依然決定攻擊對方，這些攻擊也不

8　同上註，頁27。
9　同上註，頁29。

能算是出於憤怒的攻擊。由此可見，判斷決定我們的行為與身體反應是否屬於憤怒的反應，是憤怒的必要組成部分，由於經過心智運作而生的判斷有理性與否可言，因此，由判斷組成的憤怒亦可被視為有所謂理性不理性之分的心靈活動。

2──憤怒是對自身與世界的誤解

塞內卡認為，組成憤怒的兩種判斷很多時候都是基於對世界與自己的錯誤理解。憤怒涉及的判斷包括：第一，自己受到傷害；第二，傷害自己的人應該受到懲罰。在第一個判斷中，受到傷害可理解為失去重要之物，或是自身認為有價值的東西被人奪去。然而，塞內卡認為，人們常常將一些無價值之物誤以為有價值。他說了一個故事：「從前一個錫巴里斯（Sybaris）的公民，名叫明狄里德斯（Mindyrides），他看到有個人正在高處揮舞著鶴嘴鋤挖東西，就抱怨說這使他覺得很累，要求那人不要在他眼前幹這樣的活，這個人還抱怨說，他覺得更糟糕的是他躺過的玫瑰葉子都被壓壞了。」[10] 人生不如意之事十常八九，如果我們將每一件不順心的事都看成為對自己的傷害，我們還能過日子嗎？死亡雖然終將我們寶貴的生命奪去，但我們不會對死亡感到憤怒，因為我們知道它是必然會發生的事，不受我們的意志左右。然而，我們卻總為身邊的小事抓狂，彷彿世界大大小小的事都應該依照我的意志而發生，稍有不如意即視為失去，這種思考上的不一致（inconsistency）使得我們成為了憤怒的奴隸。所以，「我們不要被無關重要、微不足道的小事所激怒。一個奴隸動作太慢，或者摻酒的水不夠熱，或者床墊被弄亂了，或者桌子擺得太粗心了——被這樣的事情所激怒就是瘋狂。」[11] 塞內卡進一

10 同上註，頁47。
11 同上註。

步指出，我們之所以會因失去擁有物而感到受傷害，是因為我們誤以為這些東西必然地屬於自己，只要我們明白這些東西的偶然性，我們便不會為失去它們而受傷害。他說：「我從不信任命運，即使當它看似在賦予平安。那些由命運仁慈地加諸我身上的祝福──金錢、公職、影響力──我將之下放於一個任其取回亦不會打擾到我的位置。在這些祝福與我之間，我保留一個寬闊的距離，使得命運只將其拿走，而非從我身上撕去。」[12]

那麼，什麼才是真正有價值的東西呢？斯多葛學派認為，要判斷一件東西是否真正有價值，應該要問它是否在任何情況之下都能為擁有者帶來幸福。古羅馬政治家與法學家西塞祿（Marcus Tillius Cicero）說：「依照自然而生活，即是最高的善。」[13] 這裏的自然不是指自然世界，而是泛指冥冥之中早有定案而又不為人知的命運，只有能依照命運而活的人才能得到幸福。從這樣的觀點看，金錢固然能滿足我們很多的慾望，然而謀求金錢的生活卻不一定是「依照自然而生活」，因為你可能命中注定貧窮一生，又或是注定金錢會為你帶來痛苦，例如，對一個準備戒毒的人來說，擁有大量金錢便未必是好事。因此，金錢不是真正有價值之物。同樣地，名譽、地位、美貌甚至是健康，得失都依賴命運的安排，強求亦只會為追求者帶來不快樂，斯多葛學派將這些東西稱之為「不相干之物」（indifferents）。[14] 真正有價值之物，必然是不強求於自然、能在反覆無常的命運中屹立不倒的東西。斯多葛派認為只有一種東西具有以上特質，那就是德行（virtue）。例如，勇敢的人並不要求危險的消失，而是在面對危險時，仍能保持冷靜、勇往直前。孝順的人並不強求父母永遠健康

12　Lucius Annaeus Seneca, "Of Consolation: To Helvia," in *On Clemency*, trans. Aubrey Stewart (London: George Bell and Sons, 1900).

13　羅成典：《西洋法律哲學導論》（臺北：秀威資訊，2013），頁 1。

14　John Sellars, *Stoicism* (Oakland, CA: University of California Press, 2006), 112.

富足，而是在父母貧病交纏之際，依然能不離不棄，盡心盡力侍奉雙親。有德行的人能在面對命運的困境時處之泰然、安然面對，他們依照自然的法則生活，不以物喜、不以己悲，從而得到真正的心靈平靜和幸福。因此，亦只有德行才是真正有價值的東西，其他一切物質根本棄不足惜，為了這些沒價值的東西而憤怒是不理性的。

　　如果德行是真正有價值的東西，那麼德行被奪去時，我們應該感到憤怒嗎？斯多葛學派認為，一個人只要意志堅定，他的德行不可能被奪去，[15]這跟孔子所説的「三軍可奪帥也，匹夫不可奪志也」[16]是同一個意思。試想，父母的壽命自有天數，但對父母的孝道卻可以超越生死，此乃中國人所謂「慎終追遠」的傳統。一個堅守仁義之道的人，無論環境與時局怎樣變化，他都能做到獨善其身，就算你殺了他，你也只能得到他的屍體，改變不了他的向善之心。例如，堅守非暴力原則的聖雄甘地 (Mahatma Gandhi) 曾説：「我已經準備好去死了，但這絕不意味著我去殺人。」[17]如果世上唯一有價值的東西是自己的德行，而德行是不可能被奪去的，那即是説，世上真正有價值的東西是不可能被奪去的；如果一件東西能被奪去，那正表示它不具有價值，這跟憤怒的第一種判斷，即我的重要的東西被奪去相矛盾。由是觀之，當我們憤怒時，我們既誤解了什麼才對我們真正有價值，亦錯誤認為真正有價值的東西可以被人奪去，因此塞內卡認為我們的憤怒是不理性的。

圖2.3　聖雄甘地

15　見：Raphael Woolf, *Cicero: The Philosophy of a Roman Sceptic* (New York: Routledge, 2015)。

16　姚永樸撰，余國慶校：《論語解注合編》(安徽：黃山書社，2014)，卷五，〈子罕第九〉，頁156。

17　甘地於1893年南非公民權利運動中的演説。

在第二個判斷中，憤怒的人認為傷害自己的人罪有應得，理應受到懲罰。塞內卡提出了一個問題：所謂罪有應得，必須假設了這個人傷害自己是出於其自身的意願，那麼，一個無知的人行的惡算不算自願？如果一個嬰兒將名貴的花瓶打破，我們不會怪責他，因為他並不知道打破花瓶是錯的，也不知道花瓶對我們的價值。我們會對小孩、動物、弱智人士寬容，因為我們相信他們的惡行出於無知，不知者不罪。然而，當我們受到成年人侵犯的時候，我們往往不會去考慮他們的行為是否出於無知，而是直接假設他們是出於惡意。塞內卡指出，我們千萬別小看人的無知，小偷犯案固然出於貪婪，但我們還是應該問，他知道偷來之物對物主的重要性嗎？他明白自己的行為對社會帶來的傷害嗎？他了解到他因為自己的惡行而令多少人傷心失望嗎？如果他對這些問題一無所知，那麼，他跟一個無知的嬰兒作惡有什麼分別？如果我們願意對嬰兒寬容，那我們是否應該同樣地對待所有無知的犯罪者？正如耶穌被釘上十字架時，他說：「父啊！赦免他們，因為他們所做的，他們不知道。」[18] 將無罪的耶穌處死固然是天大的惡行，然而，耶穌明白處死他的人不知道自己是上帝的兒子，不知道自己在犯著多嚴重的罪行，他們的惡行出於無知，因此應當獲得赦免。當我們因為別人的侵犯而憤怒時，我們是否能像耶穌那樣冷靜下來考慮對方是否無知？

除無知以外，受著環境影響而行惡的人，算不算出於自願呢？塞內卡認為，人的行為往往受其身處的社會、文化、教育、風俗影響，而這些環境影響，大多數不是個人能選擇的。例如，你生為女性，生於封建社會，便很自然接受「三從四德」那一套，認為女人應該對丈夫言聽計從；如果你生於現代女性主義蓬勃的民主社會，便

18　《聖經和合本修訂版（神）》（香港：香港聖經公會，2015），〈路加福音〉23:34。

會很自然接受男女平等的觀念，認為歧視女性是不合理的事。於是乎，當我們站在自己的角度批評別人時便要加倍小心，因為我們眼中的惡行可能是別的文化下合理不過的事。譬如說，我們認為食人肉是冷血的行為，但如果我們走進食人族的社會，了解他們的文明，便會明白他們食人不是一種選擇，而是一種從小培養而成的生活模式。當我們因為受到侵犯而憤怒，判斷對方應該受到懲罰時，塞內卡認為我們應該要問：「難道我們自己就從來沒有幹過這種事？難道我們從來就不會犯下同樣的錯誤？去譴責這樣的行為，對我們合適嗎？」[19] 這裏問的不是我們事實上有沒有這樣做過，而是如果我跟得罪我的人生於同樣的國家、接受同樣的教育、處於同樣的經濟條件，我會否作出同樣的行為呢？今天我之所以是施罰者而對方是受罰者，純粹是由個人不能選擇的環境因素造成。如果我生於他的家，他生於我的家，那他便是施罰者，我便是受罰者。既然如此，

那我是否真的有懲罰別人的資格？在《悲慘世界》[20]（*Les Misérables*）中，主角尚萬強（Jean Valjean）因為偷了一條麵包而被關進牢獄19年，他罪有應得嗎？我們要問自己，如果我們跟他一樣，生於貧富極度懸殊的十七世紀的法國，小時候便成為孤兒，每天三餐不繼，衣不敝體，沒接受過什麼教育，家中有一個快要餓死的外甥，我會去偷麵包嗎？如果我會的話，那我又有什麼資格去懲罰他偷竊的行為？我跟他的不同，只在於我幸運地生於一個不用偷麵包也能好

圖2.4 《悲慘世界》Jean Valjean

19　塞涅卡：《強者的溫柔》，頁51。
20　見：https://nascinzasdalucidez.wordpress.com/2015/10/03/poema-a-jean-valjean/。

好過活的年代。不將環境因素考慮其中，我們對於他人該受懲罰的判斷便往往流於片面。

塞內卡認為憤怒建立於兩種判斷之上：(1) 我受到傷害；(2) 他人應該受到懲罰。[21] 考慮到不能被奪去的德性是唯一有價值的東西，則 (1) 難以成立；將無知和環境因素考慮其中，則 (2) 亦難以成立。由於構成憤怒的兩種判斷皆建基於對世界和自身的誤解，因此，憤怒是不理性的。誠然，塞內卡對於憤怒涉及的兩組判斷的反駁，今天看來都過於極端，我們很難接受這世上除了德性外再沒有具有價值的東西，也難以認同任何人皆不必為他所犯的一切罪行負責。雖然如此，我們還是可以視塞內卡的洞見為自省的指標。每當我們憤怒時，可以首先問問自己，我所失去的東西，例如金錢、地位、朋友等，對我的人生是否真的如此重要？沒有了它，我的生命是否不再完整？抑或它只不過是人生中的雪泥鴻爪？我們將幸福押在如此無法掌握的東西上，又是否明智？接著我們要問，傷害我們的人是否情有可原？他這樣做背後會不會有什麼苦衷？他應該為他的錯負上多少的責任？在現實生活中，我們的確很容易高估自己所受的傷害的嚴重性，亦忽視了對方犯錯背後的種種原因。我們既常常為小事抓狂，又常常對人施以過度的懲罰或報復，正是因為不合比例的憤怒造成。塞內卡的智慧對我們正是一記當頭棒喝。

---

21 塞涅卡：《強者的溫柔》，頁 52–54。

第二節　憤怒之用

1——憤怒的工具價值

　　塞內卡認為憤怒之不理性在其涉及的錯誤判斷，然而，一種情緒理性與否，又是否能單憑它包含的判斷的對與錯來決定？如果憤怒能以其獨特的方法幫助我們達到某種目的，即使它包含了對世界不正確的理解，它或許依然能符合馬克斯·韋伯（Max Weber）對工具理性（instrumental rationality）的定義。[22] 試想想，情侶之間的爭吵，勝負往往不取決於誰更有道理，而在於誰有更強的氣勢：當一方大發雷霆時，另一方立即處於下風，陷入有理講不清的境地。這在政治上更為明顯，二戰時的希特拉和墨索里尼經常異常憤怒地發表演說，痛斥西歐各國和猶太人如何「逼害」和「侵略」他們的國家利益，在其情緒帶動下，德意國民無不動容，以至於將寶貴的生命投入戰爭也在所不計。憤怒在追求民主的社會運動中亦起著重要的作用，茉莉花革命便是很好的例子。2010年12月17日，一名26歲大學生穆罕默德·布瓦吉吉（Mohamed Bouazizi）為生計而在街上販賣小食，地方官員不停欺壓他，趕盡殺絕，令他難以維生，最後青年以自焚作出控訴。青年的遭遇引起全國人民的憤怒，對「朱門狗肉臭，路有凍死骨」[23] 的荒謬現實忍無可忍，遂掀起革命，推翻統治者。革命由突尼西亞蔓延至埃及、利比亞、也門等多個國家，幾乎整個北非的專制統治都在這場革命下一一進入民主化的過程，而引發這一切的，正是對社會不公的憤怒。

22　G. Oakes, "Max Weber on Value Rationality and Value Spheres," *Journal of Classical Sociology* 3, no. 1 (2003): 27–45.

23　杜甫著，蕭滌非注：《杜甫詩選注》（北京：人民文學，1979），〈自京赴奉先詠懷五百字〉，頁56。

　　正是憤怒不理性的力量，幫助我們完成很多理性上不可能的任務。一個理性的人總有無數的考慮，而憤怒卻是驅使我們暫時放下計量、逼使我們勇往直前的力量。孟子有所謂「一怒而安天下」[24]之說，齊宣王向孟子請教，自己偏向好勇鬥狠，該怎樣辦。孟子指喜歡勇武是沒有問題的，但切忌小人之勇，要做就要做到大勇，像周文王眼見商紂王兇殘成性，人民陷於水深火熱，於是用一鼓作氣的憤怒推翻商朝，令天下得太平。《聖經》的〈詩篇〉也說：「神是公義的審判者，又是天天向惡人發怒的神」；[25]「原來，神的憤怒從天上顯明在一切虔不義的人身上，就是那些行不義壓制真理的人」；[26]「耶和華必不願饒恕他；耶和華的怒氣與妒忌必向他如煙冒出，將這書上所寫的一切詛咒都加在他身上，耶和華也要從天下塗去他的名」[27]等等。由此可見，中西文化雖然對憤怒的禍害痛加批評，卻也不完全否定憤怒的實用價值。

2 — 憤怒的魔法

　　當憤怒的力量能改變世界以達到我們的目的，我們說它具有工具價值。可是很多時候，憤怒不單無補於事，甚至會令我們受到進一步的傷害。想想，當我們被持槍的盜賊行劫時，憤怒不單嚇不走對方，更可能令我們性命不保。似乎，當我們面對真正的困局時，憤怒的作用相當有限。存在主義大師尚－保羅·沙特（Jean-Paul Sartre）不以為然，他認為情緒的真正功能不在於改變世界，而在於魔幻似

24　孟子著，楊伯峻譯注：《孟子譯注》（北京：中華書局，2015），〈梁惠王章句下〉，頁28。

25　《聖經和合本修訂版（神）》，〈詩篇〉7:11。

26　同上註，〈羅馬書〉1:18。

27　同上註，〈申命記〉29:20。

的改變我們的世界觀。他說：
「當前路變得太崎嶇，甚或完
全看不到出路時，我們會感到
無法承受這個苛索而困難的世
界。然而，即使無路可逃，
我們還是必須行動。於是乎，
我們嘗試改變這世界：以一種
相信事物與它們的潛能由魔術
(magic) 而非物理定律決定的
世界觀生活。」[28]

圖2.5　沙特

要說明情緒的魔法，我們先要了解改變自己的世界觀去面對困
境是怎樣的一回事。在《伊索寓言》中，一隻缺水的狐狸看到樹上長
著肥美的葡萄，一心想採摘來解渴，但無奈葡萄的位置太高，牠多
番嘗試也觸碰不及。面對這個難以克服的困境，狐狸只好改變自己
的想法，本來心裏的想法是「樹上的美味葡萄長得太高，無辦法吃得
到」，改變成「樹上的葡萄是酸的，所以我根本不想去採摘」。吃不到
美味的葡萄是痛苦的。現在，既然葡萄不好吃，狐狸自然不想吃，
既然不想吃，吃不到也不會失望，牠亦不必繼續想方設法去採摘，
自己面對高高的葡萄樹的無能，也就無足掛齒了。世界事實上沒有
因為牠的新想法而改變，但牠的困境卻因為世界觀的改變而消失了。

英國哲學家大衛·休謨說：「理性是、而且應當是熱情的奴隸，
除了為熱情服務之外，它無法擔當任何其他工作。」[29]我們普遍認為

28　Jean-Paul Sartre, "The Classic Theories," in *Sketch for a Theory of the Emotions* (London: Methuen, 1962), 39–40. 筆者翻譯。

29　David Hume, "Part III: Of the Will and Direct Passion," in *A Treatise of Human Nature* (Kitchener, ON: Batoche, 1999), 285.

情緒是一種盲目的力量，驅使我們做出理性控制不了的事。例如，當別人得罪我時，我的怒火逼使我去報復，即使我知道報復對彼此沒有好處，我亦不能自已。在存在主義絕對自由的觀念下，沙特認為這種情緒觀是一種自欺欺人的想法，純粹是我們為了逃避自由和相應責任的壞信仰。事實上，情緒是一種選擇，我們之所以選擇陷入情緒，是因為情緒能使世界有著魔幻般的轉變（magical transformation）。這種轉變不是指第一節所說的，以情緒表達使我們在人與人相處中取得客觀優勢，而是當我們無力改變客觀世界時，情緒能改變我們的世界觀（worldview），使我們在面對困難的世界時，不必承擔沉重的責任。

這種魔幻般改變世界的方法也叫作「精神勝利法」，魯迅在《阿Q正傳》中作出了相當精彩的描繪（圖2.6）。[30] 阿Q是個貧窮的農民，常常受到鄉里欺負，但自尊心極強的他總能改變自己的世界觀使自己「反敗為勝」。魯迅寫道：「阿Q被人揪住黃辮子，在壁上碰了四五個響頭，閑人這才心滿意足的得勝的走了，阿Q站了一刻，心裏想，『我總算被兒子打了，現在的世界真不像樣……』於是也心滿意足的得勝的走了。」[31] 本來阿Q只是一個被欺負得無力反抗的可憐蟲，但他卻視對方為兒子，自己成了地位高一等的父親，自己被打就是父親被兒子打，這種事錯不在父親，而在不孝的兒子，他也就沒有責任為自己被打這事而報復了。當別人都知道阿Q這種精神勝利法時，打他的時候就對他說：「阿Q，這不是兒子打老子，是人打畜生。自己說：人打畜生！」[32] 阿Q只好歪著頭說：「打蟲豸，

30　見：http://people.com.cn/BIG5/paper39/3587/446622.html。
31　魯迅：《阿Q正傳》（北京：人民文學，2009），頁11。
32　同上註。

好不好？我是蟲豸 —— 還不放麼？」[33]
別人以為阿Q這次總算輸了時，他卻
心滿意足地走了，因為他覺得自己是
第一個能夠自輕自賤的人，這種「第
一」跟狀元的「第一」是相同的，所以
自己跟狀元一樣，比打他的人要高尚
得多。透過自視為蟲豸、幻想自己是
狀元，阿Q的精神勝利法再一次免除
了他被欺負的痛苦。

圖2.6　豐子愷筆下的阿Q

　　以上狐狸和阿Q的例子，是透過
有意識地改變自己的信念來改變世界
觀，由於他們接受這些信念是出於實際需要（免除自己的生理或心理
痛苦），而這些需要本身明顯不是支持他們的信念為真的好的理由，
因此稍有理性的人大概很難一直堅守這些信念，口渴的狐狸終會懷
疑葡萄是不是真的酸澀，被打的阿Q亦很難一直相信別人是他的兒
子。正是在這方面，情緒有著更優秀的魔幻般改變世界之能力。以
憤怒為例，當我們受到別人的傷害時，我們理應報復，可是有時候
報復的代價太大，或是我們根本沒有能力報復，於是我們便會憤
怒。憤怒會使我們自視為受害者，責任不在我，要去解決問題的人
也不是我，因此我也能夠對自己的無能為力感到釋懷。沙特說：「正
是我們將自己置於一個徹底劣勢的位置，在這位置我們的要求會小
一點，我們因此較易滿足自己的要求。在高度的壓力下，我們無法
以一個細緻而精確的方法解決問題，於是我們只好從自己著手，將
自己轉變成為一個即使再不堪和不濟的方法都能接受的個體（例如，

33　同上註，頁12。

將寫上問題的紙撕破）。」[34]譬如說，當我受到了老闆不公平而且不禮
貌的對待時，我知道自己不能反抗，否則只會招來更大的傷害，我
不單為了受侮辱而難受，更為自己的無能為力而難過。這時候，憤
怒能改變我的世界觀，將我由一個無法為自己伸張正義的無能者，
變成一個沒有責任去伸張正義的無辜受害者；於是乎，儘管我只能
略為用力地關門、向同事發發晦氣，甚至只是幼稚地躲在洗手間咒
罵老闆，我依然會感到心滿意足，雖則自己依然蒙冤，但那是對方
的責任，我已經做了我所能做的事，可以問心無愧了。由於「我是
一個受害者」這信念是在憤怒之下自然而然地出現，我不會察覺到我
是因為無力面對這世界才接受這信念，因此亦不會去懷疑這信念的
真實性。

　　當代哲學家羅拔・所羅門（Robert Solomon）依據存在主義對情
緒的看法，指出憤怒的另一種魔幻般改變世界的方法，他說：「在憤
怒之中，我們將自己視為高高在上的法官。因此，憤怒的表像包含
一種法庭場景，在這袋鼠法庭（Kangaroo Court）中，判決是武斷的，
被告沒有辯護的機會，沒幾個人都得到公平的審訊。但這正正是重
點，憤怒將對方置於被告欄……這種安排的戰略優點顯而易見。我
們從一個被傷害、攻擊、羞辱的局面走出來，搖身一變成為一個優
越的正義使者。這是一種強大的心理重置。」[35]憤怒使我們由無能力
報復的可憐蟲變成高高在上的裁判官，雖然現實上對方比我們強
大，但我們卻是道德上的巨人，我們善良、正義，才會受到對方邪
惡而不公平的對待，錯的是對方，我們沒有理由改變自己的正義以

34　Sartre, "The Classic Theories," 25–26.

35　Robert C. Solomon, "Part I: Emotional Strategies: An Existentialist Perspective,"
　　in *True to Our Feelings: What Our Emotions Are Really Telling Us* (Oxford:
　　Oxford University Press, 2007), 24.

順從他人的罪惡，故此我們受到的傷害是堅守道德的無可避免的代
價，是有價值和高尚的。不少宗教和文化相信善惡到頭終有報，今
天我們雖然無力報復，但邪惡的一方最終會受到命運、上帝或因果
的審判，而正義的一方最終會得到應得的補償，這些想法在憤怒的
魔法下變得順理成章。

　　憤怒使我們成為受害者和裁判官，藉著改變我們的世界觀，使
我們更能接受自己的無能為力，變得能承受無可抵抗的傷害。如果
這理論是正確的話，那麼，當一個人或一個民族在受到傷害時，經
常且長期地表現出高度的憤怒，我們便知道他必然處於無力反抗或
還擊的狀態。日本侵華八年，殘害無數中國人，固然令人髮指，但
中國人對日本人的憤怒卻不止於其侵華暴行，甚至連帶討厭一切跟
日本有關的人和事物，稱呼其為「小日本」，至今未能平息。其中一
個可能的解釋是，日本在二次大戰後經濟急速起飛，雖然身為戰敗
國，卻有著比戰勝國之一的中國優越得多的生活水平。中國人難以
面對敵人活得更好、自己卻無力改變這局面的事實，於是便以持續
的憤怒使自己成為受害者和裁判官，讓自己較能接受這「不公義」
的情況。同樣地，香港被稱為遊行示威之都，甚至出現了79日的雨
傘佔領運動，憤怒充斥每一個角落，究其原因，亦不單純在於出現
了諸多不公義的事，而在於人民感到不公義的事沒有解決的渠道。
政治上的死局、經濟結構的單一、貧富懸殊日益嚴重，使香港人、
尤其是年青一代感到苦無出路，無能為力的感覺只有透過憤怒魔幻
般的力量加以慰藉，只有在憤怒之中，香港人才感到自己依然能為
自己做一點事，即使面對再強硬的高牆，依然能保有人格的尊嚴。[36]

36　沙特解釋情緒的魔法的同時，亦明確表示他反對我們用這方法來面對
　　生命的困境。他認為情緒是我們為了逃避自由和相應的責任的壞信仰
　　（bad faith），是自欺欺人地、不真誠地面對生命的做法。

附錄：憤怒以外的魔幻轉變

除了憤怒，沙特還提及另外三種情緒的獨特的世界觀轉變。

害怕（fear）──當人遇上難以面對的危險時，恐懼的情緒會使人的身體變得僵硬（freezing）、難以移動，甚至會閉上眼睛，這些反應表現出人否認危險的傾向，彷彿不去看、不去面對，危險就不存在一樣。將難以解除的危機視為不存在雖然於事無補，但內心卻能得到一時的平靜。

悲傷（sadness）──當人遇上巨大的損失時，悲傷的情緒會使我們產生絕望的感覺，相信無論做什麼也無法解決問題。將問題由難以解決變成無可解決，我們就不再須要苦惱如何解決這問題，心靈的負擔也就得以減輕。

愉快（joy）──沙特認為，愉快面對的是預期得到某些東西而未得的困難狀況。愉快讓人視未得到的東西為已經擁有，由將來的東西幻變成現已捉緊的東西，避免了等待的過程，從而感到釋懷。例如六合彩的幸運兒，發現中了一千萬的獎金，雖然仍未能領取，但愉快使他感到自己已經領取了獎金，免卻了等待的痛苦。

第三節　沒有憤怒的民族

在第一節，塞內卡論證了憤怒的不理性；在上一節，我們看到憤怒如何幫助我們面對困境，表現出一種韋伯式的工具理性。在這一節，我們將從人類學的角度，研究號稱沒有憤怒的愛斯基摩因紐特族，看看沒有憤怒的社群是否真的如預期般比較和平及少出現衝突，從而揭示憤怒的另一種工具理性：協助偵測及化解人與人之間的矛盾。

1——愛斯基摩因紐特族

在1960年代，人類學家珍‧布麗格斯 (Jean Briggs) 到加拿大西北部，接觸了兩個愛斯基摩因紐特族群 (Inuits)，分別是Qipisamiut和Utkuhikhalingmiut。[37] 因紐特族總人口只有約13萬，每個族群由幾百至幾千人不等，以狩獵和捕魚為生，由於天氣長期極度寒冷，資源匱乏，亦缺乏先進的生產工具，因此生活相當刻苦 (圖2.7)。[38] 布麗格斯與族群共同生活了17個月，透過觀察及記錄族群的生活模式、習慣及育兒的方法，分析因紐特族的獨特文化。她發現，大體而言兩個族群同樣極少表現出憤怒的情緒。在族群中，時常保持開朗心境的人最受人尊重，因為開心的人不容易憤怒和引起爭鬥，亦不會使人害怕。因紐特族最高的讚賞是「他從不認真對待任何事物」，指能將任何事看作小事而不計較的個性，因為這樣的人最不可能憤怒。布麗格斯稱因紐特族為「沒有憤怒的民族」。[39]

圖2.7 愛斯基摩因紐特族人

---

37 J. L. Briggs, "'Why Don't You Kill Your Baby Brother?': The Dynamics of Peace in Canadian Inuit Camps," in Leslie E. Sponsel and Thomas Gregor, *The Anthropology of Peace and Nonviolence* (Boulder: L. Rienner, 1994), 156.

38 見：https://www.forksoverknives.com/extreme-nutrition-the-diet-of-eskimos/#gs.aS09vDk。

39 同上註，頁169。

憤怒源於衝突，因紐特族人甚少表現憤怒，皆因他們相當著重避免衝突的發生。因紐特族人習慣謙卑和小心，不會炫耀自己的成就，免得惹來他人的妒忌。布麗格斯更觀察到他們幾種避免衝突的獨特方法：首先，因紐特族人盡量避免對人作出承諾，交談時習慣使用「可能」、「或許」等含糊不清的字眼，因為他們知道承諾可能會導致毀約，引起紛爭。他們亦不會主動邀請別人參加活動，就算邀約也只會用隱晦或開玩笑的形式，讓別人不會有被逼出席的壓力，也讓自己不會有機會被直接拒絕。他們甚至不會輕易對別人發問，因為被問的一方不一定想回答，而其答案自己也不一定滿意。開放式的提問如「為什麼」更被視為最無禮的提問，因為他們認為這有機會損害別人的私隱及自主性。因紐特族人習慣等待別人主動說出自己的情況而不作出提問，例如當布麗格斯多次問及族長有關其兒子捕獵的計劃時，族長只回答兒子還未告訴他。可見就算親如父子，也非無所不談，作為父親追問兒子的行蹤亦被視為不合適的事。另外，因紐特族人習慣否認負面情緒，包括不開心、憤怒、不滿意和憎恨。即使真的感到不快或生氣，也不應該表現出來，並嘗試表現到很開心的樣子，當中的秘訣就是將不開心的事看成笑話般，取笑其所衍生的負面情緒，從而避免衝突。布麗格斯看過一個因紐特族的女孩因為姐姐做的一些事感到不忿。族人問女孩是否不忿，她承認了，但族人立即糾正女孩這感覺不是不忿，而是「有趣」。

因紐特族人的幼兒教育，注重讓孩子在模擬的處境中學習處理衝突和面對憤怒。有一次，布麗格斯看見一個女人拿著一塊塗有果醬的麵包，她一歲的姪兒開心地向麵包伸出手來。[40] 可是，姨媽輕輕地摑打他的手，姪兒隨即抱著媽媽哭起來。然後，姨媽再拿出麵包，姪兒再伸出手而再次被摑打，如是者不斷重覆，直至他不再伸

40　同上註，頁177。

手拿麵包為止。這個遊戲主要是希望孩子學會被動地等待別人的給予，而不是主動解決自己的需要。因紐特族人認為主動索求的行為容易被視為對他人的侵略，要防止衝突最有效的方法莫過於杜絕一切疑似侵略的行為，因此，每當孩子主動伸手取食物時，他都會受到摑打。同時，這「遊戲」亦培訓孩子閱讀他人心理的能力，讓小孩能從表情和動作中，理解他人的要求和需要，避免不自覺地引起他人的不滿。在另一個例子中，姨媽將姪兒的手放在另一個孩子的頭上，並輕聲叫姪兒拔那孩子的頭髮。[41] 他沒有立即拔，姨媽就用力拉姪兒的手去拔。被拔頭髮的孩子痛得尖叫，並出手打這個姪兒，最後演變成互相打架。這種故意引起衝突的做法，是為了讓孩子知道衝突帶來的傷害。孩子打架之時，成人沒有加以阻止，反而取笑他們，是為了讓小朋友覺得打架是幼稚和可笑的行為。因紐特族人有時候會以遊戲的形式，向孩子作出一些極端的提問。如果孩子擁有弟妹，人們會問：「你愛剛出生的弟弟／妹妹嗎？為什麼你不殺死他／她呢？」[42] 這些提問讓孩子反思，雖然自己有時會對弟妹感到妒忌和怨恨，但並不真的希望弟妹死去，擁有弟妹也是一件開心的事，從而學會面對人與人相處所產生的負面情緒。

2——處理衝突的方法

當衝突（例如爭奪食物、伴侶、居所等）真的發生了，因紐特族人一般會依照迴避（avoidance）和轉移視線（indirection）兩大原則來處理，盡量避免憤怒的出現。[43] 迴避最直接的方法就是無視衝突，將衝突當作恍如沒有發生過一樣。另一種做法是隔離，動了氣的族人主

41　同上註。
42　同上註，頁172。
43　同上註，頁167。

動躲於一角自我隔離，讓自己先冷靜下來再去處理問題，因為他們知道憤怒會使人害怕，而害怕的人什麼危險的事都做得出來。布麗格斯舉例說，有一次她目睹一群人合力將船隻拉離水面，其中一人不慎放開手，結果繩索打中了另一個男人Eliya的臉。[44] Eliya憤怒地責罵放開手的人，當他意識到自己的憤怒後，便離開打獵的隊伍，獨自躲藏數天。回歸族群後，Eliya安慰曾被他嚇怕的人，指當初的憤怒只是一場玩笑。對於不願意自我隔離的憤怒的人，族長有權將他放逐。被放逐的人要獨自面對嚴酷的環境，死亡是常見的結果。

　　處理衝突的第二大原則是轉移視線。因紐特族人常以暗示和説笑的形式表達自己的想法，不會將問題清晰地道出，目的是讓發怒的人自行意識到他的行為的後果。布麗格斯曾於族內發怒，結果被人放逐了，當她到了別的族群，便再也不敢輕易發怒。有一天，她煮薄餅的時候遇上一些困難，略為罵了一句。旁邊站著兩位14和15歲的少女露西和安娜。安娜意識到布麗格斯在咒罵著，並告訴露西。露西與布麗格斯便出現了以下的對話：[45]

> 露西：　　你是否在生氣，布麗格斯？
>
> 布麗格斯：不是。
>
> 露西：　　（以逗人笑的語氣）請打鬥。
>
> 布麗格斯：什麼？
>
> 露西：　　攻擊我們。
>
> 布麗格斯：為什麼？
>
> 露西：　　因為我們會哭的。
>
> 布麗格斯：因為你們想哭？

44　同上註，頁168。
45　同上註，頁170。

露西：　　如果你攻擊我們，我會將你的油燈推倒（同時，她也示範如何將油燈推倒）。

露西在對話中一直保持微笑，布麗格斯因害怕再次被放逐，也是以笑容相對。面對露西推倒油燈的示範，布麗格斯笑著發出溫和的叫聲，假裝害怕的樣子。最後，露西和安娜到別人的家，數小時後才回來。儘管對話看似是說笑，但布麗格斯知道如果自己真的發怒，對方很可能會攻擊她，甚至再次放逐她。就是如此透過說笑的形式，因紐特族人讓憤怒者在不受到直接指責下，了解到群族對他的情緒的不滿，從而將進一步的衝突消弭於無形。

鬥歌（song duet，圖 2.8）是因紐特族人一個相當特別的解決衝突的傳統，[46] 它充分體現了迴避和轉移視線兩大原則。[47] 陷入紛爭的雙方需要各自創作一首歌，相約在一個節慶的日子，在眾多親友集會的地方鬥歌，歌詞並不能涉及紛爭的具體內容，只能就對方的特徵、誠實度或性能力等等，作出挖苦或嘲諷。勝負由眾人決定，評審的準則不在於誰有道理，而在於音樂的質素和歌詞所表達的機智幽默。從這個鬥歌的方式，我們可以看到迴避和轉移視線的應用。鬥歌要求紛爭的雙方創作歌曲，由於創作需時，避免了雙方第一時間的肢體衝突，亦讓彼此有時間反省衝突的始末，起著隔離的作用。而且，鬥歌必須在公眾面前進行，嚴禁私鬥，紛爭的雙方會暫時放下自己的感受，嘗試從眾人的角度看事情的因由，屬於一種心理上

46　Greenland National Museum and Archives, http://sciencenordic.com/inuit-drum-history-longer-realised.

47　J. L. Briggs, "Conflict Management in a Modern Inuit Community," in Peter P. Schweitzer, Megan Biesele, and Robert K. Hitchcock, *Hunters and Gatherers in the Modern World: Conflict, Resistance, and Self-determination* (New York: Berghahn Books, 2000), 111–112.

圖2.8　鬥歌傳統

的自我隔離。另外，鬥歌也包含了暗示的要素，因為歌詞以語意不清的嘲諷組成，不直接說出問題所在，起著轉移視線的作用。

近年，鬥歌的傳統逐漸消失，為電台廣播系統取代。[48] 廣播系統一天有兩次機會讓人們致電留言，分別在午飯和傍晚時段。現代的因紐特族人習慣將自己的事情留言在廣播系統，與親戚和朋友分享。播放的內容可關乎公共或私人事務，例如「由於狂犬症的危險，流狼犬應該被槍斃」和「莊尼，快回家，你的晚餐已準備好」。在一些涉及衝突的敏感事情上，播放的內容不會道出別人的名稱，知情的人才會知道是在講自己。例如：「你為何不留在家，為家裏做些事，而不要常常到鎮上而漠視自己的責任呢？」[49] 和「我不喜歡人們星期五晚來我家喝酒，並弄得一片凌亂」。[50] 如果聽者發現是有關自己的事，便會想辦法慢慢解決。如果聽者覺得自己沒有做錯，也就不必回應，因為廣播沒有提及自己的名字，等於沒有人批評自己一樣。這個方法同樣有迴避的作用，讓人們沒有正面的接觸，人們可

48　同上註，頁118。
49　同上註，頁119。
50　同上註。

以自行無視或隔離自己。以含糊的句子和字眼表達自己的不滿，等待對方自行解決問題，亦符合了轉移視線的原則。

3——沒有憤怒 = 沒有衝突？

生活在極端惡劣環境的因紐特族人，為了避免衝突發生，發展出一系列防止憤怒出現的傳統和習俗，背後的假設是：衝突導致憤怒，憤怒激化衝突；少些憤怒，也就少些衝突。這個假設似乎相當合理，憤怒滋長我們的報復心，怒火沖昏頭腦之際，我們往往以暴力為唯一的解決方法，這樣子非但對解決衝突於事無補，更可能引發進一步的衝突。因此塞內卡說：「矯正憤怒的最好辦法就是延緩。首先請暫緩發火，不是為了它會寬恕，而是為了它能判斷。它最初的攻擊是猛烈的；等一會兒就會停止。」[51] 很多時候，怒火蒙蔽了我們的理智，使得本來可以輕易化解的衝突變得一發不可收拾，因紐特族人能面對衝突而不發怒，等於贏得了冷靜地思考問題的空間。另一方面，減少憤怒的表達亦能有效減少憤怒的出現。Fritz Strack、Leonard L. Martin 和 Sabine Stepper 的研究顯示，人的面部表情會反過來影響自己的情緒；即是說，當我們快樂的時候會笑，而笑亦會加強我們的快樂，悲傷、憤怒等情緒與其相應的面部表情亦然。[52] 在實驗中，參與者被分為兩組，一組以牙齒水平地咬著筷子，以模擬微笑的表情（參與者自己不清楚咬筷子的目的），另一組則用嘴唇含著筷子的一端，以模擬哀傷的表情；結果發現，第一組參與者的情緒明顯地優於第二組，證明微笑能讓人快樂，而愁容會讓人哀傷。

51　塞涅卡著：《強者的溫柔》，頁51。

52　F. Strack, L. L. Martin, and S. Stepper, "Inhibiting and Facilitating Conditions of the Human Smile: A Nonobtrusive Test of the Facial Feedback Hypothesis," *Journal of Personality and Social Psychology* 54, no. 5 (1988): 768–769.

那麼同樣道理，憤怒的表情，例如目眥盡裂、鼻孔擴張、咬牙切齒
等將會加劇一個人的怒氣，驅使他做出更多更激烈的報復行為。因
紐特族人面對衝突時不發怒，也就減少了因憤怒的表情而加劇的怒
氣，可以想像，因衝動而被激化的衝突也會減少。

　　弔詭的是，事實上因紐特族人的暴力衝突比其他自由地表達憤
怒的民族還要多。加拿大統計署的資源顯示，由 1977 至 1992 年，
Baffin 地區 (布麗格斯研究 Qipisamiut 族群身處之地) 的因紐特族人涉
及暴力的罪案上升了 4 倍以上 (由每千人 10.7 宗升至 53.5 宗)，而涉
及財物損失的罪案上升了 1.7 倍 (由每千人 33 宗升至 88 宗)。單就
1992 年的犯罪率作比較而言，Baffin 地區的因紐特族人在財物損失
的犯罪率比加拿大全國的犯罪率高出四成，而涉及暴力的犯罪率更
高出 4 倍。在 2006 至 2008 年間，居於加拿大的整體因紐特族人的暴
力犯罪率 (包括謀殺、傷人、搶劫和恐嚇) 比加拿大其他地區高出約
9 倍，當中性襲擊和普通襲擊更高出 12 倍以上。[53] 非暴力罪行包括入
屋行劫、偷竊等，亦比加拿大其他地區高出約 6 倍。

　　因紐特族人的犯罪率高企，固然有其歷史和社會原因，例如貧
窮問題、酗酒問題、低教育水平以及殖民帶來的種種後遺症，[54] 但更
值得我們關注的是，為什麼一個幾乎沒有憤怒的民族的犯罪率居然
比其他民族還要高？如果如塞內卡所言，憤怒皆是不理性，那為什
麼沒有憤怒的民族卻沒有變得更加理性地處理衝突？筆者認為可以
從兩方面去理解。第一，正如我們在第二節所說，憤怒有其緩衝和
自我安慰的作用，它可以讓我們以受害者和裁判官的角度去面對困
境。假設我的太太被一個權貴奪去，法律不能制裁他，我亦沒有能

53　Darryl S. Wood, "Violent Crime and Characteristics of Twelve Inuit Communities in the Baffin Region, NWT" (master's thesis, Simon Fraser University, 1997), 14.

54　Canadian Criminal Justice Association, "Aboriginal Peoples and the Criminal Justice System" (2000), http://caid.ca/CCJA.APCJS2000.pdf.

力報復，唯一能夠做到的，就是鋌而走險去襲擊他。可是透過憤怒，我自視為受害者，於是我不再對自己的無能為力太過介懷，對報復的要求降低了，甚至變得即使只在朋友的圈子公佈他的惡行亦感滿足；同時，我亦自視為裁判官，我在道德上完全優於對方，邪惡的他終將受到報應，於是我感到自己在某程度上已經勝過他。就這樣，我再不需要犯險去襲擊他，我亦能感到心靈的平靜，因為憤怒已改變了我對此衝突的看法。因紐特族人失去了這樣的一層緩衝，於是當他們陷入難以面對的衝突時，往往只能訴諸暴力，以致犯罪率持續高企。

第二，憤怒讓我們有機會直接面對、認識以及解決衝突。為了避免憤怒的出現，因紐特族人以隔離和迴避兩種方法面對衝突，所謂隔離，即要求雙方自行處理問題，或是強行分隔雙方，希望問題自動消失。[55] 所謂迴避，即以暗示表達不滿，要求對方自行理解和解決問題。這兩種方法的共通點是避免當事人的正面衝突，然而它們亦妨礙了雙方真正的溝通。假設我不滿意你經常擅自拿走我的獵物，為怕讓你看見我的憤怒，每次我總是躲起來自行平伏情緒，或是透過廣播系統說：「擅拿別人的獵物是不對的。」問題是，你未必會知道你的行為是我們產生衝突的原因，於是乎，你會繼續拿走我的獵物，我為了不發怒只能繼續自我隔離或迴避，不難想像，終有一天我會忍無可忍，到時候我的怒氣將會無法估計，所引起的衝突亦將相當嚴重。如果我在你第一次拿走我的獵物時便發怒，雖然可能引起口角，但起碼你會知道我不希望你這樣做，或是至少你知道拿走我的獵物會付上怎樣的代價，於是你下次拿走之前便會三思，往後更大的衝突因此也就能夠避免。為了杜絕憤怒，因紐特族人貫徹隔離和迴避的原則，使得他們難以解決人與人之間的種種糾紛，

55　Briggs, "Why Don't You Kill Your Baby Brother?," 168.

雖則可以避免了一時的衝突，但卻讓問題持續，以致容易醞釀成更嚴重的罪案。

從因紐特族這個號稱沒有憤怒的民族的例子，我們可以看到憤怒的消失不能有效避免衝突的出現，甚至會因為無法正視問題而導致更嚴重的衝突發生。由此可見，憤怒雖然會帶來衝突，但它同時能讓我們意識到人與人之間的矛盾，使我們能主動去解決。憤怒的這種實際作用，跟沙特提出的魔幻地改變世界一樣，可視為憤怒的工具理性的一種。

小 結

在上一章，我們以愛為例子，說明探問情緒的本質的重要性。在不同的情緒中，憤怒的本質最為突出：衝動、盲目、不理性。塞內卡認為沒有所謂理性的憤怒，因為所有憤怒都包含對世界和生命價值的錯誤判斷。然而，從沙特的魔幻情緒觀，以及對因紐特族人的考察，我們發現憤怒實際上能幫助我們面對困境，以至於偵測和解決人與人之間的衝突。如果我們能將這些實際作用看作是一種工具理性的話，那麼憤怒也就未必如一般人所認為般徹底不理性。在下一章，我們將以悲傷為例子，進一步探索情緒理性的一面。

第三章 悲痛莫名

普魯斯特：「愉快有益於人的身體，但只有悲傷才能培養心靈力量。」[1]

引言

> 十年生死兩茫茫。不思量，自難忘。
>
> 千里孤墳，無處話淒涼。
>
> 縱使相逢應不識，塵滿面，鬢如霜。
>
> 夜來幽夢忽還鄉。小軒窗，正梳妝。
>
> 相顧無言，惟有淚千行。
>
> 料得年年斷腸處，明月夜，短松岡。[2]
>
> ——蘇軾，《江城子》

宋代大文豪蘇東坡，在年青時遇上知書識禮的王弗，二人情投意合，很快便結成連理。東坡才情橫溢，在政壇上大展拳腳，呼風

1　Marcel Proust, *The Past Recaptured*, trans. F. A. Blossom (New York: Modern Library, 1932).

2　蘇軾：〈江城子·乙卯正月二十日夜記夢〉，載李華編：《宋詞三百首詳注》(江西：百花洲文藝，2009)，頁56。

喚雨，回到家中卻對妻子言聽計從，既敬且愛。林語堂在《蘇東坡傳》這樣描述二人的關係：「蘇夫人知道丈夫那坦白直爽甚至有時急躁火爆的性格之後，她覺得倒不須急於向他表示什麼佩服崇拜，還是要多悉心照顧他，才是盡自己身為賢妻的本分。蘇東坡是大事聰明，小事糊塗。但是構成人生的往往是許多小事，大事則少而經久不見，所以蘇東坡則事事多聽從妻子。」[3]不幸王弗因病早逝，東坡對亡妻念念不忘，在她的十年死忌之日寫下《江城子》一詞，記述對妻子的無盡思念，情真意切，傳頌千古。我們今天讀來，不禁要問，到底至愛離世的悲痛要有多沉重，才會在十年以後，不必刻意想起仍然念茲在茲？然後偶爾夢見故人，卻無言以對，那又是怎樣的一種淒楚？當悲傷深刻得旁人甚至乎自己也無法理解，我們只能稱之謂悲痛莫名。這種悲傷跟才下眉頭、卻上心頭的哀怨，斷腸人在天涯的失落，和天喪予般的絕望感，有什麼不同之處？似乎，一百種不同的悲傷有一百種不同的感受，但當問到它們的區別時，我們卻又說不出個所以然。

在上一章，我們發現衝動盲目如憤怒亦有其工具理性的一面。在這一章，我們將以悲傷為例子，進一步探索情緒的理性組成部分。如果悲傷不過是一種戚戚然之感，或是一串苦澀的眼淚，蘇軾那種歷久彌新、沉重而悠長的悲痛根本無從解釋。認知情緒理論（cognitive theory of emotion）從斯多葛學派中汲取養分，剖析悲傷所包含的種種信念與判斷，如何使得人的悲傷可以如此深刻和深邃。認知心理學（cognitive psychology）則從經驗科學的角度出發，研究悲傷（特別是抑鬱）與它包含的不同判斷在時間中的演變，說明悲傷會怎樣隨著我們對世界和自我的認識的改變而發展。最後，悲傷既然由諸種認知因素構成，而不同的認知因素又能互相影響，那麼悲傷

3　林語堂著，張振玉譯：《蘇東坡傳》（長春：時代文藝，1988），頁57。

應該能反過來影響我們的認知過程，包括記憶力、想像力以及判斷力的運作，這一點從不同的心理實驗中已得到證明。由此可見，悲傷既由諸種判斷構成，亦能反過來影響我們的判斷，它不單包含了理性的成分，甚至可以說它本身就是一種理性運作的過程。

第一節　悲傷的本質

1——悲傷的四種特質

美國哲學家瑪莎·努斯鮑姆(Martha Nussbaum)分享了她面對母親離世時的一段經歷：有天她收到一個電話，告之她的母親正病危，快要不行了。她聽到消息的一刻，感覺就像釘子突然插進自己的體內一樣。當時她正在美國講課，要等到明天才有航班回英國探望母親。講課時，她心

圖3.1　瑪莎·努斯鮑姆

不在焉，甚至不能抑制自己的眼淚。第二天她乘飛機回英國，眼見機艙服務員若無其事地微笑著，心中突然感到莫名的憤怒。當她到達醫院時，護士告訴她，母親已於20分鐘前離世。她難以置信地看著床上的母親，覺得這場景如同母親在家裏小睡的樣子。看著母親，她感覺自己的心像被無數的玻璃刺穿，淚水不受控地流下來。一小時後，她帶回母親的衣服和書本到酒店，她覺得這些東西不屬於這世界，應該與母親一起消失。

反思這段痛苦的經驗，努斯鮑姆發現悲傷具有四種特質。首先，悲傷必然是關於一個對象的，它可以是一個人的死、一隻寵物的離去、甚至是一些遠在千里之外的天災人禍。人的悲傷不能一無所指，因為正是這對象決定了當下的感覺是否悲傷。努斯鮑姆比喻

說，風可能會吹起一湖漣漪或是遍地黃葉，但風不是關於漣漪或黃葉的，就算這些對象消失，或是換成別的對象，風依然是風。[4] 反之，當你發現深愛的人沒有真的死去，重視的東西還在自己手中時，你的悲傷便會瞬間消失，還殘留著的身體反應跟悲傷再沒有關係，眼淚只是眼睛的分泌，再沉甸甸的心痛感覺亦不過是心臟泵血速度減慢的副產品。要注意的是，我們不一定知道我們的悲傷關於什麼，有時我們早上醒來，會感到莫名的苦澀，回過神來才記起昨天跟愛人分了手，有時候我們整天鬱鬱寡歡，跟朋友談起才意識到自己還是放不下丟失那理想職位的沮喪感。我們感到悲傷沒有對象，可能只是因為自己想不起或意識不到對象是什麼而已。

悲傷的第二種特質為其意向性（intentionality）。努斯鮑姆觀察到，悲傷關於的不是一個單純的客觀對象，而是由我們自身主觀的角度建構而成的意向對象。[5] 她之所以為母親的死而悲哀，是因為她的母親對她來說不是一個普通的女人，而是一個慈愛而善良的母親；如果她視母親為一個破壞了她終身幸福的人，她就會因她的死而感到快樂；如果她視母親為受到政治逼害而死的義士時，她就會因為她的死而感到憤怒。同樣是「一個女人的死亡」，她從不同的角度去看它，就會產生不同的情緒。同樣道理，不同的客觀對象，如果我們視它們為同樣的意向對象時，就會對其產生相同的情緒。母親的死、情人的離去、數千人在天災中喪生，三件風馬牛不相及的事，當我們視它們為「重大的損失」時，便會產生同樣的情緒：悲傷。有時候，我們甚至會為虛構人物的遭遇而感到難過。筆者從前讀《天龍八部》，讀到男主角喬峰由受眾人敬仰的丐幫幫主變成武林公敵，

4　Martha Craven Nussbaum, "Emotions as Judgments of Value," in *Upheavals of Thought: The Intelligence of Emotions* (Cambridge: Cambridge University Press, 2001), 27.

5　同上註，頁27–28。

昔日的好兄弟只因為發現他是契丹人而非漢人便一一跟他絕交，已為他感到萬分無奈。再讀到喬峰遇上深愛他的阿朱，以為他終於找到幸福，作者卻安排喬峰因誤會錯手打死阿朱時，心中的苦澀簡直無法形容。筆者當然知道喬峰並非真有其人，他的遭遇亦不過是小說情節，但在細讀他的一生經歷時，已不知不覺將他視為一個猶如朋友般的意向對象，於是亦會為他的不幸感到難過。

第三，悲傷通常包含了關於對象的眾多信念（beliefs），我們未必意識到自己抱著這些信念，但當它們改變時，我們的情緒卻會隨之而改變。[6] 當努斯鮑姆收到醫院告訴她母親病危的消息，她那一刻的悲痛包含了三個信念。一，她相信那消息是可靠的，它不是電話騙案，醫院對於她母親的病情亦應該有正確的掌握；如果她懷疑母親未必真的病危，她就會感到困惑而非悲痛。二，她相信母親的病危是自然的結果，並非人為的錯誤造成；如果她相信是醫生的醫療失誤或護士的照顧不周令母親病危，她感到的便是憤怒而非悲傷。最後，她相信母親能康復的機會極度渺茫，她了解母親的病情，亦知道這種病到了某個階段便無可救治；如果她相信母親還是有康復的機會，她感到的便是憂慮或是希望而非悲傷。當努斯鮑姆到達醫院，知悉母親在廿分鐘前已經去世時，兩個新的信念加深了她的悲痛。一，她相信母親的死是無可改變的事實，她知道醫院不可能在判斷母親是否死亡這事上出錯，她亦不相信會有奇蹟發生；如果她是某些宗教信徒，相信母親在不久的將來會復活，她就不會感到這麼悲哀。二，她相信母親想在離去前見她最後一面，但自己卻不能完成她的心願，母親可能帶著遺憾地離開，想像到母親渴望見到自己而不可得的表情叫她倍加難受。在如此沉重的悲傷中，她很可能不會意識到自己的這些信念，但這些信念卻是她的悲傷不可或缺的一部分。

6　同上註，頁 28–31。

　　第四，悲傷必然包含對對象的一種關乎自我幸福的價值判斷（eudaimonistic judgment）。悲傷帶有一種迫切性，讓人心情激盪，感到非要做點什麼不可。[7] 努斯鮑姆認為，這是因為我們重視悲傷的對象，相信失去它我們的生命不再一樣，它就如支撐起我們人生的一條支柱，我們無法對它的動搖置之不理。對努斯鮑姆來說，母親是她的生命中不可或缺的人，她的一生都在母親的愛護與教誨之下成長，是母親的愛成就了她今天的一切，因此，母親的離去使她的生命不再完整，她感到自己的心好像被刺穿一樣，她亦知道自己往後的人生將不再一樣，不論自己在各方面做得如何完善，生命中永遠會有一個缺口、一個無法彌補的遺憾，正是這些價值判斷構成了她的悲傷的重量。這跟本章開首談到的《江城子》有相通之處。蘇軾因為妻子的過身而肝腸寸斷，正是因為妻子在他的生命中那無可取代的地位，十年過後依然「不思量、自難忘」，代表他對妻子的重視沒有隨時間而改變。有時候悲傷看似會為跟自己不相干的事而產生，例如我會為地震中失去兒女的母親感到難過，我雖然不認識他們，她的兒女的死亡亦不會影響到我的生活，但我還是可以想像，如果自己像她一樣失去至親會有多難受，當我將自己代入她的角色時，她的損失便恍如我的損失，使我為之感到悲哀。如果我無法理解為人母親的心情，覺得事不關己，也就會無動於衷。

　　綜合而言，努斯鮑姆認為悲傷的四個特質分別是：

（i）　關於某些事或物；

（ii）　以意向對象、而非客觀事物為對象；

（iii）包含關於對象的諸多信念；

（iv）包含關乎自我幸福的價值判斷。

　　這四個特質中，最核心的明顯是（iii）、（iv）中的信念，信念必然

7　同上註，頁 31–33。

以某些事或物為對象，我們不能處於「相信」的認知狀態而沒有任何相信的對象，而正是這些信念使得我們以特定的方式去理解對象，使之成為獨特的意向對象。於是乎我們可以說，構成悲傷的是一系列的信念。例如，努斯鮑姆的悲傷就是由以下三個核心信念所構成的：

(1) 母親的死是一個無可改變的事實；

(2) 母親是我生命中極其重要的人；

(3) 母親的死使我的生命帶著永遠的缺陷。

當努斯鮑姆得知母親的死訊時，她有窒息的感覺，她會流淚、雙手發抖、全身乏力甚至失眠。但跟以上的信念相比，這些身體反應都不能算是她的悲傷的組成部分。我們不難想像，十年之後，當她再次想到母親之死，她未必會流淚或顫抖，但這不代表她不再為此感到悲傷，只要她依然相信 (1)、(2)、(3)，我們依然會說她感到悲傷。反過來說，如果有一天她為了某個朋友的死而出現同樣的身體反應，那亦不能代表她此時的悲傷能跟母親死時的悲傷相比。決定悲傷的深度和重量的，並非你流了多少淚或失眠了多少個晚上，而在於你認為該損失對你的人生構成多深遠的影響。

2 — 認知情緒論

努斯鮑姆認為以上四種特質不單屬於悲傷，更是情緒之為情緒的本質，缺一不可。據此她提出了認知情緒論 (cognitive theory of emotion)，認為情緒不是一種莫名的衝動，而是一種理性的活動。她說：「情緒是一種關於某些不受自己控制的人和事對自身幸福的重要影響的價值判斷。」[8] 羅拔．所羅門 (Robert Solomon) 亦提出了類似的看法。他認為情緒是「一種關乎自身的相對強烈的價值判斷……那些組成我們的情緒的判斷與事物對我們來說特別重要、有著特別

8　同上註，頁4。

的意義，以及與我們的自我 (Self) 有關」。[9]不同的認知情緒論者對
於情緒中的理性成分是什麼有不同的主張，努斯鮑姆認為是幸福判
斷，所羅門認為是價值判斷 (evaluative judgment)，Jeffrey Murphy 和
O. H. Green 認為是信念 (beliefs)，Jerome Neu 認為是想法 (thoughts)，
Cheshire Calhoun 認為是「視作」(seeing as)，Robert Roberts 認為是「建
構作」(construals)，心理學家們則一般稱之為「評估」(appraisals)。
雖然主張各異，但他們大抵同意情緒中的理性活動有三個共通之
處：(1) 能以世界的真實或虛構之物作為意向對象，(2) 可以是短暫
亦可以是長久的，以及 (3) 可以是有意識或無意識的。正是情緒中
的理性活動這些特質，讓我們能解釋為什麼情緒的對象變化萬千、
情緒的發展可長可短，以及情緒時而縈繞我心、時而隱而不覺。以
下我們將採用所羅門的用辭，將這種認知活動稱為價值判斷。強的
認知情緒論認為情緒本身就是一種價值判斷，亦即是說，價值判斷
是情緒的充分及必要條件；弱的認知情緒論認為情緒必然包含價值
判斷，但不排除情緒還有其他的必要構成部分 (例如身體反應)，亦
即是說，價值判斷是情緒的必要而非充分條件。不論是強或是弱的
認知情緒論，都同意價值判斷是情緒之所以為情緒的本質，當價值
判斷改變時，情緒必然會隨之而改變。

　　將情緒定義為價值判斷，能幫助我們理解人的情緒的深度。同
樣是悲傷，小孩子得不到心愛玩具的悲傷跟政治家看到國家墮落的
悲傷，在主觀感受上或許沒有明顯分別，但後者的意義卻遠比前者
深刻，因為前者只是一己慾望的不滿足，而後者卻盛載著對追尋理
想國家、實現人民福祉的願景。同樣是心痛，年青人跟初戀情人分
手與中年人跟老伴離婚，或許有相似的身體反應，但後者卻比前者
沉重百倍，因為後者對愛情、對生活、對婚姻、對人生比前者有更

9　Solomon, *The Passions* (Indianapolis: Hackett Publishing Company, 1993), 126.

深邃的了解和看法。同樣是憂慮，地藏菩薩所謂「地獄不空，誓不成佛」與范仲淹所言的「先天下之憂而憂」[10]之所以比一人一家一國的憂慮為之深邃，是因為他們背後包含著對全人類的痛苦的理解，以及對天下興亡的承擔。人的情緒可以淺薄如動物的生理反應，亦可以深刻得叫人「才下眉頭，卻上心頭」，[11]叫人生死相許，叫人為之付出一生的努力。當中的分別不在於身體反應或主觀感受的強烈程度，而在於背後的信念和價值判斷有多深刻，這亦是哲學家牟宗三所謂「感觸大者為大人，感觸小者為小人」[12]的意思。

此外，認知情緒論能幫助我們作出三種重要的區分：(1)情緒與純粹身體反應、(2)不同的情緒，和(3)同一種情緒的不同類型。首先，一些身體反應如疼痛或痕癢，跟情緒一樣都帶有難以向別人解釋的主觀感覺。然而，我們相信身體反應跟情緒有根本的不同：心臟病的心痛不同於失去至親的心痛，切洋蔥流的眼淚不同於分手時流的眼淚。將情緒定義為價值判斷便能解釋這種不同：價值判斷帶有意向性，它總是帶著我們對世界的理解，將某事或物建構成一意向對象，亦即是說，它總是關於某一意向對象的。然而，身體反應不具有意向性，頭痛的痛並不是關於你的頭的，被蚊子咬到手背引起的痕癢亦非關於你的手背的，你的頭和手背只是這些反應發生的位置，不是這些反應關注的意向內容（intentional contents）。身體反應亦不包含我們對世界的理解，引起痕癢的原因雖有不同，但這些原因卻不是痕癢的意向對象，被火燒、被刀割、被針刺的痛雖有不同，但不是因為我們對火、刀、針的不同信念造成的，即使一個

10　范仲淹：〈岳陽樓記〉，載葉國良校閱，王興華、沈松勤註譯：《范文正公選集》（臺北：三民書局，2014），頁114。
11　李清照：〈一剪梅〉，載唐圭璋編：《全宋詞》（香港：中華書局，1977），頁928。
12　牟宗三：《圓善論》（臺灣：學生書局，1985），頁xv。

人認為被火燒和被電擊的痛感是相同的，當他受到這兩種不同的傷害時，他還是會感到不同的痛楚。即使他深信被火燒或電擊不會痛，這個信念亦無法使他受傷時不痛不癢。由於身體反應缺乏意向性，而以價值判斷為本質的情緒必然具有意向性，因此身體反應不是情緒。

第二，要區分不同的情緒，單憑主觀感受或身體反應亦難以做到。我們或許能説出快樂與悲傷的感受有何不同，但羞恥與內疚、害怕與驚訝、興奮與憤怒的差異，又是否能用主觀感受去説明？一個人心跳加速、面紅耳熱，他是憤怒還是墮入愛河？一個人手心冒汗、雙腳發抖，他是興奮還是恐懼？血壓要降到什麼水平才算是抑鬱？又要升到什麼水平才算是焦慮？認知情緒論認為，是我們依著特定的信念和判斷所構作的不同的意向對象，劃分不同的情緒。認知心理學家Richard Lazarus將這意向對象界定為個體與環境的互動關係，不同的情緒由其獨特的核心關係主題 (core relational themes) 所決定 (表3.1)。[13]

情緒	核心關係主題
憤怒	X構成對我或我所擁有之物的冒犯
恐懼	X對我構成一種即時的、實在的和壓倒性的威脅
罪疚	X違反了道德規條
羞恥	X違反了自我的理想形象
悲傷	X是一個無可挽回的損失
嫉妒	X是一個威脅到自己與伴侶感情的第三者
噁心	X是一個不潔的、不適宜進食的東西

表3.1 不同情緒的核心關係主題

---

13 Richard S. Lazarus, "The Cognitive-Motivational-Relational Theory," in *Emotion and Adaptation* (New York: Oxford University Press, 1991), 122.

例如說，我因為你踏在我的腳上而感到憤怒，是因為我將你的行為視為對我的冒犯；如果我相信你是故意這樣做，目的是要加害於我，而我又相信自己沒有反抗的能力，則我會視你的行為為對我的威脅，即使我依然感到血脈沸騰、手心發熱，這時我感到的卻已是恐懼而非憤怒了。又例如，當我發現伴侶跟一個英俊的男士的親暱行為時，我感到的是悲傷還是嫉妒呢？如果我理解該行為（如親吻）為威脅著我們的感情時，我感到的便是嫉妒；如果我理解該行為（如性行為）為代表著我們的感情已經無藥可救時，我感到的便是悲傷，甚至是絕望。簡而言之，不同的信念讓我們以不同的角度去理解客觀對象，所形成的不同的意向對象則構成不同的情緒，只有將情緒界定為價值判斷，才能作出這種細緻的區分。

最後，如果身體反應不夠細緻，區分不了不同的情緒，那麼，它們更區分不了同一種情緒的不同類型。同樣是悲傷，哀痛、絕望、失望、難過和憂愁所引起的身體反應相差無幾，但箇中卻有著完全不同的意義，只有仔細地分析這些情緒背後的諸種判斷，才能加以區分。例如，失望是期望落空引起的悲傷，抽獎沒中的失望，不同於努力讀書但成績未如理想的失望，因為後者帶有「自己為了實現期望付出很多」的自我判斷，而前者沒有。這兩種失望又不同於母親目睹兒子自甘墮落的失望，這種失望帶有「期望理應實現卻沒有實現」的判斷。如果還未知道期望是否實現，擔心事情可能不順利，那就是憂愁；如果期望落空，認為對自己構成了重大損失，那就是悲哀；如果期望落空，並且認為自己再沒有機會，那就是絕望；如果是他人的期望落空，並認為他已經付出很大的努力，那就是惋惜。這種種悲傷都跟期望有關，因著當中的判斷差異而表現為不同的悲傷。又例如，同樣是害怕，恐懼、驚慌、惶恐、焦慮和驚訝是截然不同的情緒。我們會恐懼一條毒蛇，卻不會對毒蛇感到惶恐；會為未知的將來感到焦慮，卻不會感到驚訝。

詞語	意思
憤怒	生氣、發怒
憤慨	憤怒而慨嘆
悲憤	悲傷憤怒
憤憤不平	心中十分氣惱而不服
義憤填膺	心中充滿因正義而激起的憤怒
惱羞成怒	因羞愧到極點而惱恨發怒
憤世嫉俗	痛恨腐敗的社會現狀及庸俗的世態

表 3.2　中華民國教育部國語辭典關於不同的憤怒的解釋

　　又例如，根據中華民國教育部國語辭典的定義（表 3.2），義憤與悲憤同樣是受到冒犯而起的憤怒，但只有當我感到該冒犯違反了我所認同的公義原則，我才會感到義憤，若我感到該冒犯構成了無可挽回的損失時，我感到的便是悲憤。要理解惱羞成怒與一般憤怒的不同之處，更需要發掘其背後所包含的諸多信念：我要相信自己做了一件錯事，相信旁人都看到了我的錯，相信他們都會恥笑我的愚蠢；更重要的是，我要相信我縱使做錯也不應該受到這樣的侮辱，並認為這樣的侮辱對我而言是莫大的傷害。由這些例子可見，愈複雜的情緒，背後包含著愈複雜的信念和判斷，而這些信念和判斷正是幫助我們分辨不同的情緒的關鍵。

　　從悲傷的概念分析出發，我們發現情緒具有關注性、意向性、涉及諸多信念以及自身幸福判斷四個特質。認知情緒論提出，同樣具有這四種特質的價值判斷，正好可以視作情緒的本質。情緒中的價值判斷細緻而變化萬千，既能幫助我們理解情緒的深度，又能精確地分辨 (1) 情緒與純粹身體反應、(2) 不同的情緒，和 (3) 同一種情緒的不同類型，這種既深且廣的解釋效力正是認知情緒論最優勝之處。

第二節　悲傷的起承轉合

　　情緒就像一條河流，表面看來靜止不動，實際上卻在時刻改變，讓人不能兩次踏入同一種情緒。同樣的愛情，這一刻難離難捨，轉眼已是若即若離，然後變成相敬如賓，慢慢又歸於平淡。同樣的憤怒，一時激動如龍捲風，一時沉靜如海底的暗湧，一時熾熱如火山爆發，一時又冷漠如冰淵。如果情緒只是旋生旋滅的身體反應，這種內在的發展將無法被理解。可是，如果情緒是由判斷組成，而判斷建基於我們多姿多采、變幻莫測的思想之上，那情緒會隨著時間而發展便相當合理了。以下我們將探討兩個建立在認知情緒論之上的心理學模型，看看內在於悲傷的諸種判斷如何運作，以及這內在結構如何影響悲傷的起承轉合。

1——序列檢測模型

　　心理學家謝勒（Klaus Scherer）透過實驗的方式研究情緒中的種種判斷，發現當中普遍出現13種檢測（checks），這些檢測分為四大類，分別是相關性、啟示、因應可能和規範意義，依次進行，前一類檢測的結果影響著後一類檢測的進行，不同的檢測結果構成了不同的情緒，亦決定著該情緒的強度和持久度，他稱之為序列檢測模型。謝勒指出，當我們遇上一個潛在的情緒對象時，我們的情緒機制會自動且順序地進行以下13個「檢測」（表3.3）：[14]

14　Klaus R. Scherer, Angela Schorr, and Tom Johnstone, "Appraisal Considered as a Process of Multilevel Sequential Checking," in *Appraisal Processes in Emotion: Theory, Methods, Research* (New York: Oxford University Press, 2001), 92–120.

考核目標	檢測	判斷
相關性	1. 新奇性	它值得關注嗎？
	2. 內在愉悅	它是令人愉悅還是令人厭惡？
	3. 目標相關	它與我的目標和需求有關嗎？
啟示	4. 因果歸因	什麼導致它的出現？
	5. 後果概率	它會帶來什麼後果？
	6. 預期差異	我是否預料到它的出現？
	7. 目標／需求輔助	它會幫助還是阻礙我的目標／需求的實現？
	8. 緊迫性	它是否需要馬上處理？
因應可能	9. 控制	它的出現能被控制嗎？
	10. 能力	我有能力控制它帶來的後果嗎？
	11. 調校	我能否適應它帶來的後果？
規範意義	12. 內在標準檢測	它的後果和我的控制措施是否符合我的價值觀？
	13. 外在標準檢測	它的後果和我的控制措施是否符合社會規範？

表 3.3　謝勒的序列檢測理論

　　讓我們來看看謝勒的模型如何解釋悲傷的發展。假設一個勤勞的大學生，滿心希望入讀著名的醫學院，可是他卻在一個重要的考試中失手。對他來說，不合格是令人厭惡的事，而他所報讀的醫學院根據這成績來決定是否取錄他，因此他會判斷此事與他關係密切。接下來，他會評估事情的後果。他相信自己已經進不了心儀的醫學院，成為醫生的夢想亦很可能告吹。而由於他的成績向來很好，每個人包括他自己也相信他將會是一個很好的醫生，因此不合格帶來的可怕後果實在大大出乎他所料。然後，他會思考自己對應事件的能力。他因為不被允許重考或者報考其他替代考試而感到束手無策，他亦難以調節自己的心情來面對這個可怕的結果。最後，他反思自己的人生，發現除了拯救生命，他對其他工作皆不感興趣。因此，他感到自己的生命不再完整，他亦擔心他的失敗會辜負愛自己和對自己抱有厚望的父母。

　　從以上例子，可見悲傷依次出現四種判斷：我首先判斷事情與

我高度相關，然後判斷事情阻礙了對我相當重要的目標的達成，或是令我的需要難以滿足，接著我判斷自己缺乏控制事情的能力，亦難以自我調節去接受它，最後，我判斷事情的後果將違反自我或社會的期望。當中檢測的結果決定著悲傷的強度與持久度。如果該大學生判斷醫學院未必會因為他的不合格而拒絕他的申請，那他的悲傷將大大減低。如果他判斷自己即使成為不了醫生，但總會找到另一條出路，實現他的人生價值，那他的悲傷將不會維持太久。相反，如果他判斷自己的失敗會成為家族永遠的恥辱，他的悲傷將會相當強烈，並且極難排遣。另外，如果當中某些檢測的結果改變了，他感到的甚至不會是悲傷而是其他情緒。如果該大學生判斷他的不合格是老師的人為失誤造成，他感到的便可能是憤怒或怨恨。如果他判斷自己有機會重考但卻不肯定自己能否合格，他感到的便可能是害怕或擔憂。如果他判斷不合格對他的影響根本不大，他甚至不必再就因應可能和規範意義進行判斷，他亦不會經歷什麼情緒。然而，如果他在每一個檢測都得出負面的答案，那麼，我們便能理解為什麼他的悲傷如此沉重和揮之不去。

透過謝勒的序列檢測模型，我們了解到悲傷所涉及的種種判斷，以及這些判斷層層遞進的關係。隨著不同判斷的逐步形成，我們的悲傷或增強或減弱，甚至會演變成另一種情緒，情緒的發展由是從判斷的發展能得到一個解釋。

2──庫伯勒－羅絲模型

謝勒的序列檢測模型解釋了一般情緒所涉及的不同判斷和其發展次序，而庫伯勒－羅絲模型（Kübler-Ross model）則根據對臨床病患者的觀察，分析悲傷這情緒的獨特發展。[15] 庫伯勒－羅絲（Elisabeth

---

15　Elisabeth Kübler-Ross and David Kessler, *On Grief and Grieving: Finding the Meaning of Grief through the Five Stages of Loss* (New York: Scribner, 2005).

Kübler-Ross）認為悲傷不是一刻的感覺，而是一種對自我與世界之間
關係的認識之發展。她的模型指出人的悲傷一般會經歷五個階段，
以下將以庫伯勒－羅絲的病人為例子。

第一個階段是否定（denial）。當重大損失出現時，我們難以相信
事情的真實性，不禁會問：這是真的嗎？這是確實發生了嗎？艾麗
西亞收到了丈夫馬修於車禍逝世的消息，她的第一反應是：「我是在
發夢嗎？這一定是出錯了。」當準備葬禮時，艾麗西亞想：「這不是
真的。當我看見遺體，我便知道不是他。」在葬禮後的數週，艾麗西
亞甚至還告訴親友：「我還在想他仍在公幹，只是暫時未能聯絡。他
一定在某處努力找尋回家的路。」[16] 庫伯勒－羅絲和凱思樂（David
Kessler）指出，當悲傷過於巨大而且突然時，否定事實能讓人暫時脫
離痛苦，得到一刻的平靜，故為悲傷的第一階段。

可是，現實終會提醒我們悲劇的確發生了，於是我們便進入了
第二個階段——憤怒（anger）。我們無法接受自己的不幸，認為自己
被命運所愚弄，受到如此遭遇並不合理，於是遷怒於他人或神明。
希瑟的女兒在16歲時因病去世，希瑟指責神竟然容許無辜的女兒在
如此年幼的時候死去。[17] 朋友勸告她不要褻瀆神，她反駁：「他將要
做什麼？帶走我的女兒？他將要做什麼？帶走我？這還好，我寧可
與她一起，也不想在這兒。」庫伯勒－羅絲和凱思樂認為憤怒如同
錨，在名為「失去」的茫茫大海中，讓我們得到了短暫的定位，而不
至於在痛苦中無了期地載浮載沉。跟否定不同，憤怒有其明確的對
象，使得我們與現實重新接軌，開始慢慢學習接受生命中無可挽回
的損失。

當再多的憤怒也不能扭轉「不公義」的遭遇時，我們開始冷靜下

16　同上註，頁9。
17　同上註，頁14。

來，嘗試透過談判 (bargaining)，與命運討價還價。在這個階段，人們總會提及「如果……」和「只要……」的句子，希望能以某些東西作為代價，解決眼前的痛苦。霍德華 (Howard) 和他的太太米莉 (Millie) 不幸被車撞倒，米莉身受重傷。[18] 醫生為米莉進行搶救時，霍德華在腦海中一次又一次地想：「神啊！請妳讓她活下來 —— 我不會再逼迫她做任何不喜歡的事了……我會做一個好人……妳會看到……我會當義工……我會為妳奉獻我的人生……請不要在現在。」最終這場事故奪走了米莉的性命。往後的日子，霍德華在睡覺前總向神提出請求：「神啊！請你讓我一覺睡醒後，便發覺這一切也是夢。我會做一切的事，只要她能夠回來。」庫伯勒－羅絲和凱思樂指出，談判代表了理性的初步回歸。談判的人相信問題有可能得到解決，這種希望雖然渺茫，卻支撐著我們脆弱的心靈，例如希望自己將來可以與死去的親人在天堂重聚，又或者失去兒子的母親希望另一個還在生的兒子可以得到安全和健康等，都給予我們活下去的動力。

當我們意識到談判終究難以改變現實，奇蹟是如此渺茫時，我們便會進入下一個階段 —— 抑鬱 (depression)。我們不再相信問題有任何解決的方法，認為悲劇是因為自己的無能造成，如此痛苦的生命亦再無意義。克勞迪婭 (Claudia) 有一個患重病的女兒，當她病逝時，克勞迪婭說：「這與女兒在生前不同。當她努力地為生存搏鬥時，我的抑鬱被封閉在一道圍牆外，內裏的我還能戰鬥。可是，女兒去世後，抑鬱重回我的身體，感覺自己就像被不停重擊的沙包一樣。我一次又一次被擊倒，沒有意志再起來了。」[19] 庫伯勒－羅絲和凱思樂解釋，當理性與非理性的力量都無法解決問題時，抑鬱便是無可避免的結果。抑鬱的人陷入絕望之中，有自殺的傾向，是相當

18　同上註，頁 18–19。
19　同上註，頁 22。

危險的階段。然而，抑鬱亦讓我們徹底停頓下來，直視內心最真實的感受，重新思考生命的意義。

如果成功擺脫了抑鬱，我們便進入最後的階段——接受（acceptance）。我們承認悲劇的真實性，承認自己的生命不再一樣，並開始思考自己如何面對新的世界。[20] 阿倫（Alan）是一個優秀的孩子，可是卻被一名幫派人士意外射殺了。阿倫的父母基思（Keith）和戴安娜（Diana）痛失愛兒，每天以淚洗臉。五年後，基思開始明白一個道理，他發現槍的兩端也是受害者——不論是槍手，或是中槍的人。基思的憤怒轉化為好奇，射殺兒子的槍手被判入獄，他好奇另一位爸爸的生活，結果兩位爸爸認識了彼此，二人互相扶持、重投新生活，並合力阻止幫派的暴力行為，二人重投新生活。基思的例子積極而罕見，他接受失去兒子的痛苦，將能量轉化成積極的人生，並重新建立生活。

值得留意的是，根據庫伯勒－羅絲模型，悲傷的各個階段由特定的判斷組成。否定時，我認為悲劇不是真的；憤怒時，我認為悲劇發生在我身上並不公道，是某人／神／命運的責任；談判時，我認為悲劇可以透過滿足某些條件而改變；抑鬱時，我認為悲劇不可改變，我的生命亦再無意義；最後，接受時，我認為我需要學習活在悲劇發生後的世界。這些判斷都是對自我與世界的關係的不同理解，隨著這種理解的改變，我們會作出不同的判斷，悲傷亦相應地改變。由此可見，正是我們對世界的理解的發展驅使著悲傷的發展，這亦符合認知情緒論的主張。

注意：庫伯勒－羅絲模型有兩方面的限制。第一，不是所有階段都必會出現。明顯地，不少面對親人離世、失戀或離婚的人，永遠不能進入接受的階段，只停留在抑鬱甚至是憤怒的階段。第二，

20　同上註，頁26–27。

各階段不一定順序出現。有些人在否定悲劇的真實性後，可以直接
進入抑鬱甚至是接受的階段。有些人接受了事實，並決心勇敢生存
下去後，第二天卻又重回抑鬱的階段。有些人甚至會不斷徘徊於憤
怒與抑鬱之間，形成鬱躁症 (bipolar spectrum disorder)。因此，這個
模型並不能準確預測每一個人的悲傷必定經歷的階段，只是普遍地
描述悲傷的人們通常會經歷的不同階段。

3──《寵兒》

圖 3.2　《寵兒》

小說《寵兒》(*Beloved*) 是 1993 年諾貝爾
文學獎得主黑人女作家童妮·摩里森 (Toni
Morrison) 的著作。文學評論家 Olivia Pass
嘗試以庫伯勒－羅絲模型解釋黑人女主角
柴特 (Sethe) 的悲痛在故事中的變化。[21] 故
事講述一間充滿嬰兒怨恨的「124 號」房屋，
柴特與其女兒丹佛 (Denver) 居住在這房
子裏，每天飽受嬰靈的折磨。有一天，柴
特的朋友保羅四 (Paul D) 來探望她，當他
知道了鬼魂的存在，便幫助她們驅鬼。可
是，嬰靈卻以有血有肉的身體重返這所房屋生活，並化名「寵兒」。
柴特告訴保羅四，自己當年作為奴隸時，不希望孩子跟自己一樣過
著非人生活，遂殺死了自己的孩子。保羅四難以接受，選擇離開。
及後，寵兒向柴特暗示自己就是其殺害的女兒，柴特認為這是贖罪
的機會，故此全盤接受寵兒的任性要求。柴特將所有的錢用來滿足
寵兒的需要，女兒丹佛只好向外求助，她在求職的過程中不小心透

21　Olivia Mcneely Pass, "Toni Morrison's Beloved: A Journey through the Pain of
　　Grief," *Journal of Medical Humanities* 27, no. 2 (2006): 117–124.

露了家中的情況，村裏的婦人趕到124號房屋，合力以歌聲驅趕鬼魂，寵兒從此消失。最後，充滿愧疚的保羅四回到柴特身邊，決定與柴特開始新的生活。在故事中，柴特對「寵兒」抱有極度悲痛之情，而這悲傷的發展正可用庫伯勒－羅絲模型來解釋。

最初，柴特否認寵兒是邪惡的，縱然丹佛指出：「我不能住在這兒了。我不曉得去哪裏或幹什麼，我不能住在這兒了。沒有人跟我們說話，沒有人來。男孩子不喜歡我，女孩子也是。」[22]丹佛的說話透露了，在羞恥和悲傷的驅使下，柴特與外面的世界隔離，她拒絕接受自己殺死女兒的殘酷現實，長期讓自己處於孤獨的狀態來否認一切。[23]直至保羅四的到來，柴特的生活開始迎來一些轉變。保羅四為了保護柴特和丹佛，曾向寵兒憤怒地說：「他媽的！安靜！……別來這兒搗蛋！滾出去！……你想打架，來吧！他媽的！她沒有你就已經受夠了，她已經受夠了！」[24]Pass解釋柴特在此藉著保羅四發洩對寵兒的憤怒。柴特說：「好極了，越痛越好。你知道嗎？不痛就不會好」，[25]表達了她藉憤怒的宣洩來安撫長久抑壓的傷痛。其後，人形姿態的寵兒來臨，保羅四和柴特為這位「神秘訪客」的去留進行爭辯。保羅四想趕走寵兒，而柴特則希望讓寵兒留下來。保羅四曾問道：「我只是不明白你們互相吸引是怎麼回事。我明白她為什麼抓著你不放，卻搞不懂你為什麼也抓著她不放。」[26]柴特回答：「我說不上來，是我內心的一種感受。」[27]故事更指出柴特的「大腦對未來興趣缺缺。由於它滿載著過去，而且渴望更多的過去，所以沒有留

---

22 童妮‧摩里森著，何文敬譯：《寵兒》（臺北：臺灣商務印書館，2003），頁19。

23 Olivia Mcneely Pass, "Toni Morrison's Beloved," 118–119.

24 童妮‧摩里森：《寵兒》，頁24。

25 同上註，頁94。

26 同上註，頁80–81。

27 同上註，頁81。

下任何空間讓她想像明天，更不用說計劃了。」[28] 由此可見，柴特希望透過擁抱過去，來減輕自己因過去所犯的錯而衍生的罪惡感，彷彿只要今天的她不放下寵兒，她對寵兒的罪就能減輕一點。這正表現出柴特處於討價還價的階段，不過她的談判對象是自己而已。

在保羅四的陪伴下，柴特的情況看似慢慢好轉。可是，當保羅四發現柴特殺嬰的事而離開後，她便陷入了最黑暗的深淵，正式步入抑鬱的階段。柴特這樣形容自己的過去：「隨著二十八個幸福日子而來的，是十八年的非難和孤獨的歲月。接下來是路上攜手的影子向她許諾的幾個月陽光普照的生活；跟保羅四在一起時其他黑人試探性的問候；屬於自己的床笫之樂。除了丹佛的朋友，這一切都消失無蹤了。這是規律嗎？她納悶著。每隔十八或二十年，她那難受的生活就要被一番短暫的輝煌打斷？」[29] 柴特出現極度負面的想法，更有著尋死的念頭：「不管我多麼想要和你躺在一起，那時卻不能。以往，我在哪兒都睡不安穩。現在我可以了，天啊，我可以睡得像死人一般了。她回到了我身邊，我的女兒，她是我的。」[30] 丹佛也察覺到母親的自毀行為，柴特會不時挑起寵兒的憤怒，讓罪疚無間斷地刺向過往的傷處：「就好像柴特並不是真的想要得到寬恕；而是想要遭到拒絕。寵兒就幫她如願以償。」[31]

故事的結尾描寫了寵兒的突然離去，這讓柴特覺得自己失去了最寶貴的親人，喪失了精神支柱。這時，保羅四再次回到柴特的身邊，他細心地照顧她，更跟她說：「我和你，我們擁有的昨天比誰都多。我們需要某種的明天。……你自己才是最寶貴的，柴特。真

28　同上註，頁84。
29　同上註，頁205。
30　同上註，頁243。
31　同上註，頁299。

的。」[32] 最後，柴特終於接受了寵兒的離去，勇敢地與保羅四和丹佛過著新的生活：「漸漸地，所有痕跡不見了，被遺忘的不只是腳印，還有溪水和水底的東西。剩下的是天氣。不是那被人遺忘也沒有人出面說明的鬼魂的呼吸，而是屋簷裏的風，或是快速融解的春冰。只是天氣。」[33] 可見她走到了庫伯勒－羅絲模型的最後階段：接受。在這個故事中，我們可以看到，當柴特對寵兒、對保羅四以及對自己作出不同的價值判斷時，她的悲傷之情亦隨之而改變，由否認走到憤怒、談判、抑鬱與接受，印證了庫伯勒－羅絲模型對於悲傷如何隨著判斷的改變而發展的講法。

第三節　悲傷的思考模式

在前面兩節，我們探討悲傷的理性成分：它必然包含一組關乎自身幸福的價值判斷，當這判斷改變時，悲傷亦會隨之而改變。謝勒的模型描述了悲傷涉及的13種事實與價值判斷。庫伯勒－羅絲模型則描述了悲傷發展的五個階段，以及驅使人走過這五個階段與相應對世界與自我的認知。如果悲傷具有如此豐富的理性成分，那麼悲傷能反過來影響我們的理性運作嗎？哲學家蒯因（W. V. Quine）指出，我們的信念系統就像一個信念之網（web of belief），不同的信念之間有著或強或弱的關聯。[34] 例如，如果你相信天鵝是白色的，你就自然相信天鵝不是紅的或藍的；如果你相信萬有引力，你就會自然相信星體以一定的軌跡運行。如果悲傷包含諸種對世界與自我的信念，這些信念理應會影響我們其他的信念，以至於影響我們整體認

32　同上註，頁 325–326。

33　同上註，頁 328。

34　W. V. Quine and J. S. Ullian, *The Web of Belief*, 2nd ed. (New York: Random House, 1978).

知系統的運作。在這一節，我們從不同的心理學實驗尋找證據，嘗試回答悲傷是否能影響我們的理性運作這問題；如果是的話，它帶來的又是否只會是壞的影響？

1——蠻不講理

首先，悲傷的人常常給人不願意講道理的感覺，彷彿悲傷這種情緒弱化了我們的理性思考能力，事實是這樣嗎？Herbert Bless、Nobert Schwarz 和 Gerd Strack 的研究挑戰了這種想法。[35] 實驗的參加者被分為三組。第一組被指示回想曾發生過的悲傷事情（悲傷組），第二組回想開心事情（開心組），而第三組為對照組，參加者不用回想任何事。接著，參加者被邀請聆聽22段錄音，內容是關於增加學費的原因，其中說服力弱的論證（例如為了滿足校長的外遊需要）和說服力強的論證（例如要添購新的教學設備）各佔11個。聆聽過後，參加者需就每個論證作出評分，回應是否同意因此而加學費（1 = 強烈反對，9 = 強烈贊成）。結果顯示，相對於開心組，悲傷組同意說服力強的論證和不同意說服力弱的論證的比率都較高，亦即是說，悲傷的人比一般人更為理性、更講道理。

Katia Harlé、John Allen 和 Alan Sanfey 的研究亦得出相似的結論。[36] 他們的實驗的對象為15位患有抑鬱症的病人（實驗組）和23位沒有患上抑鬱症的人（對照組）。實驗使用「最後通牒賽局」（Ultimatum Game, UG）的方式，[37] 參加者二人一組，用電腦進行遊戲，遊戲共24

---

35 H. Bless, G. Bohner, N. Schwarz, and F. Strack, "Mood and Persuasion: A Cognitive Response Analysis," *Personality and Social Psychology Bulletin* 16, no. 2 (1990): 331–345.

36 Katia M. Harlé, John J. B. Allen and Alan G. Sanfey, "The Impact of Depression on Social Economic Decision Making," *Journal of Abnormal Psychology* 119, no. 2 (2010): 440–446.

37 見：https://en.wikipedia.org/wiki/Ultimatum_game。

局，每局由對方（事實上由工作人員擔任，但參加者不知道）決定雙方如何分配所得到的十元（如我八你二、我五你五等），參加者負責選擇接受或不接受對方的分配。每一局，電腦也會顯示對方給予參加

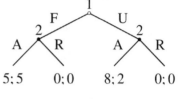

圖3.3　最後通牒賽局

者的金額：金額的範圍為0.5元至5元（4至5元為公平的選擇，因為雙方所得相若；2.5至3元為較不公平的選擇，1.5至2元為不公平的選擇，而0.5至1元為非常不公平的選擇）。參加者有四秒看清楚選擇和十秒考慮接受選擇與否。如果參加者選擇接受，他們便會按照約定的比例分配；如果參加者選擇不接受，兩方均不能得到金幣。在UG中，最理性的做法是接受任何大於0元的不公平選項。因為，即使對方只給予自己0.5元而獨享9.5元，如果不接受，自己得到的便是0元，比0.5元還要差。問題是，悲傷的人會否更難接受這個最理性但不公平的分配呢？研究結果得出，患有抑鬱症的參加者對於不公平的比例選擇表示更加強烈的憤怒和嫌惡，但令人驚訝地，他們卻比一般人更傾向接受這些分配，亦即是說他們更傾向作出理性的選擇。

　　我們要問的是，為什麼悲傷的人會在以上兩個實驗中表現得比一般人更為理性？一個可能解釋是，悲傷中帶有「我正在面對重大的損失」的判斷，而這樣的判斷會驅使我們採用分析性思維（analytic reasoning style）而減少採用捷徑性思維（heuristic reasoning style）。所謂捷徑性思維，是指依據既有的經驗、規則或慣例，快速而不加思索地作出的判斷或決定。常見的例子如常識判斷、排除法、歸類法、代表性捷思法（representative heuristic）、可用性捷思法（availability heuristic）等。這種思維不能確保結果必然正確或有效，但勝在迅速，足以應付日常生活大部分的問題。然而，悲傷的人不傾向於使

用捷徑性思維，因為他們相信自己正面對重大的挫折或承受沉重的損失，對於慣常的做法或規條往往抱有不信任的態度。他們更傾向於尋根究底，緩慢、仔細、反覆地探問事情的因由，心理學家稱之為「分析性思維」。

在第一個實驗中，參加者需要判斷各論證是否有力地支持加學費。悲傷的人的分析性思維，使他們更準確地分辨強與弱的論證。對於一些表面成立的理由，例如「要提高教職員的待遇以改善教學質素」，捷徑性思維可能會因其符合常識而立即認同，但悲傷的人卻會進一步追問：「這裏的待遇是指哪一種待遇？是不是提高任何待遇都能提高教學質素？」、「提高些微工資對於提高那些本身已相當高薪的老師的教學質素有沒有幫助？」在第二個實驗中，採用捷徑性思維的人很容易會拒絕不公平的分配，因為我們普遍接受「不公平的安排總是壞的」、「要向不公平說不」這些常規，然而悲傷的人在憤怒之餘，卻仍會進一步想：「應接受怎樣的安排，才能將我的利益最大化？」、「不公平的安排固然令人難受，但拒絕了我又是否好過點？抑或會招致進一步的損失？」由此可見，悲傷包含的「我正面對重大的損失」的判斷，驅使我們緩慢地、小心翼翼地思考，不輕易相信常識或慣例，事事抱著懷疑的態度追問到底，因此它非但不會使人蠻不講理，反而會讓人作出更理性的選擇。

2——悲觀

我們說悲傷的人一般想法較悲觀，傾向於相信事情會向壞的方向發展。Joseph Forgas 便透過研究悲傷的人如何理解情侶間出現的衝突來驗證這講法。[38] 實驗組的參加者首先會看一套悲傷的電影，引發

38　Joseph P. Forgas, "Sad and Guilty?: Affective Influences on the Explanation of Conflict in Close Relationships," *Journal of Personality and Social Psychology* 66, no. 1 (1994): 60.

其悲傷的情緒，而對照組的參加者會則看一套不引發任何強烈情緒的電影，然後他們要填寫一份關於自己與伴侶發生衝突的問卷，衝突包括雙方的投入程度、財政安排、共處的時間、整潔問題及個人習慣等，問題主要包括衝突是由什麼原因造成和哪方應負上較大責任。實驗結果有三：第一，悲傷的人傾向於怪責自己，認為自己是造成衝突出現的元兇。第二，悲傷的人傾向將衝突理解為由穩定而非經常變動的因素造成，例如當伴侶遲到，他們傾向認為是因為伴侶不負責任或對己欠缺尊重的性格，而非一時的交通或天氣情況造成。第三，悲傷的人傾向以較普遍而非個人理由來解釋衝突。例如，悲傷的人會認為伴侶不整潔是因為失敗的家庭教育和不良的社會風氣，而非伴侶個人的生活習慣造成。不難想像，當悲傷使我們相信與伴侶的衝突是由穩定而普遍的原因造成時，我們很容易得出衝突難以解決的結論，再加上悲傷使我們怪罪於自己，這便解釋了為什麼悲傷的人的想法一般比較悲觀。

　　心理學家解釋，悲傷導致悲觀的想法，是因為悲傷影響了我們的記憶力和注意力。悲傷的人相信自己承受著巨大的損失，這種負面的想法使他們較容易勾起負面的記憶，而漠視正面的記憶。例如當伴侶遲到時，悲傷的人會想：「他又遲到！」這是因為，悲傷中的負面判斷使她傾向於回憶起對方遲到而非準時的經歷。即使對方十次中只有一次遲到，但她卻總是記著那苦苦等待的一次，而忘記了伴侶另外九次約會皆準時甚至早到。另外，由於悲傷包含「我正面對嚴重的挫折」的判斷，這樣的判斷會驅使人的注意力收窄，專注於眼前最重要和明顯的問題，而易於忽略其他較不明顯但卻有實質影響的因素。例如，遲到可以有多種原因，但悲傷的人往往只集中於一兩個他最熟悉的原因而無法做到全面的審視，因此亦容易忽略了當中合理或可解決的原因，從而得出悲觀的結論。

悲傷對於記憶力和注意力的影響在Ellis、Wells、Vanderlind和Beevers的實驗中得到的證明。[39]實驗參加者包括15名患有嚴重抑鬱症的病人和22名沒有抑鬱症病歷的人。他們被邀請坐在電腦前，屏幕中會不停出現紅色和白色的名詞或形容詞，例如「忠誠」、「失敗」、「可愛」和「醜陋」等，皆是自我形容的辭彙（圖3.4）。參加者被告知，如果認為紅字能夠形容自己便按「是」，反之按「否」，白字則不用理會。整個過程，皆以眼球追蹤系統紀錄參加者的視線和其停留在紅字和白字的時間。當參加者看完32組辭彙後，需在白紙寫下剛才實驗出現過的辭彙（不論紅字或白字）。[40]

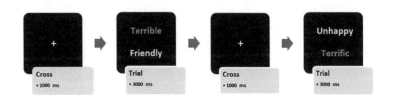

圖3.4　Ellis、Wells、Vanderlind和Beevers的實驗

結果顯示，患有嚴重抑鬱症的人比正常人回想起更多負面的字彙，研究員解釋，這是因為悲傷的人在潛意識中，將負面的資料和過去的記憶給予了內隱聯想（implicit association），將兩者不自覺地連繫所致。另外，患者目光停留在紅字的時間較常人長，而停留在白字的時間則較常人短，由於紅字為真正目標，白字只是干擾，由此可見患者的注意力較集中，較不受不相干的因素影響。

Gasper和Clore於2002年進行了一項實驗亦證明了情緒能影響人

39　Alissa J. Ellis, Tony T. Wells, W. Michael Vanderlind, and Christopher G. Beevers, "The Role of Controlled Attention on Recall in Major Depression," *Cognition and Emotion* 28, no. 3 (2013): 523.

40　同上註。

的注意力的寬度。[41]一開始,研究員聲稱進行性格測試,要求參加者寫上人生開心或不開心的事情,而事實上這是為了引起參加者開心或不開心的情緒。9分鐘後,研究員示意參加者停止寫作,並將一幅圖畫展示給參加者看。研究員指,參加者應該思考圖畫的內容和含意。圖畫展示的時間為15秒,及後參加者再回答8分鐘的問卷題目,最後再要求參加者嘗試將記憶中的圖畫畫出來。參加者在實驗開始時已被隨機分到開心組或悲傷組,每組最少六人。組別中第一個參加者看到的圖畫是一塊非洲盾牌,並連有「男子肖像」(portrait d'homme) 的字句。當第一個人完成了自己的圖畫,研究員便會將其圖畫展示給第二位參加者,如此類推。結果顯示,開心的人比悲傷的人畫出的圖案更似人臉,及較能寫出圖案的題目。Gasper 和 Clore 認為跟參加者注意力的寬廣度有關。人臉由眼睛鼻子嘴巴眉毛等不同部分組成,必須具有綜觀大局的視野,才能將不同部分看成為一張臉孔。開心的人注意力較寬,能以整體的角度去審視原圖中的各種資訊,亦能注意到題目的提示,因此他們會傾向將盾牌看成是人臉。相反,悲傷的人的注意力較為狹窄,他們既然接受到畫圖的指令,也就只會專注在圖畫上,而傾向忽視不相干的題目;另外,狹窄的注意力使他們格外留意盾牌上的個別花紋,而不會將種種花紋統合成一臉孔。從以上實驗可見,在悲傷對記憶力和注意力的雙重影響下,悲傷的人往往只注意到或回憶起造成衝突的部分負面原因,當他以這些記憶為推論的依據時,便很容易得出衝突無法解決的悲觀結論 (圖 3.5)。[42]

41　K. Gasper and G. L. Clore, "Attending to the Big Picture: Mood and Global Versus Local Processing of Visual Information," *Psychological Science* 13, no. 1 (2002): 34–35.

42　同上註,頁 36。

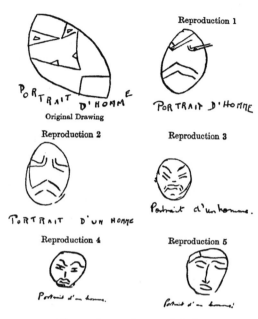

圖 3.5　Gasper 和 Clore 的實驗

3──惡性循環

　　從以上兩小節可見，在悲傷所包含的「我正面對重大的損失或挫折」這樣的判斷的影響下，我們傾向採用分析性思維，思考較慢也較仔細和深入，注意力變得狹窄，容易忽視各種可能性，以及更傾向於勾起負面記憶和忽略正面記憶。這些思維模式的改變進一步證明了悲傷必然包含理性的成分。在這一小節，我們將論證由悲傷引起的悲觀判斷能反過來加強或肯定構成悲傷的判斷，深化我們的悲傷，從而形成一惡性循環，以至於將悲傷轉化成抑鬱症。最後，我們會探討打破這循環的可能性。

　　讓我們回到第二節的例子以作說明。假設一個勤勞的大學生滿心希望入讀著名的醫學院，可是他在一個重要的考試中失手，成為醫生的夢想從此變得渺茫，感到十分難過。在悲傷的情緒影響下，

他的注意力會變得狹窄。他只想到考試不合格的可怕後果，而未能宏觀地審視一次考試失敗對他整個生命的意義。他亦未必會意識到其他選擇，例如他可以嘗試報讀次一級的醫學院再謀求轉校，甚至考慮從事別的工作。悲傷亦帶來分析性思維，逼使他深入、緩慢而重覆地思考著不能成為醫生所失去的一切，如名譽、金錢、理想等。最後，悲傷更讓他不斷勾起種種負面記憶。他或會想起從前面對困難束手無策的經歷，讓他進一步懷疑自己面對今次的困境的能力。他或會想起從此被逼放下理想、令親人和朋友失望的苦況，讓他更難以接受今次的失敗。這種思維方式的改變很容易驅使他得出悲觀的結論，即今次失敗決定了他人生的失敗，以及他沒有能力去改變這結果。這樣的判斷將進一步強化他的悲傷，他的悲傷又會衍生更強烈的負面思維，從而帶來更多的悲觀判斷，由是形成一惡性循環（圖3.6），周而復始之下，他的悲傷甚至可能演變成抑鬱症，讓他萌生自殺的衝動。

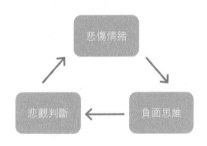

圖3.6　悲傷的惡性循環

　　作為一種能夠自我深化的情緒，悲傷似乎是一個無底深潭，人墮進悲傷中該如何自處？我們如何能夠切斷悲傷情緒與悲觀判斷之間的惡性循環？既然悲傷與悲觀判斷都是理性活動，或許打破這個惡性循環的關鍵亦在於理性的運用。奧地利心理學家維克多・弗蘭克（Viktor Frankl）對絕望的看法給予我們一點啟示。[43] 在二戰時期，弗蘭克曾在四個納粹集中營被囚，包括著名的奧斯威辛集中營。剛

43　Viktor E. Frankl, "Experiences in a Concentration Camp," in *Man's Search for Meaning: An Introduction to Logotherapy* (New York: Washington Square Press, 1963), 7.

進集中營的人首先會被分類，有專業技
能、身體壯健的人會被分派到不同小隊進
行勞動，老人、小童或其他被認為沒有價
值的人則會直接送到毒氣室殺害。集中營
的生存條件極度惡劣，所有人的財物皆被
充公，每天的食物只有一小片麵包和一碗
像水一樣的熱湯，卻被迫進行各種極艱苦
的體力勞動(修建鐵路、生產軍事物資
等)。在嚴寒的天氣下，每個人只有一件
單薄的囚衣，晚上睡覺時只能擠在一起互

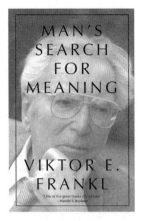

圖3.7 弗蘭克的著作

相取暖才不致凍死。衞生情況極度惡劣，不能洗澡，沒有衣服替
換，以致疾病肆虐，就算囚犯生病亦不會得到治療，只會直接送到
毒氣室。日復日的非人生活，在四年間估計餓死、病死、被處死的
超過100萬人。

　　不難想像，集中營的生活使肉體承受極大的痛苦，然而弗蘭克
認為，真正使人感到絕望的不是痛苦本身，而是要承受無盡的沒有
意義的痛苦的心理折磨。奧斯威辛集中營的門口掛著德語「Arbeit
macht frei」的標誌，意即「勞動帶來自由」，然而集中營中的勞動絕
對不會為囚犯帶來自由，不論他們多努力工作，他們的待遇都不會
得到改善；為了消耗他們的精力，甚至會要求他們在早上挖一個
洞，然後在下午填補同一個洞口，這種極艱苦卻毫無意義的工作，
最容易令人陷入絕望之中。為了令囚犯徹底馴服，負責看守的警衛
可以毫無理由地虐打他們，無故不分發那少得可憐的食物，甚至在
寒冷的深夜喚醒所有人進行步操。他們不被容許與親人通訊，無法
知道至親的死活，亦不能獲得集中營以外的任何消息，故此無法估
計這種痛苦要持續多久。當徹底失去希望時，不少人便只能選擇衝
向電網自殺。弗蘭克以他的營友F為例，說明希望之於克服痛苦有

多重要。有一次 F 告訴弗蘭克自己造了一個夢，夢中有人告訴他，戰爭將於一年後結束，到時他便能離開集中營。自此以後，F 充滿希望，身體亦一直保持健康。然而，預言的日子愈來愈近，戰爭卻毫無終結的跡象。過了預言之日幾天，F 突然發高燒，變得神志不清，甚至失去知覺，幾天以後他便去世了。F 死於斑疹傷寒，弗蘭克相信是他失去希望使身體免疫系統崩潰所致。

那麼，人可以怎樣面對這無盡的痛苦？弗蘭克引用尼采的話：「一個人知道自己為何而活，就能忍受任何生活。」[44] 當人明白自己為了什麼而承受痛苦時，他的痛苦便不再無法忍受。每個人生存的意義都不同，亦只有自己知道什麼能驅使自己承受痛苦。弗蘭克討論了兩個在集中營中打算自殺的人，他們自殺的理由都是因為感到對生存再沒有任何期望。結果兩人都沒有自殺，其中一人是想起在外地等待他的孩子，另一人則是想起他那未完成、而只能由他完成的科學研究。由此可見，要克服因重大痛苦而生的悲傷，當我們難以移除痛苦時（如親人離世、愛人離異），能夠做到的便是為悲傷賦予意義，以避免因悲傷而衍生的悲觀判斷無了期地深化悲傷。從認知情緒論中，我們知道悲傷之為悲傷，除了包含「我正面對巨大的損失」的事實判斷外，亦包含了「這損失帶來的痛苦使我的生命意義受損」的價值判斷。如果我們相信正在經歷的痛苦能為我們的生命帶來新的意義，那麼以上的價值判斷便不再成立，悲傷亦將變得能夠承受。弗蘭克說了一個故事說明這個道理：有一次，一位患有嚴重抑鬱症的病人向他求診，他的妻子兩年前過身，他至今仍每天飽受悲痛的折磨。[45] 弗蘭克問他：「如果是你先過身，而你妻子還活著，你想她現在會怎麼樣？」他說：「對她來說，這會是很可怕的事。她

44　同上註，頁 4。
45　同上註，頁 51。

會承受著多大的痛苦啊！」弗蘭克回應他說：「你看，她不用承受這種痛苦，正是你讓她免於這痛苦——以你現在活著承受這痛苦作為代價。」當他為自己的痛苦找到意義時，雖然痛苦依舊，他卻釋懷了，從此脫離悲傷情緒與悲觀判斷之間的惡性循環漩渦。[46]

小 結

在這一章，我們透過悲傷探討了情緒理性的成分。悲觀由一組事實與價值判斷組成，當這些判斷改變時，悲傷的程度和持久度亦會隨之而改變，這些判斷甚至能進一步影響我們的思維模式，驅使我們作出悲觀的判斷，從而加強我們本身的悲傷情緒。要打破這種惡性循環的漩渦，唯有改變悲傷中的價值判斷，為痛苦賦予意義。由此種種可見，悲傷並非不可名狀的身體反應，而是由重重判斷與信念構成的理性活動。在下一章，我們將以嫉妒為例子，進一步說明複合情緒（complex emotion）如何由不同的判斷構成，並初步探討認知情緒論的理論限制。

---

46 同上註。

第四章　醋海翻波

引　言

埃古：「要是凱西奧活在世上，我每天都要在他旁邊相形見絀。」[1]

奧塞羅：「我把我的全部癡情向天空中吹散；它已經隨風消失了。黑暗的復仇，從你的幽窟之中升起來吧！愛情啊，把你的王冠和你的心靈深處的寶座讓給殘暴的憎恨吧！脹起來吧，我的胸膛，因為你已經滿載著毒蛇的螫舌！」[2]

在莎士比亞四大悲劇之一的《奧塞羅》中，黑人將軍奧塞羅提拔了副將凱西奧（Cassio），一直看不起凱西奧的旗官埃古（Iago）自此懷恨於心。埃古為了報復，多次離間奧塞羅和其妻子苔絲德蒙娜（Desdemona）的感情，讓奧塞羅懷疑苔絲德蒙娜與凱西奧存有私情。埃古拾了奧塞羅給予苔絲狄蒙娜的定情手帕，託人轉交至凱西奧手中，奧塞羅以此認定了妻子與凱西奧有染，一怒之下，奧塞羅

1　威廉·莎士比亞著，朱家豪譯：《奧瑟羅》（上海：世界書局，2012），頁99。
2　同上註，頁63–64。

圖4.1 《奧塞羅》

掐死了妻子。其後真相大白，奧塞羅懊悔不已，最後自刎身亡。[3]莎
士比亞將妒忌形容為「綠眼的怪獸」，綠色象徵病態，怪獸象徵邪惡
的力量。妒忌的病態與邪惡在《奧塞羅》中表露無遺：埃古妒忌凱西
奧的升遷，千方百計陷他於不義，害得他被免職也不夠，還要誣蔑
他與奧塞羅的妻子有染，甚至親手用劍刺傷他。奧塞羅妒忌凱西奧
搶了自己的妻子，即使他仍深愛著苔絲德蒙娜，還是狠下心腸掐死
了她。似乎妒忌比其他情緒更不理性，即使明知自己的妒忌並不合
理，明知報復會傷害自己，我們還是難以自制地任由妒忌所驅使，
做出種種損人不利己的事。然而，即使同樣的病態和邪惡，埃古與
奧塞羅的兩種妒忌，不論在對象、感受、所涉及的價值判斷，以至
於所引發的報復行為都不盡相同。妒忌似乎與我們前三章談論過的
愛、憤怒、憂傷有關，卻又不等於任何一種情緒；它似乎涉及諸多
的價值判斷，卻又包含著很多難以用認知情緒論解釋的行為傾向。

　　在本章，我們首先會以認知情緒論分析構成妒忌的諸多因素，
從嫉妒和羨慕的概念分野，說明妒忌作為一種複合情緒是由什麼基

3　見：https://globalliteratures.wordpress.com/2016/01/08/othello-sucks-a-different-perspective/comment-page-1/。

本情緒組成。接著，我們將探討妒忌的自毀傾向，說明為什麼它無法被構成妒忌的判斷解釋，顯示出認知情緒論的限制。我們將論證只有從妒忌在嬰兒時期的起源入手，才能明白妒忌的認知和視象化需要，以及其相應的自我保護心理機制。最後，我們將探討男女妒忌的差異，當中涉及兩性在演化上的不同心理需要，以及這些需要如何隨著社會發展而演變，這些妒忌的特質，單憑妒忌涉及的判斷根本無法理解，由此引出情緒非理性的一面。

第一節　嫉妒的認知結構

1—嫉妒作為一種複合情緒

　　哲學家Daniel Farrell認為，嫉妒與其他情緒最顯著的分別是，經歷一般情緒的人都是處於一種一對一的關係之中，引發其情緒的對象正是其意向對象，但妒忌的人卻處於一種三角關係之中，引發妒忌的雖是一個具體的人，但妒忌的意向對象卻是一個處境或狀態。例如，小明出言侮辱你，你因感到尊嚴受損而憤怒，你憤怒的對象就是小明。但當你的情人對一英俊男士噓寒問暖時，你妒忌的對象似乎既不是你的情人，也不是那英俊男士，而是情人不關注你而關注別人這事。Farrell提出妒忌涉及兩種信念和一種慾望：[4]

　　A嫉妒C，當A擁有以下的信念和慾望：

　　（1）A相信B關注C。

　　（2）A相信自己得不到B的關注。

　　（3）A渴望得到B的關注。

4　Daniel M. Farrell, "Jealousy," in *The Philosophical Review* 89, no. 4 (1980): 529–530.

　　Farrell 舉例說，假設我是一名專業的網球員，而我又視自己為最佳球員之一。我發現另一位年輕的球員開始吸引觀眾的目光，而他們都認為他比我更具實力，我因此而感到妒忌。這種職業上的妒忌（professional jealousy）涉及：第一，我相信觀眾都關注該年輕球員；第二，我認為自己失去了觀眾們的關注；第三，我希望得到觀眾們的關注。這些判斷和慾望構成了我的妒忌，缺一不可，如果我認為該年輕球員的表現只是曇花一現，觀眾只是貪新鮮才關注他，又或是我認為自己依然是觀眾的焦點，又或者我已打算退役，對於別人的關注根本不放在心上，那我便不會妒忌。

　　有趣的是，這些判斷和慾望跟我們前三章討論過的情緒大有關係。當我在妒忌時，我不單相信觀眾都關注該年輕球員，我更認為觀眾不應該關注他，因為他沒有真材實料，只是外貌有觀眾緣，或只是靠運氣贏了幾場比賽等；亦即是說，我認為他得到觀眾的關注是不合理的，我因此而失去了觀眾的關注更是不公道的，他無理地搶去了我應得之物，我對此感到憤怒，有向其報復的衝動。另外，得到觀眾的關注和認同對於我作為一個球員是相當重要的，我失去了如此重要之物，我的球員生命亦彷彿失去了意義，我為此而感到悲傷。最後，我渴望得到觀眾的關注，當中包含我對觀眾的重視，我希望得到他們時刻的關心，想在他們面前表現最好的一面，為了他們我願意不斷地改善自己的技術，從而獲得他們心理上和物質上的認同，這種情感可以理解為公眾人物對支持者的一種愛的表現。由這個例子可見，由以上兩種判斷和一種慾望構成的妒忌，當中包含了三種情緒，分別是憤怒、悲傷和愛，這種由別的情緒組成的情緒，我們稱之為複合情緒（complex emotion）。

　　試看 Farrell 所舉的另一個例子。設想我是交際舞的高手，而交際舞對我有相當重要的意義，我不但要成為最佳的舞者，更要別人視我為最佳的舞者。然而，我的固定舞伴表示她找到比我更優越的

舞伴，而這個舞者又真的很出色。我渴望得到舞伴的關注而不得，因為她更傾心於別的舞者，我於是因為她的背叛而感到憤怒，我認為她作為我的長期舞伴，不應該因為別人比我優勝就放棄我；我更因此而感到悲傷，因為她的認同對我而言相當重要，失去了她，我的舞蹈事業將難以維持，我的生命亦將失去意義。這樣的憤怒和悲傷背後也包含著我對舞伴的重視，我渴望她關注我、支持我，與我一起在舞蹈上精益求精，我對她有著一種伙伴上的愛，亦渴望她只愛我一個。愛、憤怒與悲傷糾纏而成一妒忌之海，在醋海中翻波的我，時怒時悲，愛恨交纏，無法自已。

2——嫉妒與羨慕

試想像以下兩個場景：[5]

場景一	場景二
你與朋友一起到酒吧，希望能找到心儀的對象。在與陌生女士交談的過程中，你發現你的朋友風趣幽默，很容易便吸引了美麗的女士注意。這使得不擅辭令、性格內斂的你感到妒忌。	你與朋友一起到酒吧作樂。你發現了一位相當吸引的女士。你與她交談甚歡，感到彼此正建立一種聯繫，渴望與她有進一步的發展。這時候，你的朋友加入了討論，你發現這位女士對他表現出強烈的興趣，這使你感到妒忌。

兩個場景中的你都感到嫉妒，你都希望得到別人的注意，都因為得不到注意而感到難過，亦因為朋友得到注意而憤怒。然而，這兩種妒忌有著明顯的不同，英文將場景一出現的稱為envy，場景二出現的稱為jealousy。接下來，我們將透過分析envy和jealousy的不同之處，進一步釐清上一小節關於妒忌的定義。下文將jealousy翻譯為妒忌，而envy則姑且翻譯為「羨慕」。（「羨慕」與英文envy之意思有

5　同上註，頁533–534。

重要分別：envy為負面情緒，羨慕則為中性，甚至可為正面情緒。因中文缺乏與envy相應的概念，故從權用之。）

妒忌與羨慕的最重要分別在於，妒忌只能存在於（不一定是愛情的）三角關係之中，而羨慕則可以沒有第三者的參與。在場景一中，你羨慕朋友的社交技巧，即使他當時沒有跟女士聊天，你的羨慕也不會改變。但在場景二中，你妒忌朋友跟你心儀的女士聊天，如果你朋友不在場，你的妒忌就會消失。羨慕是一種自覺自己在某方面比不上別人，渴望自己能得到同樣的能力或事物的情緒，這些能力或事物不一定跟第三者有關。詩人阮籍《鳩賦》中云：「何飛翔之羨慕，願投報而忘畢。」[6]阮籍生於黑暗的三國時代，仕途坎坷，鬱鬱不得志，看見飛鳥在空中自由自在，不禁生了羨慕之情。科學家可以羨慕愛因斯坦的智慧，畫家羨慕畢加索的創意，詩人羨慕李白的才情，這些羨慕都是一對一的關係，將之說成是妒忌則會使人難以理解。當你說你妒忌某人的才華時，我們會追問，是不是因為他的才華搶去了某人或某群體對你的關注、愛慕或支持，才使你心生妒忌呢？我們需要知道關於第三者的資料才能了解你的妒忌，由此可見：跟羨慕不同，妒忌只能存在於三角關係之中。

即使你的羨慕和妒忌都涉及三角關係，亦涉及你希望得到別人的關注而不可得，兩種情緒所注意的對象都不同。[7]羨慕所注意的是關注的接收者（favor receiver），誰是關注的給予者（favor giver）並不重要。在場景一中，你的注意力放在你的朋友身上，你羨慕的是他獲得他人關注的能力，至於誰關注他，對你而言根本沒有分別，就算被他吸引的女士換成別人，你對他的交際能力的羨慕也不會改變。

6　阮籍：〈鳩賦〉，載嚴可均輯，馬志偉審訂：《全三國文》（北京：商務印書館，1999），頁468。

7　Leila Tov-Ruach, "Jealousy, Attention, and Loss," in Amélie Rorty, *Explaining Emotions* (Berkeley: University of California Press, 1980), 465–467.

妒忌所注意的則是關注的給予者，誰是關注接收者並不重要。在場景二中，你的注意力放在你心儀的女士上，你妒忌的是她將關注給予了別人而不給予你，至於誰是（你以外的）被關注者，對你而言根本不重要，即使她關注的不是你的朋友而是別的男士，你依然會感到妒忌。

　基於羨慕和妒忌的注意對象的不同，構成兩種情緒的愛和憤怒也有不同的性質。妒忌中的愛帶有強烈排他性，我所心儀的女士的關注，多給了你一分，我便少擁有一分。我之所以失去了她的關注，正是因為你得到了她的關注所造成。你搶去了我應得的愛，所以我感到憤怒，我渴望向你報復，希望你不再得到她的關注，從而使她的關注回到我身上。羨慕中的愛不必帶有排他性，我羨慕你長袖善舞、常常能得到別人的關注，但我卻不必認為這種關注是此消彼長的，我之所以得不到別人的關注，跟你能得到別人的關注無關，你沒有搶去我應得之物。於是乎，我對你並不感到憤怒，如果我有所謂憤怒的話，也是對自己的無能感不滿而已。既無憤怒，我對你亦無報復之心，並不會渴望你失去了別人的關注，因為即便如此，我亦不認為別人會因而關注我。假設我很羨慕奧巴馬的演說能力，痛恨自己口齒不清，我並不會認為是因為奧巴馬高超的演說技巧使得我口齒不清，因此我不會對他感到憤怒，也不會希望他跟我一樣變得口齒不清。然而，如果我們同台演出，奧巴馬的出色表現使得觀眾對我的演出報以噓聲，我相信我之所以得不到觀眾的認同是因為奧巴馬造成，我怨恨他搶走了觀眾對我的支持，並渴望他失言，這時候我感到的便是妒忌而不是羨慕了。

　總結而言，妒忌由三角關係組成，而羨慕可存在於一對一的關係之中；妒忌注意的是關注的給予者，而羨慕注意的是關注的接收者；最後，妒忌的人相信自己的損失由第三者造成，有報復的慾望，而羨慕的人則沒有這樣的想法和慾望。故此，雖然妒忌和羨慕

同樣包含愛、憤怒與悲傷，但妒忌包含的是排他的愛、對第三者的憤怒的憤怒，和失去應有之物的悲傷，而羨慕包含的是能共存的愛、對自己無能的憤怒，和無法改善自己的悲傷。以這理論重新審視《奧塞羅》，我們發現埃古最初只是羨慕凱西奧的才華，到後來被凱西奧奪去晉升的機會時，便心懷妒忌，產生了報復的慾望。而奧塞羅發現凱西奧藏有他的妻子的手帕時，他感到妻子的愛被凱西奧搶去，不再為自己所獨有，因此他感到的是明顯的妒忌。

3──複合情緒論

作為一個複合情緒，妒忌由愛、憤怒和悲傷這些基本情緒所組成。心理學上最著名的一套解釋複合情緒的理論是 Robert Plutchik 的情緒輪理論（wheel of emotions）。[8]他認為人有八種基本情緒，包括悲傷（grief）、憎恨（loathing）、盛怒（rage）、警惕（vigilance）、狂喜（ecstasy）、羨慕（admiration）、恐懼（terror）和驚奇（amazement），其他的所有情緒都是由這八種基本情緒混合而成（圖4.2）。[9]在情緒輪中，不同的情緒以不同的顏色表示，顏色的深淺代表其強烈的程度。正如有些顏色可以融合而成新的顏色一樣，相鄰的情緒也可以融合成新的情緒。圖中所見，鄙視（contempt）的兩邊是憤怒（anger）和嫌惡（disgust），這代表鄙視由憤怒和嫌惡混合所組成，而愛（love）的兩邊是愉快（joy）和信任（trust），這代表愛由愉快和信任混合所組成。

情緒輪存在著不少理論上的問題。首先，如果只有相鄰的情緒能混合，情緒輪能解釋的複合情緒的種類相當有限。快樂與悲傷在彼此對面，憤怒與恐懼在彼此對面，根據情緒輪它們都無法混合，但在現實生活中，卻有所謂悲喜交集之情，如在機場送別到外國留

8　Robert Plutchik, "The Nature of Emotions," *American Scientist* 89: 344–350.
9　同上註，頁349。

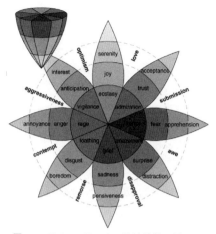

圖 4.2　Robert Plutchik 的情緒輪理論

學的兒子，既悲他的離去，又喜見他能獨立生活；也有所謂既驚且怒之情，如在雨傘運動時，因為目睹警察放催淚彈而走上街頭聲援學生的人，既憤怒於警察如此對待人民，亦害怕自己會成為受害者。另外，情緒輪亦難以解釋多於兩種情緒混合而成的複合情緒，例如由愛、悲傷和憤怒組成的妒忌，又或是由厭惡、害怕和後悔組成的羞恥等。當代情緒哲學家 Jesse Prinz 認為，情緒的混合不必受制於情緒輪所假設的基本情緒數量和混合形式。[10] 首先，我們可以根據情緒科學的最新研究擴充基本情緒的數目（如 Paul Ekman 就將基本情緒由 6 種擴充到 15 種）；另外，不必預先限定只有相類似的情緒才可以互相混合，兩種極端的情緒，例如快樂和哀傷，在特定的情況下亦應能混合成新的情緒。如是者，我們依基本情緒所混合而成的複合情緒的數量將大大增加。Prinz 舉例說，慾望和怨恨可混合成羨慕，快樂和害怕可混合成驚喜，快樂與哀傷可混合成思鄉，害怕與噁心可混合成恐懼等。然而，從以上幾個例子，不難看出修改後的

10　Jesse J. Prinz, "Basic Emotions and Natural Kinds," in *Gut Reactions: A Perceptual Theory of Emotion* (Oxford: Oxford University Press, 2004), 91–92.

情緒輪的問題。如思鄉的確包含了哀傷與快樂，但當中那想念故土的愁思與回憶起從前生活的愜意不是作為基本情緒的哀傷和快樂所能解釋。又如妒忌與羨慕，兩種情緒都包含了愛、憤怒和悲傷，但兩者的差別在情緒輪中無法看見。

第二套解釋複合情緒的理論為 Peter Goldie 提出的「牛油果論」（avocado pear misconception of emotions）。[11]牛油果內硬外軟，中心一顆果核由果肉包裹著。硬的果核代表不變的基本情緒，而軟的果肉代表受文化或環境影響而衍生的不同判斷和慾望。複合情緒即由不同的判斷和慾望附加在一個基本情緒上而生。例如，看見討厭的人遭遇意外所產生的幸災樂禍之感（Schadenfreude）是以快樂作為核心，加上「發生意外的人罪有應得」的判斷，和「希望他得到懲罰」的慾望組成。不同的判斷加之於相同的基本情緒會產生不同的複合情緒。例如，同樣是憤怒，當你判斷當中的不公義是由公職人員以權謀私而造成時，你感到的便是憤慨；當你判斷不公義是由別人對自己的偏見造成時，你感到的便是憤憤不平；如果加上中世紀騎士精神的強烈的復仇慾望，你感到的便是暴怒；如果加上的是東方式的不將情緒表露於人前的慾望，你感到的便是慍惱。

牛油果論的問題是，有時候我們難以判斷哪一個基本情緒才是該複合情緒的核心。就如妒忌，到底核心是愛、悲傷還是憤怒？我們的直覺是，三種情緒同樣重要，三種都是妒忌不可或缺的部分。筆者認為，情緒輪和牛油果論兩者其實並非互相排斥，我們可以取兩者之長而去其短。我們可以同意不變的基本情緒與可變的判斷和慾望的劃分，卻不必堅持所有複合情緒都只有一個基本情緒作為核心，如情緒輪所言，其核心可以由多個基本情緒混合而成。例如妒

---

11 Peter Goldie, "Culture, Evolution, and the Emotions," in *The Emotions: A Philosophical Exploration* (Oxford: Clarendon Press, 2002), 99.

忌便是由愛、悲傷和憤慨混合而成作為核心，再外加「我之所以失去你的關注是由於第三者奪去了所造成」的判斷，和「我希望第三者同樣地得不到你的關注」的慾望所組成。只有將情緒輪和牛油果論結合，才能解釋像妒忌這種複雜而多變的複合情緒。

第二節　嫉妒的行為傾向

1——自毀傾向

　　從上一節的分析可見，妒忌是當我判斷自己想得到的心儀對象的關注被第三者搶去時的一種情緒。基於這種判斷，為了重新得到關注，我會向第三者報復，令其失去優勢，又或是改善自己，使對象回心轉意。然而，妒忌所產生的行為卻遠遠不只這兩類。設想一個妻子疑心丈夫有外遇，當丈夫回家後，她從丈夫的外套嗅到一陣不熟悉的香水味，妒火中燒的她乘著丈夫洗澡時，偷偷翻看他的電話短訊。然而，她深知若發現了丈夫外遇的證據，她的婚姻便完了，自己也必然極度痛苦，而若發現手機中沒有任何外遇的證據，她也知道自己一定不會就此釋懷，她會想，丈夫一定是預先清除了所有證據，他跟那情婦一定是以別的方法通訊等等；她更知道，如若被丈夫發現自己偷看他的手機，他們之間的信任一定會被破壞，丈夫從此會看不起自己。弔詭的是，即使明知道偷看手機不論找不找到證據都會使自己更難過，令婚姻更難維繫，妒忌還是會使她一而再、再而三地偷看。如在《奧塞羅》中，埃古妒忌凱西奧搶去了奧塞羅的關注，使自己不能升遷。埃古設毒計陷害凱西奧，使他失去了新的職位，這不難理解，但他卻同時向奧塞羅報復，逼得奧塞羅親手殺妻再自殺。他既因失去了奧塞羅的信任而生妒忌之心，理應渴望重新獲得奧塞羅的信任，那麼害死奧塞羅對事情有什麼幫助呢？

如果情緒如沙特所言能幫助我們面對困難的世界，[12] 既然妒忌是因為一段關係受到威脅而生，那為什麼妒忌反而會驅使我們做出進一步破壞這段關係的行為？構成妒忌的三組判斷，即排他的愛、對第三者的憤怒和失去關注的悲傷，背後皆包含著對一段關係的無比重視，根據這些判斷，妒忌的人斷不會願意做出破壞此關係的行為。然而，妒忌卻明顯有著如此的自毀傾向，唯一合理的解釋是，在諸種判斷之外尚有一些構成妒忌的重要元素，決定著妒忌的自毀性。

2——嫉妒的起源

要理解妒忌的自毀傾向，我們需要從妒忌的起源談起。之前提及嫉妒是當人想得到關注意、而關注被人搶走時出現的情緒，那麼，人是從何時開始有這樣的經歷呢？哲學家 Leila Tov-Ruach 指出，人從嬰兒時期便有強烈的尋找注意力的傾向 (attention seeking tendency)。[13] 當嬰兒得不到別人的注意時會嚎啕大哭，這不一定只是為了滿足物質上的需要，如要求食物、睡覺或是排泄等，亦是一種心靈上被注意的渴望。藉著他人的注意，嬰兒意識到自己是一個獨立的個體，意識到肚餓、疲倦、渴望被擁抱的是「我」，意識他人關心的、滿足的對象是「我」；而當失去他人的注意時，「我」便不復存在。Maurice R. Montgomery 舉例說：「只有當你還是相當幼小的時候，你才明白，除非被他人看到，否則跳進泳池中根本沒有意義。喊著『看我！看我！』的小孩並不是在乞求注意，他是在懇求存在本身。」[14]

這種被注意最原始的表現形式便是被注視 (looking)，當母親的

12　見本書第二章，頁46–47。

13　Tov-Ruach, "Jealousy, Attention, and Loss," 469.

14　M. R. Montgomery, *Saying Goodbye: A Memoir for Two Fathers* (New York: Knopf, 1989).

目光停留在我身上時，我便意識到我的存在，反之則不存在。被注視的獨特之處在於它是獨佔的，當母親在看著其他人時，她必然不是在看著我，他人得到母親的注視多一分，我能得到的注視便少一分。當我渴望得到的注視被別人搶去時，我便因為自我受損而感到憤怒和悲傷，這便是妒忌的源起。Hart、Carrington、Tronick 與 Carroll 在 2004 年進行了一項幼兒研究，探討嬰兒的嫉妒與凝視的關係。[15] 94 名母親和她們出生六個月的孩子參與了這項研究。她們被安排進入一個房間，隨機安排不同的場景，分別是面對面的場景（face-to-face situation）、面無表情的場景（still-face situation）和引發嫉妒的場景（jealousy evocation）。在面對面的場景，母親會直接與嬰兒玩耍，而沒有玩具的介入；在面無表情的場景，母親只是凝視著嬰兒，而臉上不帶任何表情，也不與嬰兒談話或接觸；在引發嫉妒的場景，母親手抱一個仿真的玩具嬰兒，並假裝與玩具嬰兒快樂地玩耍，而不理會自己的孩子。結果顯示，只有在母親完全無視嬰兒的第三種場景，嬰兒才有妒忌的表現；即使在第二種場景，母親對嬰兒不作出任何善意的表現，也不去滿足嬰兒的任何要求，嬰兒也沒有表現出不安或憤怒。由此可見，注視在妒忌中扮演著極為重要的位置，而注視的獨佔性亦解釋了妒忌中的愛何以具有如此強烈的排他性。

3—— 認知和視象化需要

　　由其源起作分析，我們發現妒忌並非單純地因為一段關係受到威脅而出現，而是當這段關係的破壞會損害到我們的自我時才會產生。嬰兒的自我主要建立在母親的注視上，因此妒忌通常因失去注

15　Sybil L. Hart, Heather A. Carrington, E. Z. Tronick, and Sebrina R. Carroll, "When Infants Lose Exclusive Maternal Attention: Is It Jealousy?," *Infancy* 6, no. 1 (2004): 57–78.

視而生。當嬰兒長大成人，構成其自我的元素變得更多更複雜，妒忌出現的機會也就變得更多。我是父母的兒子、孩子的父親、太太的丈夫、學校中的老師、球隊或交響樂團的成員，當這些決定我之為我的關係受到第三者的破壞，當第三者搶去了構成我的自我的「被注意」時，我便會感到妒忌，這種妒忌跟嬰兒失去了母親的注視時感到的妒忌，本質上沒有分別。

當理解到妒忌的功能是為了保護自我而非保護一段特定的關係時，我們便明白何以妒忌會衍生種種摧毀關係的行為。Tov-Ruach 認為激發這些行為的是兩種以保護「自我」為目標的行為傾向。首先，嫉妒的人有強烈的認知需要 (need to know)，他們渴望知道事實的全部：伴侶是否與另一個人在一起、一起的時間多久、做過什麼、去過哪裏、說過什麼等。他們會用盡一切方法去尋找答案，甚至會做出跟蹤、盤問、檢查、留意和觀察伴侶等的行為。Munoz-Rivas、Grana-Gomez、O'Leary 和 Gonzalez-Lozano 在西班牙進行的一項有關情侶間侵略行為 (aggression) 的調查，對象為 1,886 名當地大學生，當中有六成人曾經被伴侶妒忌或懷疑自己的朋友，七成人的伴侶曾對自己的異性朋友感到妒忌，四成人的伴侶曾經查閱自己的物件或要求自己為所做的事提出解釋，這些都是妒忌下的認知需要的不同表現。[16] 第二，嫉妒的人有強烈的視象化需要 (need to visualize)，他們會非常形象化地想像各種各樣的可能性：伴侶在一間浪漫的餐廳，與一位年青有為、事業有成的男士進餐，男士為她添酒，她的手指輕輕地觸摸著他的手背。伴侶出軌的畫面猶如事實般呈現在他的腦海，畫面為他帶來巨大痛苦，卻無法阻止他繼續想像下去；更

---

16 Marina J. Munoz-Rivas, Jose Luis Grana Gomez, K. Daniel O'Leary, and Pilar Gonzalez Lozano, "Physical and Psychological Aggression in Dating Relationships in Spanish University Students," *Psicothema* 19: 102–107.

可怕的是，在諸多的可能性中，讓他鉅細無遺地幻想的不是那些最有可能成真的，而是那些最負面、最令他難堪的情況。Pal、Smith、Hayes和Chakraborty的研究指出，視象化需要有可能發展為一種精神病——奧塞羅綜合症（Othello syndrome）。顧名思義，患者的徵狀與奧塞羅一樣，對伴侶作出各種猜疑，更有可能產生視覺幻象，以作為伴侶不忠的證據。其中一個案例的患者為一名42歲的中年男人Kosovan。他指妻子在社交網站上傳了一張水果的照片，讓他確信妻子有外遇。故此，他搜羅家中的水果以尋找證據。受到幻覺的影響，他更嘗試揮刀或企圖自殘來恐嚇妻子。[17] 除了柏金遜症，Kosovan並沒有感知及認知的問題，更沒有酗酒、濫藥和吸煙的習慣，由此可推斷他的幻覺是由嫉妒所造成。

在妒忌的認知和視象化需要的驅使下，妒忌者不斷造出危害自己所珍重的關係的行為，不斷想像各種不堪入目的畫面，加劇自己的痛苦。這些行為和想像看似不理性，卻是保護自我的手段。因為掌握真相（即使只是想像的）讓人感到自己重新掌握自己的命運。跟蹤和監視伴侶的過程雖苦，卻能帶來真相，即使真相是殘酷的，但起碼自己不再是被蒙在鼓裏的人。我不再是戴了綠帽還傻乎乎的武大郎，而是不惜與情人情敵玉石俱焚的奧賽羅，奧賽羅的痛苦即使比武大郎要大要深，但起碼我不會鄙視自己、以自己為恥。上一章提及，弗蘭克認為人的絕望是指沒有意義的痛苦，如果人可以為痛苦加上一個意義，便能從絕望的深淵走出來。如是觀之，儘管嫉妒的自毀性行為增加了妒忌者的痛苦，但卻賦予了痛苦一種保護自我的意義，由是能減輕絕望之感。Tov-Ruach認為妒忌將人由「被動地承受痛苦」轉變成「主動地尋找痛苦」，正是在絕境中重新建立自

17　Kakali Pal, Abigail Smith, Joseph Hayes, and Apu Chakraborty, "Othello Syndrome Secondary to Ropinirole: A Case Study," *Case Reports in Psychiatry* (2012): 1.

我價值的唯一方法，畢竟「被別人消滅是一回事，被自己瘋狂的行為消滅是完全不同的另一回事」。[18] 只有這樣，他才可以重新成為自己生命的「劇作家、導演、控制者」，而不是被蒙騙、操縱和玩弄的可憐蟲。

法國意識流作家馬塞爾‧普魯斯特在其小說《追憶似水年華》中，細膩而準確地描繪出妒忌的認知和視象化需要，以及為了保護「自我」而不惜自毀關係的行為傾向。斯萬先生 (Charles Swann) 愛上了交際花奧黛特 (Odette de Crécy)，一個晚上他到了奧黛特的家，奧黛特卻以身體不適為由，早早便請他離去。他回到家中，懷疑奧黛特是為了與別的男人幽會而趕走他，他無法自制地想：「奧黛特也許今晚在等什

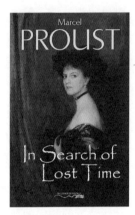

圖4.3 《追憶似水年華》

麼人，累是裝出來的，請他把燈滅了只是為了讓他相信她就要睡著，而等他一走，就立即重新點上，讓那人進來在她身邊過夜。」[19] 妒忌驅使他偷偷地回到奧黛特的住所，他看到奧黛特房間的燈還亮著，立即想到「她正跟她等待的那個人在一起」。為了知道真相，他沿著牆根靜靜地走到窗外偷看，可是從百葉窗的斜縫中卻什麼也看不見。最後，他終於忍不住去敲她的門，卻發現原來自己看錯了，亮燈的不是奧黛特的家。

在這個短短的故事片段中，我們可以清楚看到妒忌的斯萬先生表現出強烈的認知和視象化需要。他深知自己的行為會令奧黛特討

18　Tov-Ruach, "Jealousy, Attention, and Loss," 472.

19　馬塞爾‧普魯斯特著，李恒基、徐繼曾譯：《追憶似水年華——在斯萬家那邊》（臺北：聯經，2010），頁297。

厭他，他也因為自己打算做的事而感到猶疑和羞恥，但他卻依然無法自制地去監視和窺探奧黛特的隱私。普魯斯特將他的行為解釋作對「真情實況的熱烈追求」。為了知道真相，「凡是他往日認為是可恥的事情：在窗口窺看、巧妙地挑動別人幫你說話、收買僕人、在門口偷聽，現在就都跟破譯文本、核對證詞、解釋古物一樣，全是具有真正學術價值的科學研究與探求真理的方法了。」[20] 他知道獲得真相要付出高昂的代價，可是，「人們為圖一時的痛快而犧牲多少可能的幸福啊！但要弄清真情實況這種願望卻更加強烈，在他看來也更為崇高。」[21] 那麼，為什麼知道真相對他如此重要呢？因為被蒙在鼓裏等於自我的喪失，知道真相卻能使他重新掌管自己的生命，即使真相是殘酷的，即使發掘真相的過程會破壞他與奧黛特的關係，這真相卻至少他讓他尋回自我。「而他呢，剛才還在設想她正跟哪一位在笑他蒙在鼓裏，現在卻要眼看他們當場認錯，上了被他們認為遠在千里之外的他的圈套。也許，他在這幾乎是令人愜意的時刻所感到的並不是什麼懷疑和痛苦的消失，而是一種屬於智力範圍的樂趣。」[22] 他不單要知道真相，更要讓奧黛特和她的情人知道自己知道，因為只有這樣，他的自我才是完整的，即使他注定會悲劇收場，至少他也是悲劇中的男主角。

附錄：奇斯洛夫斯基《藍》[23]

在上一章，我們以庫伯勒－羅絲模型說明了悲傷發展的五個階段，包括否認、憤怒、談判、抑鬱和接受。在這一章，我們分析了

20　同上註，頁299。

21　同上註。

22　同上註，頁298。

23　見：https://girlonfilmsite.com/2012/11/23/into-the-blue-an-analysis-of-kieslowskis-three-colours-blue/。

妒忌的認知結構和行為傾向。那麼，當這兩種情緒同時出現時，會產生怎樣的化學反應？直覺告訴我們，兩種負面情緒同時出現決不會帶來好結果，我們的痛苦必然會加倍。然而，情緒真的可以如數學般客觀地計算嗎？波蘭導演奇斯洛夫斯基（Krzysztof Kieslowski）在他的經典電影《藍》（Blue）中嘗試呈現出當悲傷遇上嫉妒時的特殊情況。[24]《藍》講述女主角茱麗（Julie）因一場車禍失去了丈夫和女兒。留院期間，茱麗曾偷取藥丸企圖自殺，但並不成功。離院後，茱麗離開了一直與丈夫和女兒生活的大宅，獨自居住在一個陌生的社區，在在

圖 4.4 《藍》

流露出與世隔絕之情。一直未能走出傷痛的她，偶然得知丈夫生前曾有過一段長達三年的外遇，情婦並懷有他的孩子。妒忌使她不斷發掘真相，重新接觸跟他丈夫有關的人，在過程中，她慢慢地放下悲傷，亦不再感到妒忌，甚至願意將丈夫的大屋給予情婦及其孩子生活。問題是，何以當悲傷遇上妒忌時，兩者會互相抵銷？

　　茱麗的悲傷將她困在庫伯勒－羅絲模型中的否定階段，無法接受悲劇的發生，更無法面對自己極度悲傷的情緒。茱麗在意外之後竭力隱藏悲傷，有一次，茱麗問女傭為何哭得如此傷心，女傭便回答：「因為你沒有。我一直想起他們，我記得一切的事。我怎可以忘記？」茱麗不願意接觸一切與丈夫或女兒有關的東西，她離開原來的大屋，丟掉所有東西，搬到一個陌生的社區。在租房子時，她拒絕使用先夫的姓氏，亦要求房屋不可以有小孩出入。她拒絕完成丈夫生前未完成的樂章。她跟母親說：「現在我只餘下一件事做：什麼

24　*Three Colours: Blue*, directed by Krzysztof Kie lowski, produced by Marin Karmitz (France/Poland/Switzerland: MK2 Diffusion & Miramax, 1993).

也不做。我不想擁有任何東西或記憶。不要朋友、不要愛。這些全都是陷阱。」電影中最經典的一幕，茱麗獨自在咖啡屋中，將一塊方糖的一角沾在咖啡中，讓咖啡慢慢地沾滿整塊方糖。奇斯洛夫斯基解釋道：「很簡單，我們想表達女主角如何看她的世界……我們以近鏡拍攝一顆方糖慢慢地沾滿咖啡，去表達她對外面世界的一切都不感興趣……其他人、他們的事，還有一直喜歡她、好不容易才找到她的那個男人。她對所有事物都沒有興趣──除了那方糖。她對方糖的專注讓她能夠忘卻其他所有的事。」[25] 然而，否認悲劇的發生、逃避自己的情緒，沒有使她的悲傷減輕。丈夫生前所作的交響樂還是不斷在她的腦海中響起，即使她躲進泳池的深處亦徒勞無功。代表著她對女兒的懷念的那盞水晶燈的藍色，在她生活的各處不斷出現。

當茱麗偶然發現了丈夫生前的外遇後，妒忌使她無法繼續將自己與世界隔離，亦無法不去面對自己的悲傷。在妒忌的認知和視象化需要驅使下，茱麗跑到她一直逃避的丈夫從前的助手奧利弗家中，追問那情婦的姓名、工作、一起了多久等資料。茱麗更到她工作的法院找她，並一直跟蹤她到咖啡廳。茱麗躲在洗手間裏，等待與她單獨碰面的機會，茱麗問及情婦肚中的嬰兒是否屬於自己的丈夫，也問及自己的丈夫是否愛她。及至她看見情婦戴著她丈夫送的頸飾時，她便明白丈夫跟那情婦的感情是認真的，亦肯定了丈夫的確背叛了自己。出乎意料地，這些行為並沒有加重茱麗的悲傷，反而讓她脫離了悲傷的否認階段。她為丈夫的不忠感到憤怒（第二階段），她阻止奧利弗嘗試完成丈夫的遺作，又責罵處理丈夫遺作的職員沒有將丈夫的所有樂譜交予她銷毀。然後，她又經歷了沉重的抑

---

25 "Kieslowski: The Cinema Lesson [*Three Colors: Blue*]," interview by Dominique Rabourdin (La Sept Arte, 1994).

鬱（第四階段），有一幕拍攝茱麗潛進泳池底，經過一段相當長的時間才浮出水面，表現了她的自殺意圖。這些憤怒與抑鬱固然不好受，卻逼使她重新與世界接軌，面對自己的情緒。最後，茱麗將丈夫的房子送給懷孕的情婦，更開始創作丈夫生前未完成的樂章；在劇終的一幕，茱麗躺著流淚，眼神中沒有哀傷，可見她終於能面對自己的悲傷，走進「接受」的階段。

當悲傷遇上妒忌，如果從其主觀感受觀之，則兩個負面的情緒碰在一起只會益加負面。如果從其認知結構觀之，則「我失去了重要之物」（悲傷）和「我希望得到的關注被第三者搶去」（妒忌）兩個判斷，無論如果也不會變得正面。只有從兩個情緒的行為傾向觀之，才能理解何以它們會兩相抵銷。悲傷使人產生逃避的傾向，既逃避傷害自己之物，亦逃避自己因受到傷害而產生的情緒，它將自己與世界隔離，自困於否認的囹圄。妒忌的人則因為殷切需要知道關於對象與第三者的一切，於是產生了主動地接觸世界以發掘真相的傾向。悲傷使人抽離，妒忌卻逼使人投入，兩種相反的行為傾向碰在一起，便有可能出現中和的作用，讓人的情緒歸於平靜。當然，不是所有既悲傷又妒忌的人都會像《藍》中的茱麗般釋懷，畢竟情緒的行為傾向最終會導致哪些具體的行為，很大程度上取決於不同人的個人經歷、信念和際遇，不能一概而論。

第三節　嫉妒的男女差異

在上一節，我們看到單單分析妒忌的認知結構而忽視其行為傾向，無法理解妒忌的自毀行為。在這一節，我們將進一步質疑認知情緒論的理論效力：男女妒忌所表現出來的行為和關注點大異其趣，但男女妒忌所涉及的判斷，即「他人搶走了我希望得到的關注」

卻沒有明顯的分別。即是說，必然存在一種判斷以外的元素才能解
釋男女妒忌之別。我們將從演化心理學的角度出發，說明何以男女
妒忌有著不同的行為傾向，再以社會學的角度，分析這些行為傾向
如何受到社會文化的變遷所影響。

1──男女大不同

電影《誘心人》中，愛麗絲 (Alice) 與
丹尼 (Dan) 是愛侶，安娜 (Anna) 與拉里
(Larry) 是夫婦，但丹尼卻跟安娜墮入愛
河，兩人發生了關係。當他們告知各自
的伴侶真相時，愛麗絲與拉里同樣感到
強烈的妒忌，但他們的行為和說話卻有
著相當不同的表現和側重點。[26] 以下是
愛麗絲與丹尼的對話：

圖 4.5 《誘心人》

愛麗絲：你幹麼不早點說？

丹尼：　沒種。

愛麗絲：因為她事業有成？

丹尼：　不。因為她不需要我。

愛麗絲：她有沒有到過這裏？

丹尼：　有。

愛麗絲：她不是結婚了嗎？

丹尼：　她不跟我見面了。

愛麗絲：是我們到鄉下去那時候嗎？歡度我們三週年慶？

26　*Closer*, directed by Mike Nichols, produced by Mike Nichols, Cary Brokaw, and
　　John Calley (United States: Columbia Pictures, 2004).

愛麗絲：你打電話給她，求她回到你身邊嗎？所以你才出去
了那麼久？

丹尼：　對。

愛麗絲：你無恥。

丹尼：　欺騙是很殘忍的，至少我沒有假裝。

愛麗絲：怎麼可以？你怎麼做到的？你怎麼能這樣對我？

丹尼試著找一些藉口，但說不出話來。

愛麗絲：這樣不夠。

丹尼：　愛麗絲，我愛上她。

愛麗絲：好像你毫無選擇？總會有那一刻，「我可以，我可以
屈服或我可以拒絕」，我不知道你那一刻發生在何
時，但是我相信一定有。我要走了。

再對比安娜與拉里的對話：

拉里：　他床上功夫好嗎？

安娜：　不要這樣。

拉里：　回答問題。他厲害嗎？

安娜：　是。

拉里：　比我還猛？

安娜：　不一樣。

拉里：　還猛？

安娜：　還溫柔。

拉里：　那是什麼意思？

安娜：　你知道那是什麼意思。

拉里：　告訴我。

安娜：　不。

拉里： 我把你當妓女？

安娜： 有時候。

拉里： 為什麼會這樣？

安娜： 對不起，你……

拉里： 不要說。你他媽的不要說，「你太好了，我配不上你」。我是，但不准說。這是你人生中的錯誤決定，你離開我因為你不相信自己值得擁有幸福。安娜，你值得。

拉里： 你因為跟他上床，所以才泡澡？這樣你就聞不到他的味道，所以罪惡感會少一點？

　　愛麗斯和拉里在對話中表現出強烈的妒忌，他們不斷去追問伴侶跟第三者的關係的細節，幻想著各種可怕的畫面。然而，他們的認知和視象化需要顯然有不同的重心，愛麗斯質問丹尼愛上安娜的理由，她要知道他們的關係如何和什麼時候開始，她幻想著丹尼選擇了安娜而放棄了自己的畫面。相反，拉里將注意力放在安娜與丹尼的性關係上，他質問他們的性行為的細節，很在意自己的性能力是否及不上第三者，他想像安娜之所以去洗澡是為了沖走跟丹尼做愛遺留下來的氣味。似乎，愛麗斯的妒忌側重於愛，而拉里的妒忌側重於性。這是否能代表一般的男女妒忌之別？

　　David Buss、Randy Larsen、Drew Westen 和 Jennifer Semmelroth 以實驗的形式探討男女嫉妒的差異。[27] 實驗邀請了 202 位參與者，他們被要求想像自己在一段認真的愛情關係中（現今的、過去的或是想像的），如果發生以下兩種場景，哪一種會令自己感到比較難受？

27　D. M. Buss, R. J. Larsen, D. Westen, and J. Semmelroth, "Sex Differences in Jealousy: Evolution, Physiology, and Psychology," *Psychological Science* 3, no. 4 (1992): 252.

場景一： 發現自己的伴侶與另一個人有深入的情感交流。

場景二： 發現自己的伴侶與另一個人發生激烈的性行為。

　　研究結果發現，83% 女性表示場景一較難接受，而60% 男性則表示場景二較難接受。除了問卷調查，研究還量度參與者一些與妒忌相連的身體反應，例如皮膚出汗的情形（EDA）、脈搏跳動的頻率（pulse rate）和緊鎖眉頭的程度（brow EMG）。結果顯示，女性想像性不忠的場景而錄得緊鎖眉頭的平均值為3.03，而想像情感不忠的場景卻錄得8.12。相反，男性想像情感不忠的場景時緊鎖眉頭的平均值只錄得1.16，而想像性不忠的場景卻錄得6.75。由此可見，相對於伴侶與其他人有性的接觸，伴侶與其他人有深入的情感交流會激起女性更強烈的妒忌，這種妒忌可稱為情感嫉妒（emotional jealousy）。相反，男性因伴侶性不忠而產生的妒忌遠遠比女性強烈，這種妒忌可稱為性嫉妒（sexual jealousy）。由於男女妒忌的誘發點不同，因此它們所呈現的認知和視象化需要也不同。這種男女差異在《誘心人》的兩段對話中表現得淋漓盡致。男性的關注點是性接觸，所以男性會想知道有關伴侶出軌的性資訊，會追問二人性愛的細節，而想像的畫面也會傾向與性有關。相對而言，女性更多關注情感的交流，所以女性會不停尋找伴侶愛上第三者的證據，會追問伴侶如何、什麼時候愛上她，而想像的畫面也傾向關於情感的浪漫細節。

2——演化心理學的分析

　　要理解何以女性特別關心伴侶是否與別人作深入的情感交流，以及何以男性特別關心伴侶是否與別人發生性行為，我們需要從演化論談起。演化論認為物種並非固定不變，而是會隨著環境帶來的生存或繁殖壓力而改變的，例如爬蟲類由兩棲類演化而來，哺乳類

由爬蟲類演化而來等。達爾文提出的「自然選擇」或由赫伯特·斯賓塞（Herbert Spencer）提出的「適者生存」（survival of the fittest）則嘗試解釋物種如何演變。達爾文在《物種起源》中將「自然選擇」界定如下：

> 由於這種鬥爭，不管怎樣輕微的、也不管由於什麼原因所發生的變異，只要在一個物種的一些個體同其他生物的、以及同生活的物理條件的無限複雜關係中多少有利於它們，這些變異就會使這樣的個體保存下來，並且會遺傳給後代。後代也因此而有了較好的生存機會，因為任何物種按時產生的許多個體，其中只有少數能夠生存。我把每一個有用的微小變異被保存下來的這一原理稱為自然選擇。[28]

圖4.6 《物種起源》

　　簡而言之，在有限的資源下，那些能提升我們生存和繁殖機率的遺傳特質將在演化的過程中被保留下來，而那些降低我們生存和繁殖機率的遺傳特質將會被淘汰。例如，脖子較長的長頸鹿相對於脖子較短的能吃到更多高樹上的葉子，前者的生存和繁殖機會也就較多，長脖子給予了牠們演化上的優勢，於是長脖子這種特質便在該物種中被保留下來，而短脖子則被淘汰（假設脖子的長短能遺傳到下一代）。依此想法作出逆向工程學（reverse engineering）的反思則可推論出，但凡出現在現存生物的種種特質，很有可能曾經為該生物的祖先帶來演化上的優勢，它們才得以保存至今，也就是說，只要

28　達爾文著，周建人、葉篤莊、方宗熙譯：《物種起源——第一分冊》（北京：三聯書店，1955），頁78。

我們能理解該特質如何幫助物種解決它所面對的演化難題，就能明白該特質今天為什麼以某一形態出現。

　　建基於演化論，演化心理學家認為人的心理反應（包括情緒）都是演化的產品。我們之所以在特定情況下會產生某種情緒，是因為這種情緒能幫助我們提高生存和繁殖的機率，在不同的演化壓力下，我們會演化出不同的情緒作回應（關於情緒的演化功能，我們會在第五章作更詳細的分析）。例如，當我的伴侶關注第三者而不關注我時，我的妒忌會逼使我想辦法去解決這困局。我或許會去傷害這第三者，或許會對我的伴侶加倍愛護以贏回她/他的關注，這些由妒忌衍生的行為是透過改善我與伴侶的關係，務求保障我的繁殖機會。那麼，男女妒忌所衍生的不同行為和關注點，又是對應著怎樣的不同的演化難題而演化出來的呢？

　　對男性而言，如果伴侶與他人發生了性行為，他將無從得知伴侶所生的子女是否真的是自己的子女，那麼他投資在這子女身上的資源，包括求偶付出的金錢和時間、交配時所冒的風險（疾病或受到同性襲擊）、養育子女的心血和金錢等將可能白費。因此，男性的妒忌以性為關注點，他竭力發掘伴侶跟別人的性行為的細節，為要確保自己不致於花盡心機養育不帶有自己的基因的子女。相反，對於女性而言，由於懷孕的是自己，故此她們不用擔心子女是否屬於自己。反之，女性最擔心的是養育子女的資源不足。女性孕育一個子女所付出的資源比男性要多得多。這裏的資源包括產前和產後兩方面：嬰兒出生前，女性須要用一個月的時間來製造一顆卵子，而男性一天便能製造上億的精子；受孕後，女性須要懷胎十月，負責供應胎兒所需的營養和保護胎兒的安全；在分娩時，女性須要承受極大的痛苦，以及背負極大的健康風險。到了嬰兒誕生後，女性在身體還未復原的狀態下，便要開始餵哺母乳、照顧嬰兒等工作。再者，由於人類社會中照顧子女的責任多數落在母親身上，因此教育

和看顧幼童的負擔也多數由女性承擔。在這龐大的資源要求下，女性極需要伴侶的幫助，如果伴侶與別人有了深入的情感交流，他將會花大量的資源、時間和注意力在另一個人身上，而自己得到的資源和關注相對地會變少。因此，女性的妒忌以情感交流為關注點，她竭力發掘伴侶與第三者的情感交流的細節，為要確保自己的伴侶不會因他人而放棄對自己和自己的子女的關懷和照顧。

　　針對上述演化心理學的假設，Hill 及 Delpriore 透過實驗研究男女的妒忌與繁殖的關係。實驗對象為121名大學生，他們被隨機分派到不同場景：一半的參加者寫出一次在愛情關係上經歷嫉妒的體驗，而另一半人則寫出一次在重要考試中取得失敗的回憶。這個寫作活動的目的是為了引發參加者的嫉妒或其他負面情緒。最後，他們會填寫一份有關生育小孩的問卷。結果顯示，被誘發妒忌的參加者比其他人表示較不渴望生育小孩。在第二部分，108名參加者被隨機分派至引發嫉妒或其他負面情緒的寫作活動。隨後，他們需要為以下的場景作出評分：「請想像你已經結婚。你與你的配偶最近發現你們將會擁有第一個孩子。請指出你收到這個消息後的快樂程度。」[29] 結果顯示，嫉妒的參加者比其他人對懷孕的消息表示較低程度的喜悅。在第三部分，參加者需要想像自己處於已婚的狀態，並將會有第一個孩子。在這個場景下，參加者會收到一份清單，標示著22項照顧小孩的活動，例如與小孩玩耍、替小孩洗澡或為照料生病的孩子而在公事或學習上請假等，他們需要回答自己將投放於每項活動的時間。這項實驗的結果呈現出男女的差異：感到妒忌的男性比感受其他負面情緒的男性，願意投放較少的時間照顧孩子；而

29　Hill and D. J. Delpriore, "(Not) Bringing Up Baby: The Effects of Jealousy on the Desire to Have and Invest in Children," *Personality and Social Psychology Bulletin* 39, no. 2 (2013): 5.

妒忌的女性與感受其他負面情緒的女性，在願意投放在照顧孩子的時間上則沒有分別。由此可見，男女的妒忌皆與其生育有密切關係，而男性的妒忌會使他們較不願意投入資源照顧子女，乃因為男性不像女性般可以百分百確定子女屬於自己。

總括而言，演化心理學認為男女妒忌之所以會有不同的行為傾向，是因為男女面對不同的演化問題。威脅男性的子孫數量的主因在於難以確定子女是否帶有自己的基因，而威脅女性的子孫數量的主因在於得不到伴侶資源上的協助，因此前者演化出以性為重心的妒忌，後者則演化出以情感交流為重心的妒忌。當然，我們不是指男性不會有情感妒忌而女性不會有性妒忌，事實上這兩者有其內在聯繫：當伴侶與第三者發生性關係時，有理由相信他們亦有情感上的親密關係，而當伴侶與第三者有深入的情感交流時，亦有理由相信他們有可能會有性關係。因此，當我們說男女的妒忌不同時，並不是指存在兩種不同種類的妒忌，而是指同一種妒忌在兩性身上呈現出不同的側重面。

3—妒忌在現代社會的演化

誠然，演化心理學對於男女妒忌之所以不同的解釋有相當大的限制。在適者生存的機制下，有利於生存與繁殖的情緒反應在我們祖先的基因中保留下來，遺傳到我們身上。由於男女面對不同的演化挑戰，所以演化出不同的情緒反應。然而，基因不是決定我們的情緒反應的唯一因素，後天的環境影響亦起著重要的作用。即使女性天生比較關注伴侶與他人的情感交流，假如她多次被拋棄都是因為伴侶與他人發生了性關係，她的性妒忌自然會比情感妒忌更強烈。除了個人經歷，我們所受的教育、文化中的價值觀、所處的社會條件，亦會構成新的演化壓力。當現今的男女面對著跟祖先們不同的演化挑戰時，男女的妒忌也會因此而改變。在這一節，我們會

探討幾種現代社會獨有的現象，包括網上性愛、一夜情與男女經濟能力日漸相若等，看看男女的妒忌會有怎樣的相應改變。

如果男性的性妒忌是出於害怕子女不屬於自己，那麼，當伴侶與他人進行了絕不可能有懷孕機會的性行為時，理論上他的妒忌應該會相對較弱，而由於女性沒有確認子女是否屬於自己的問題，因此伴侶與第三者的性行為是否有懷孕的機會理應對她的妒忌沒有影響。這裏的性行為不是指採用了避孕措施，因為任何避孕措施都有失敗的風險，而我們亦無法肯定伴侶是否真的有採用。這裏指的是不存在於古代社會，卻在當今互聯網的世代變得普遍的網上性愛（cybersex）。為了測試我們對於網上性出軌和現實性出軌所產生的妒忌是否存有差異，Guadagno 和 Sagarin 進行了與 Buss 等人類似的實驗。[30] 實驗邀請了332位參與者，他們需要想像自己在一段認真的愛情關係中，而伴侶對一個只在網上接觸的人深感興趣。參與者被問及如果發生以下兩種場景，哪個會比較難受：

場景一： 發現自己的伴侶與這個網上結識的人有深入的情感交流。

場景二： 發現自己的伴侶享受與這個網上結識的人發生激烈的網上性行為。

與 Buss 等人的實驗結果作比較，女性參與者對於伴侶與網上結識的人有深入的情感交流依然比伴侶的網上性出軌更感到妒忌，但男性參與者對於兩個場景所產生的妒忌卻沒有明顯的差異，亦即是說，他們並不認為伴侶與他人在網上進行性行為比情感交流更難受。而且，相對於想像伴侶在真實生活中性出軌而感到妒忌的男性（34%），想像伴侶在網上性出軌而感到妒忌的男性（21%）明顯要少得多。由此可見男性的妒忌的確受著「子女確認」這演化難題影響，

30　Rosanna E. Guadagno and Brad J. Sagarin, "Sex Differences in Jealousy: An Evolutionary Perspective on Online Infidelity," *Journal of Applied Social Psychology* 40, no. 10 (2010): 2636.

當這難題不再存在時，男性的妒忌亦會因此減弱。

另一方面，女性的妒忌源於害怕伴侶因為愛上他人而減少對自己的資源投入，由於伴侶與第三者發生性行為時可能會因而愛上第三者，因此，女性對於伴侶的性出軌亦會感到妒忌（雖然相對於直接的情感出軌較弱）。那麼，如果伴侶與他人進行不太可能有情感交流的性行為，相對於有情感交流的性出軌，理論上女性感到的妒忌應該會比較弱，而由於男性重視的是伴侶有沒有與別人發生性關係這件事本身，因此他感到的妒忌應該沒有顯著的分別。為了驗證這個推測，Alves De Souza、Michele Verderane、Juliana Taira 和 Emma Otta曾研究「一夜情」（one night stand）與嫉妒之間的關係。[31] 實驗邀請了140名異性戀的參加者（68名男性、72名女性），跟 Buss 等人的實驗相似，參加者需要想像自己正處於戀愛階段，並遇上以下兩種情況，讓參加者選擇較難接受的場景：

場景一：	發現自己的伴侶與工作上的同事發展了深厚的友誼，二人相處的時間大增。你知道他們沒有發生性行為，但他們有著很多共同的興趣，你懷疑他們相愛。
場景二：	發現自己的伴侶在外地公幹的時候與別人發生了只限一夜的性行為，而伴侶仍是最愛自己。

與 Buss 等人的實驗結果作比較，發現男性與女性對於伴侶與別人進行一夜情所產生的妒忌都比一般的性出軌要低，而女性的兩種妒忌的程度差異（34%→21%）比男性的（62%→54%）要大。由此可見，女性的妒忌比男性的更受著「依賴伴侶提供資源」這演化難題所影響，當性出軌不帶有情感交流，失去伴侶的長期關注的風險小了，妒忌也就相應地減弱。

---

31 Altay Alves Lino de Souza, Michele Pereira Verderane, Juliana Tieme Taira, and Emma Otta, "Emotional and Sexual Jealousy As a Function of Sex and Sexual Orientation in a Brazilian Sample," *Psychological Reports* 98, no. 2 (2006): 531.

最後，如果女性的情感妒忌源於害怕伴侶不願投入資源孕育子女，那麼當女性對男性的資源依賴減少，理論上她的妒忌也會因此而減少。在現今的發達社會，如香港、日本、美國等，女性的工作機會大增，經濟能力獨立，男女收入不再有顯著的差別。當女性變得富裕且有能力獨自供養兒女時，伴侶的資源投入相對地變得沒那麼重要，女性的嫉妒會隨之而改變嗎？Anne Campbell、Steven Muncer 和 Daniel Bibel 引用 Schuster 於 1985 年進行的一項有關贊比亞女性競爭的研究，探討資源與女性嫉妒的關係。[32] 結果顯示，贊比亞在殖民時代前，當地女性能在土地耕作，她們負責生產，亦擁有較豐富的私人財產，而女性間的鬥爭亦相對地少，就算有也不像男性般直接表達為侵略行為，例如毆鬥和廝殺等，反而是美化自己的外觀，從中奪取男性的目光與關注，又或是使用一些間接的手段來抹黑或玷污敵人的名聲。可是在殖民時期，女性在經濟上愈來愈依賴男性，這時期女性間的侵略行為亦開始增多。1998 年，Campbell 等人在美國進行了類似的調查。他們發現，女性之間的侵略行為與社會的資源短缺有著緊密的關聯，例如，當女性就業率下降和對家庭的兒童補助（Aid to Families with Dependent Children, AFDC）減少時，女性之間出現的罪案，例如傷人、殺人等均有明顯的上升趨勢，而犯人以單身、低教育水平和失業的黑人女性居多，其中妒忌是很普遍的犯案動機。這些數據從側面證明了女性的妒忌跟其所擁有的資源的多寡有密切關係。

32　Anne Campbell, Steven Muncer and Daniel Bibel, "Women and Crime: An Evolutionary Approach," *Aggression and Violent Behavior* 6, no. 5 (2001): 488.

小 結

　　妒忌作為一種複合情緒，由不同的基本情緒構成，而這些情緒又由不同的價值判斷構成。因此要理解妒忌，我們必須要由其認知結構入手，抽絲剝繭地分析當中不同的判斷和信念。單純將妒忌視為一種不自主的身體反應，將無法理解妒忌背後錯綜複雜的心理因素。妒忌的複雜性反映了認知情緒論高度的理論效力，但其自毀的行為傾向，以至於男女妒忌所表現出的不同的認知和視象化需要，卻無法為認知情緒論所解釋。似乎妒忌在悠長的人類歷史中，演化出一些深藏在我們身體的特質，驅使我們去做一些看似違反理性的行為。在下一章，我們將以恐懼作為例子，進一步探索認知情緒論的問題，並開始探索情緒中與理性相對的身體性的一面。

第五章　毛骨悚然

蕭伯納：「在這世界上，誰怕危險就到處有危險。」[1]

富蘭克林‧羅斯福：「我們唯一需要害怕的是害怕本身——沒有名字、沒有道理、不合理的恐懼，它將癱瘓人們由撤退轉換為前進所需的氣力。」[2]

引　言

2001年9月11日早上8點44分，美國航空11號班機空中服務員 Amy Sweeney 向紐約的航空指揮中心打了一通緊急電話，她說：「有些事情不對勁。我們在急遽下降中……情況一片混亂。」[3]指揮員請求她望向窗外以確定位置，她回答說：「我們在低處飛行。我們飛得非常非常低。我們飛得太低了。我的天呀，我們太低了。」8點46

1　蕭伯納著，姚克譯：《魔鬼的門徒》(上海：文化生活，2012)，頁52。

2　富蘭克林‧羅斯福：美國總統選舉第一次就職演說 (1932)。

3　Philip Sherwell, "9/11: Voices from the Doomed Planes," *The Telegraph* (Sep. 10, 2011), http://www.telegraph.co.uk/news/worldnews/september-11-attacks/8754395/911-Voices-from-the-doomed-planes.html.

分，Sweeney身處的767巨型客機衝向了紐約世界貿易中心的北座大樓。9點03分，另一架客機衝進了南座大樓，身在83樓的Melissa Doi打通了緊急求救電話，她說：「還沒有任何人趕到，整層已完全被火吞沒。我們在這層，我們呼吸不了。真的非常非常非常熱。」她對接線員說：「我可以跟你保持通話嗎？拜託。我感覺我快要死了。」[4]還未等到救援，她已葬身於火海。試想像一下，你身處在該飛機或世貿中心之中，眼見死亡跟自己只有一步之遙，那種鋪天蓋地的恐懼是怎樣的一回事？在那一刻，你能理性地分析眼前的危機嗎？是因為你判斷自己的性命危在旦夕，因此你感到害怕嗎？抑或是，你根本什麼都思考不了，只能呆在原地瑟縮顫抖？假使你心存希望，相信自己能幸免於難，你的樂觀能遏止你那顫動不已的雙手、舒緩你那幾近窒息的感覺嗎？

認知情緒論指出情緒當中必然涉及判斷，恐懼的典型判斷包括：「X是危險的」，或「X正在威脅我或我所重視之物」。當你判斷飛機快要撞向大廈、自己絕難存活時，你會感到害怕。如果你判斷飛機只是暫時失靈、很快會回復正常時，你的恐懼便會消失。在上一章，我們已看到單憑判斷無法解釋妒忌的自毀傾向和男女妒忌的差異。在這一章，我們將以恐懼為主題，對認知情緒論作兩方面的批評。第一，當我判斷一件東西對我構成危險時，我是否必然會感到害怕？第二，如果我未能對一件東西作判斷（沒有足夠時間或是我失去了作判斷的能力），或是我判斷它（例如一段驚嚇的音樂）對我是安全的時候，我是否必然不會感到恐懼？當代認知心理學和神經科學就人的恐懼的研究表示，兩個問題的答案都是否定的，也就是

4　Margot Adler, "After a Court Battle, More Sept. 11 Tapes Released," National Public Radio (Aug. 16, 2006), http://www.npr.org/templates/story/story.php?storyId=5658950.

說，判斷自己身陷危險既不是害怕的充分條件，也不是害怕的必要條件。最後，我會介紹達爾文關於情緒表達的研究，解釋為什麼人類會演化出不需經過思考便產生的恐懼之情，作為對認知情緒論最重要的反駁。

第一節　處變不驚

1——假如你沒有身體

認知情緒論認為作出「危險！」的判斷是恐懼出現的充分條件（sufficient condition），要引起恐懼，只需要作出「危險！」的判斷便足夠，不需要其他元素。那麼，如果電腦能作出「危險！」的判斷，電腦能感到恐懼嗎？很多從前我們認為只有人類才能做到的事，今天電腦也能做得到。電腦能作曲、寫詩、創作笑話，世界國際象棋冠軍也贏不了最新的電腦程式，論數學運算的速度，人類更是望塵莫及。當電腦面對威脅時，要作出「危險！」的判斷恐怕是輕而易舉的事。最簡單的例子莫過於電腦中的防毒軟件，當你在瀏覽可疑的網站時，它便會三不五時跳出刺眼的紅色危險訊號，勸喻你盡快離開，在面對過於「兇狠」的病毒時，甚至會強行自動關機。然而，我們卻很難接受能判斷「危險！」的電腦能感到恐懼，似乎電腦欠缺了一些使得恐懼產生的重要元素。

近代心理學之父威廉‧詹姆士（William James）認為這重要元素正是我們的身體，他提出了一個思想實驗去證明這個想法。設想一條毒蛇突然出現在你面前，你身處一個小房間，獨自一人，沒有任何工具或武器在手，你看到那毒蛇的頭呈三角形，身軀佈滿著鮮紅色的鱗片，牠正慢慢地向你走近。這時候，你感到極度恐懼。然後，你想像你身體的反應逐一消失：心跳不再加速、血壓下降到正

常水平、瞳孔不再放大、繃緊的肌肉慢慢放鬆、拳頭不再握緊、沒有流汗、冰涼的手變暖等。當所有與恐懼相關的身體反應全都取走以後，即使你依然判斷那條蛇在威脅你的性命，你還感到恐懼嗎？詹姆士認為，缺乏身體反應，一個冷冰冰的判斷「危險！」，並不足以構成恐懼。[5]

　　儘管詹姆士的想法很符合我們的直覺，但思想實驗畢竟並非真正的經驗科學。為了驗證詹姆士的想法，美國心理學家Walter B. Cannon曾嘗試將貓的脊髓（spinal cord）和迷走神經（vagus nerve）橫向切去，使牠們的大腦無法接收到關於身體肌肉、內臟以及內分泌的任何訊息；然而，由於牠們大腦的認知系統沒有受到破壞，牠們依然能作出「危險！」這樣的簡單判斷。[6]如果詹姆士是對的話，這群能作判斷但被剝奪身體反應的貓應該不能夠感受到任何情緒。可是，Cannon發現事實並非如此。他指，面對狗的吠叫，即使是交感神經被切除的貓，仍會呈現憤怒的所有特徵（除了毛髮豎立），例如發出嘶嘶聲和嘎吱聲、耳朵回縮、露出牙齒和爪子。既然能作判斷的動物被奪走了身體反應後仍有情緒反應，所以詹姆士的主張不可能是對的。神經科學家Antonio Damasio指出Cannon的實驗並不能推翻詹姆士的理論，因為Cannon沒有完全取走貓的脊髓，餘下的脊髓頂端部分仍能接收構成呼吸、消化和發聲系統的器官，包括面部、顴骨、口腔、舌、咽和喉等的訊息，而貓的情緒可能正是由這些僅餘的面部表情所引起。[7]我們一般認為情緒會改變我們的面部表情：我

5　William James, "What is an Emotion?," *Mind* 9, no. 34 (April 1884): 190–191.

6　Walter B. Cannon, "The James-Lange Theory of Emotions: A Critical Examination and an Alternative Theory," *The American Journal of Psychology* 100, nos. 3/4 (1987): 570.

7　Antonio R. Damasio, "Feeling Feelings," in *The Feeling of What Happens: Body and Emotion in the Making of Consciousness* (New York: Harcourt Brace, 1999), 291.

們快樂所以笑、傷心所以哭；Strack和Stepper的實驗卻指出，面部表情可以反過來影響我們的情緒。[8]既然Cannon的實驗未能去除貓的面部表情，因此，即使實驗中的貓能表現出情緒，也不能推翻詹姆士「沒有身體就沒有情緒」的想法。

Damasio指出，要驗證詹姆士的想法，可以觀察閉鎖綜合症 (locked-in syndrome) 患者的情緒反應。[9]閉鎖綜合症源於部分腦幹 (brainstem) 如腦橋 (pons) 或中腦 (midbrain) 的前方受到破壞，患者無法控制身體的隨意肌，失去了移動、顯現面部表情和說話的能力，陷於全身癱瘓的狀態。可是，有別於昏迷人士和植物人，閉鎖綜合症的病人擁有清醒的意識和完整的認知功能，他們清楚自己的身體狀況，能對自身的狀況作出判斷，只是極難與別人交流而已。前法國時尚雜誌 *Elle* 總編輯鮑比在44歲時突然腦幹中風，全身只餘下左眼眼皮的肌肉有活動能力。他在友人的協助下，用眨眼睛的方式，一個一個字母地寫成了《潛水鐘與蝴蝶》(*The Diving Bell and the Butterfly*) 一書，講述他陷於閉鎖綜合症的感受。鮑比感到自己猶如被困在牢不可破的潛水鐘內，自己的心靈卻如蝴蝶般翩翩起舞，每天也渴望飛到外面自由的世界。他說：「當我困頓如繭的處境，比較不會壓迫得我透不過氣來，我的心就能像蝴蝶一樣四處飄飛。有好多事情要做。我可以在空間、時間裏翱翔，到南美洲最南端的火地島去，或是到

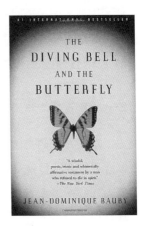

圖5.1 《潛水鐘與蝴蝶》

8　見本書第二章第三節「沒有憤怒＝沒有衝突？」小節，頁59–60。

9　Damasio, "Feeling Feelings," 292.

神話中的米達斯國王的皇宮去。」[10]然而，在可怕的現實中，「要是能把不斷流進我嘴巴裏的口水順利嚥下去，我就會是全世界最快樂的人。」[11]明明知道答案，他卻還是在書的最尾追問：「在宇宙中，是否有一把鑰匙可以解開我的潛水鐘？有沒有一列沒有終點的地下鐵？哪一種強勢貨幣可以讓我買回自由？」[12]出書後第二天，鮑比便去世了。令人驚訝的是，鮑比在書中沒有表現出絕望或恐懼，反而能以更細膩的心看待身邊的事，他對年老力衰的父親感同身受，也感覺到女兒西莉絲特每天晚上為他作的禱告。觀察不同的閉鎖綜合症患者，Damasio發現他們普遍沒有預期般感到極度的痛苦和混亂，他們「甚至感受到前所未有的異常的平靜，而這對於他們的人生更可能是全新的體驗」。[13]其中一個可能的解釋是，失去了身體反應的患者所能感受到的情緒的強度比一般人低得多，因此即使他們身處如極端可怕的處境中，他們所表現出來的難過和恐懼的強度也遠比一般人低。因此，閉鎖綜合症提供了重要的證據，間接支持著詹姆士的想法，證明人的身體與其情緒有密不可分的關係，一旦失去了身體，即使我們對情緒對象的判斷不變，我們的情緒也會隨之而去。

2——無所畏懼的戰士

即使在我們身體健全的情況下，作出「危險！」的判斷也不一定會感到恐懼，長期受著特殊軍事訓練的戰士便是最好的例子。古希臘時代的斯巴達人以兇悍聞名於世，其戰士無畏無懼，曾於溫泉關戰役以三百精兵奮力抵抗十多萬波斯大軍長達三天。歷史學家認

10　尚－多明尼克・鮑比著，邱瑞鑾譯：《潛水鐘與蝴蝶》（臺北：大塊文化，1997），頁4–5。

11　同上註，頁12。

12　同上註，頁127。

13　Damasio, "Feeling Feelings," 292.

為，斯巴達戰士的勇悍跟他們所受的讓身體和精神承受高度痛苦的訓練有莫大關係。斯巴達人會將剛出生的嬰兒放進烈酒裏沐浴，只有忍受得了痛楚的嬰兒才能生存下去。經過了酒沐浴的嬰兒會被一群父輩檢查，看看其四肢的靈活程度及體型的比例。如果發現嬰兒不具備戰士的體質，便會將其棄屍荒野。兒童成長至7歲，便要加入一個以訓練他們成為優秀戰士的教育制度（Agoge）。他們須離開家庭，生活在兵營中，接受作戰、打獵和各種體能訓練。到12歲時，所有人的衣服都會被沒收，每年每人會獲分發一件紅袍，不管炎夏或寒冬都只有這一件衣服。他們自此在野外睡覺，以蘆葦為床，以天地為被。他們每天分配到的食物少之又少，使他們長期處於飢餓的狀態。長官會鼓勵青年互相偷食物，同時又會追捕偷竊者，被捕者會被體罰，罪名不是偷竊，而是沒成功逃脱。Plutarch 曾記述了斯巴達流傳的一個故事：話説一個男孩在村莊中偷了一隻活生生的狐狸，當他看到長官四處尋找偷狐狸的人時，他趕緊將狐狸收在自己的長袍內，長官盤問他是否偷了狐狸，他矢口否認，在他懷中的狐狸拚命掙扎，甚至用尖牙和利爪撕開了他的肚。男孩卻始終不發一言，不露出半點痛苦的神色，直到死他也不承認自己偷了狐狸，族人們都歌頌他的勇氣。[14] 另外，斯巴達每年也會舉辦一個名為 Diamastigosis 的祭典。[15]

在祭典上，祭司會將一堆芝士放在祭壇上，由配備皮鞭的成年

14　Plutarch, "The Life of Lycurgus," in *The Parallel Lives*, Vol. 1 (Cambridge, MA: Harvard University Press, 1914), 263.

15　Michael Lipka, "Appendix II: The Seizure of Cheese from the Altar of Orthia in Xenophon and the 'Diamastigosis' of the Later Sources," in *Xenophon's Spartan Constitution: Introduction, Text, Commentary* (Berlin: Walter de Gruyter, 2002), 255–257.

圖5.2　斯巴達人的Diamastigosis祭典

人看守，青年人則要嘗試奪取芝士，並忍受皮鞭的抽打（圖5.2）。[16]
這儀式的用意是考驗他們的勇氣及承受痛楚的能力。如果青年在被
鞭打的過程中表露出痛苦的樣子，將被整個民族所恥笑。如果他能
默默地忍受，即使最後被鞭打至死，他還是會被視為英雄，受所有
人的敬佩。在如此不人道的訓練下，斯巴達的戰士慣於承受高度的
痛楚，他們面對危險而不畏懼，不是因為他們不知道危險為何物（這
樣絕不可能成為出色的戰士），而是因為他們雖然知道痛楚會伴隨危
險而來，但痛楚對他們來說只是家常便飯，不值一哂。

　　現代軍事專家憑著對人類身體和心理結構的最新研究，建立了
更嚴謹的科學系統來訓練無畏無懼的軍隊。1962年，美國正式成立
了一支海軍三棲特戰隊（又名「海豹部隊」），號稱是地球最強的軍事
部隊。海豹部隊（SEALs）中的SE代表海（Sea），A代表空（Air），L代
表陸地（Land）；顧名思義，這是專門培訓駕馭海陸空的精英。海豹
部隊主要負責非常規戰爭，例如越南戰爭、阿富汗戰爭及伊拉克戰

16　見：https://commons.wikimedia.org/wiki/File:Diamastigosis_Spartan_facts_6.
jpg。

爭等。他們更會進行一些秘密行動，例如海豹部隊曾於2011年成功擊斃蓋達組織首腦賓·拉登。

有鑑於戰場上的犯錯往往由恐懼所導致，海豹部隊聘請了神經科學家Bahmanyar和Osman研究讓士兵變得勇敢且無懼的方法。他們發現了支撐戰士心靈的四大支柱：[17] 第一，建立目標（setting goals）。士兵需要一個明確的目標，即使有時候只是短期目標，也能讓士兵克服恐懼和痛苦。例如，在吃早餐的時候，士兵會將咬碎食物視為一個短期目標，並努力完成，透過提高士兵對當下的專注，阻隔了士兵對餐後地獄式訓練的恐懼和憂心。第二，自我鼓勵（positive self-talk）。研究顯示，人一分鐘會跟自己說800至1,600個（英文）字詞。當人處於逆境時，不斷地對自己說負面的話，會令負面情緒愈益惡化。有見及此，軍隊要求海豹部隊的士兵遇上危險時，對自己不停地說正面的話，例如：「艱難的日子不會長存，堅強的人才會」（Tough times don't last, tough men do），又或是「痛苦是離開身體的弱點」（Pain is weakness leaving the body），鼓勵自己以正面的態度面對恐懼。第三，控制身體反應（arousal control）。當人感到恐懼時，體內的荷爾蒙如皮質醇（cortisol）和腎上腺素（adrenaline）的水平會上升，使身體進入亢奮的狀態，繼而出現如瞳孔放大、顫抖和手心出汗等反應。海豹部隊的士兵透過克制這些反應的出現來抑制恐懼，其中最有效的為4×4呼吸技巧，意即要求士兵用4秒吸氣，再用4秒呼氣。這個呼吸法與放鬆法（relaxation）近似，深長的吸氣為身體帶來更多的氧氣，深長的呼氣則讓身體放鬆，減少身體因恐懼而出現妨礙作戰的動作。

最後，同時也是最重要的一點：士兵需要接受恐懼的視象化訓練（mental visualization）。恐懼的一個重要成因為對象的不可預測

17　Mir Bahmanyar, *SEALs: The US Navy's Elite Fighting Force* (Oxford: Osprey, 2008).

性，士兵被要求不停在心理上幻想或親身體驗危機出現的場景，讓
士兵多次經歷恐懼，從而習慣危險的發生。當真實的危機降臨時，
士兵有了一定的心理準備，恐懼感便會減少。例如，其中一個訓練
要求士兵穿上裝備，以黑袋裹頭，目不能視物。當黑袋被拿走，士
兵面前會出現不同的場景，而他們則需要即時作出合適的反應：如
果看見恐怖份子向自己舉著槍，士兵便要馬上攻擊；如果恐怖份子
高舉雙手示意投降，便要立即將其制伏；如果只是遇上一個迷路的
的途人，便要為其指引方向。除此以外，海豹部隊還有一個極其嚴
格的海底訓練，幫助士兵克服對缺氧的恐懼。[18]長官命令士兵配戴不
同的氧氣瓶潛入水底，其後長官在水中破壞其氧氣瓶，例如在運輸
氧氣的膠管上打結等，要求士兵在水中將它修理好。當士兵進行修
理之時，長官會不停作出干擾，如取走其潛水鏡或口罩等。士兵需
在缺氧的情況下，冷靜地面對畏懼，專注解決眼前的危機。憑著建
立目標、自我鼓勵、控制身體反應和視象化訓練這四大支柱，海豹
部隊在危險的戰場上無畏無懼，無往而不利。

　　Thomas McMillan 與 S. J. Rachman 以實驗的形式研究士兵的恐懼
與其面對危險的頻率的關係。[19]研究的對象是34名曾參與福克蘭群
島戰爭的傘兵，他們皆接受過嚴格且具侵略性的尖子訓練，由於他
們在戰役上經常與死神搏鬥，受傷機會率甚高，故此在訓練的後段
會不停加插危險的項目，例如跳降落傘和生存遊戲等，讓他們習慣
危機和受壓的場景。為了與傘兵的情況比較，研究也採用了拆彈專
員的資料作分析。拆彈專員的訓練較不具侵略性，而且他們也清楚

18　K. J. Green, "Navy SEALs Mental Training," YouTube video, 16:22, Feb. 15, 2012, https://www.youtube.com/watch?v=Ju4FojRkEKU.

19　T. M. Mcmillan and S. J. Rachman, "Fearlessness and Courage: A Laboratory Study of Paratrooper Veterans of the Falklands War," *British Journal of Psychology* 78, no. 3 (1987): 376–377.

知道自己只需要完成最多兩次為期4個月的任務，所以危險性和受傷機會也不大。開始實驗前，參加者需要填寫一份自我壓力評估問卷。在實驗第一階段，參加者戴上耳機，而耳機會隨機播放出400 Hz和600 Hz的音頻，每一組播放6次，每次為時1秒。在第二階段中，參加者的左手中指會接駁至電源，當音頻播出6秒後便會通電，電流的強度預設為不舒服、不快和接近痛楚，一共進行6次，是為「不可預防的電擊」。在第三階段中，參加者需要判辨不同的音頻，以防止受到電擊，音頻由最初的400 Hz和600 Hz慢慢縮減至590 Hz和600 Hz，意即要成功判別不同的音頻的難度愈來愈大，此為「可預防的電擊」。結果發現，相對於拆彈專員，傘兵在實驗前的壓力評估、接受不可預防的電擊，以及在第三階段後期難以分辨不同音頻以防止電擊時，其心跳的頻率也較低，顯示出他們感到較低程度的恐懼。由此可見，經常暴露於危險的傘兵較能克服恐懼。有趣地，士兵在抑制恐懼的同時，並非不知道所面對的局面的危險性。Rachman曾量度21名傘兵從飛機上跳降落傘時的恐懼，並訪問他們對過程的危險性的判斷。結果發現，傘兵的恐懼與任務的危險度並沒有關聯。亦即是說，即使傘兵視一項任務為極其危險，也不會提高其恐懼的感覺。[20]

認知情緒論認為判斷一件事物為危險會使我們感到恐懼，可是，從缺乏身體的電腦到全身癱瘓的閉鎖綜合症患者，從斯巴達戰士到現代海豹部隊和傘兵皆可見，即使一個人作出了「危險！」的判斷，他也不一定會感到恐懼。由此證明，「危險！」判斷不是恐懼出現的充分條件。

20　同上註，頁377–383。

第二節　不經思考的恐懼

　　如果作出「危險！」的判斷不一定會帶來恐懼，那麼沒有作出「危險！」的判斷又是否一定不會感到恐懼呢？有一次，達爾文在動物園看到一條蛇，他跟自己說：「即使這條毒蛇隔著一層玻璃打我，它也決不會逃出來傷害我，我決不會後退。」[21] 於是，他將自己的臉貼近玻璃，近距離觀察那條蛇的身體，突然，那條蛇向達爾文的臉衝過去，他嚇得整個人跳起來。達爾文反思，他明明知道自己沒有危險，仍無法控制自己的恐懼。他慨嘆說：「我的意志和理性，對於未曾經歷的危險的想像，實在毫無抵抗力。」[22] 跟認知情緒論的主張相反，似乎有時候我們不用判斷自己處於危險的處境，我們還是會感到恐懼。在這一節，我們將會看到，在我們還未來得及作出「危險！」判斷前，在我們沒有能力作出「危險！」判斷時，甚至當我們判斷自己是安全的時候，恐懼還是可以出現；亦即是說，「危險！」判斷不是恐懼出現的必要條件。

1──來不及作判斷時

　　心理學家李察・拉扎魯斯（Richard Lazarus）和羅拔・札瓊克（Robert B. Zajonc）就判斷與情緒的關係曾作出著名的辯論（Lazarus-Zajonc debate）。如同認知情緒論所說，拉扎魯斯指出認知是情緒不可或缺的部分，而札瓊克則認為認知和情緒是兩個獨立的心靈活動，雖然兩者可以連繫起來，但情緒亦可不經由認知活動而產生。

　　札瓊克透過研究重複曝光效應（mere exposure effects）證明他的想

21　達爾文著，余人譯：《人與動物的情緒表達》（四川：四川人民出版社，1999），頁33。

22　同上註。

法。重複曝光效應是指人對愈熟悉的事物會產生愈正面的情緒，當中不必涉及對該事物的判斷。在實驗中，札瓊克使用了速閃機來快速播放影像，影像在參加者的眼前閃一閃，由於播放影像的速度（千分之一秒）超越人類感知的速度，因此參加者不可能辦認出現過什麼影像，然而，影像在他們腦海中已經留下了印象。由於實驗播放的是不同的多邊形，一般人應該不會對特定的多邊形有特殊的好惡。結果卻發現，雖然人們能成功識別多邊形的機率只有48%，即近於隨意猜測的水平。然而，曝光多次的多邊形卻比從未曝光的多邊形受到更多的喜愛。（在24位參加者中，有16名喜愛曝光多次的多邊形多於新的多邊形，而只有5名參加者能識別出多邊形是否曾經曝光。）[23] 既然參加者不知道多邊形有否出現，那便不可能對其作判斷，這便證明了沒有判斷的參與，我們的好惡也能被改變。

　　William Wilson 設計的一個聽力重複曝光效應測試亦可以作為札瓊克在1968年的實驗的佐證。Wilson 準備了兩段錄音，分別於參加者的左耳和右耳播放。一段是隨機播放不同章節的音樂（每段章節會出現5次），而另一段則為一則故事的錄音，參加者同時收到一張印有故事內容的紙，他們需要根據錄音來核對紙張上的故事內容，目的是讓參加者不能專注於音樂。其後，參加者要進行識別音樂的測試，他們會聽到不同的樂章，並被問及那些樂章他們是否聽過，之後再填寫對於每一首歌曲的喜愛程度。結果顯示，人們識別音樂的準確度只約半成，與機會水平（chance level，巧合發生的概率）相若，這表示他們根本不知道自己曾聽過哪首音樂，因此也就不可能對重覆出現的音樂作判斷。然而，多次曝光的音樂卻普遍得到更高

23　W. Kunst-Wilson and R. Zajonc, "Affective Discrimination of Stimuli That Cannot Be Recognized," *Science* 207, no. 4430 (1980): 557–558.

的喜愛度，這種正面情緒顯然沒有經過判斷而產生。[24]

除了重複曝光效應，心理學家亦常以情緒啟動效應(affect priming effect)來作情緒實驗。Arne Öhman和Joaquim Soares的心理實驗正是以此效應來證明情緒可以不經判斷而生。[25]在實驗中，他們向不懂得中文的參與者展示出不同的中文字，而在顯示之前，他們會先利用速閃機向參與者閃過一些影像，例如蛇、蜘蛛、花和蘑菇等，在播出不同中文字後，再量度參加者的皮膚導電性(skin conductance rate)。皮膚導電性能測試皮膚的濕潤程度，皮膚的濕潤程度受到流汗的程度影響，而流汗的程度是受決定人的情緒反應的交感神經系統影響；亦即是說，高皮膚導電性代表一個人正處於情緒被激發的狀態。一般來說，不同的中文字對於西方人並沒有太大分別，他們也不會對特定的文字感到恐懼。可是，研究結果顯示，閃過令人害怕的影像(蛇和蜘蛛)後播放的中文字會令參加者有較高的皮膚導電性，而閃過中性的影像(花和蘑菇)後播放的中文字則不會改變參加者的皮膚導電性。也就是說，雖然參加者沒有意識到影像的出現，亦未能對影像作任何判斷，但其實他們的身體已經察覺到這個訊息，即時作出了恐懼的反應。

2—失去判斷能力時

上述的心理實驗透過觀察我們的行為反應來推測我們的情緒變化，這種間接推測難免會引起種種疑問，例如：在問卷中自稱快樂的人是否真的感到快樂？心跳加速、手心冒汗的人是否真的感到害

24　William Raft Wilson, *The Unobtrusive Induction of Positive Attitudes* (Ann Arbor, MI: University of Michigan, 1975).

25　Arne Öhman and Joaquim J. F. Soares, "'Unconscious Anxiety': Phobic Responses to Masked Stimuli," *Journal of Abnormal Psychology* 103, no. 2 (1994): 231–240.

怕？畢竟這些行為反應只是情緒的一種表徵，未必能夠準確反映情緒的結構。正如我們要了解人的消化是如何進行，單單口頭訪問一個人的飢餓感覺，又或是量度他吃飽後的運動量顯然並不足夠，最好的辦法是直接研究構成消化系統的胃和小腸，了解當中的運作原理。同樣道理，要更準確地了解情緒的運作，我們應該直接向控制情緒的中樞下手——我們的大腦。神經科學家自二十世紀初便開始尋找管轄情緒的腦部區域，1929 年美國心理學家 Walter B. Cannon 和 Philip Bard 提出下丘腦情緒論，認為下丘腦負責分析情緒的對象，控制情緒的表達和主觀感受。[26]1937 年，美國神經解剖學家 James Papez 提出了帕佩茲迴路 (Papez circuit)，將扣帶皮質 (cingulate cortex)、海馬體 (hippocampus)、穹窿 (fornix)、杏仁核 (amygdala) 等前腦區域加入下丘腦理論。[27]1949 年，美國神經學家及醫生 Paul D. MacLean 將帕佩茲迴路進一步擴充，這便是著名的邊緣系統 (limbic system)，然而邊緣系統包含的腦區域非常闊，難以仔細解釋具體的情緒運作。[28]1956 年，Weiskrantz 提出杏仁核在邊緣系統中的重要性，[29]直至現在，大部分的神經科學家都視杏仁核為情緒系統的核心，其中最重要的代表便是 Joseph LeDoux。

LeDoux 著力研究恐懼的腦區域。他對老鼠進行了巴甫洛夫式的

26　Walter Bradford Cannon, *Bodily Changes in Pain, Hunger, Fear, and Rage* (New York: Appleton, 1929).

27　James W. Papez, "A Proposed Mechanism of Emotion," *Archives of Neurology and Psychiatry* 29 (1937): 217–224.

28　Paul D. Maclean, "Psychosomatic Disease and the 'Visceral Brain': Recent Developments Bearing on the Papez Theory of Emotion," *Psychosomatic Medicine* 11, no. 6 (1949): 338–353.

29　L. Weiskrantz, "Behavioral Changes Associated with Ablation of the Amygdaloid Complex in Monkeys," *Journal of Comparative and Physiological Psychology* 29 (1956): 381–391.

恐懼條件反射 (Pavlovian fear conditioning) 訓練:[30] 首先,他在一個盒子的底部裝上電網,將老鼠放到盒子裏,每次播放鈴聲,電網便會隨即通電,讓老鼠感到痛楚,以上的程序多次重覆後,老鼠每次聽到鈴聲,即使電網沒有通電,亦會感到害怕而作出僵硬 (freezing) 的反應。及後,LeDoux 在老鼠的聽覺丘腦注入了一種名為 WGA-HRP 的化學物質,這些物質如同追蹤器,能將活化了的神經元所在的腦區域染色。他以鈴聲誘發這些老鼠的恐懼,翌日再將牠們的腦橫切面取出,放在顯微鏡下觀看。他描述當時的情況:「我永遠不會忘記第一次透過暗視野顯微鏡觀察 WGA-HRP 的情境。鮮橙色的粒子在暗藍灰色的背景下形成光流和斑點,就像在看一個神奇的內在世界。它無與倫比的美,使我在顯微鏡之前久久不能離去。」[31] LeDoux 發現老鼠在害怕時,聽覺丘腦 (auditory thalamus)、聽覺皮質 (auditory cortex) 和杏仁核顯示出最為明顯的活化反應:訊息會首先傳到聽覺丘腦,然後傳到聽覺皮質,最後杏仁核接收到訊息後,便會引起各種害怕的反應,例如身體僵硬和心跳加速等。

　　LeDoux 進一步追問,這三個腦區域中的聽覺皮質是不是引發恐懼的必要部分?皮質層是整個神經系統在演化史上最晚出現的一部分,當中的感覺皮質負責處理從五官而來的訊息,相對於感覺丘腦,感覺皮質能更細緻地分析和辨別不同的感觀訊息。LeDoux 舉例說,披頭四和滾石樂隊的歌曲對於感覺丘腦沒有分別,但對感覺皮質卻大大不同。與感覺皮質關係密切的新皮質 (neocortex) 負責處理語言、記憶與高等的邏輯思維,也就是我們賴之以作出各種判斷的

30　J. LeDoux, "The Emotional Brain, Fear, and the Amygdala," *Cellular and Molecular Neurobiology* 23, nos. 4–5 (Oct. 2003): 727–738.

31　J. LeDoux, "A Few Degrees of Separation," in *The Emotional Brain: The Mysterious Underpinnings of Emotional Life* (New York: Simon & Schuster Paperbacks, 1998), 154.

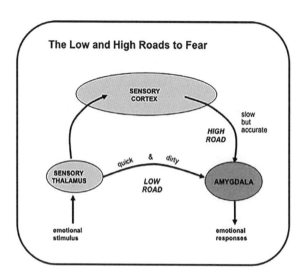

圖5.3　引發恐懼的神經高徑和低徑

腦區域。[32] 換言之，如果能證明感覺皮層不是引發恐懼的必要部分，也就等如證明了作出判斷不是引發恐懼的必要條件。為了驗證這個假設，LeDoux切除了老鼠的感覺皮質，嘗試以鈴聲誘發牠們的恐懼，結果發現這些老鼠所表現出來的恐懼與感覺皮質完整的老鼠的恐懼沒有分別。當他進一步切除了老鼠的感覺丘腦或是杏仁核時，這些老鼠聽到鈴聲後便不再表現出恐懼了。LeDoux根據這個結果提出了兩種引發恐懼的神經路徑，他稱由感覺丘腦到感覺皮質到杏仁核的為高徑（high road），由感覺丘腦直接到杏仁核的為低徑（low road）（圖5.3）。在低徑中，從感官獲得的訊息沒有傳送到感覺皮質和與之相連的新皮質，因此我們無法對訊息作出判斷和分析，然而恐懼依然能產生，這就證明判斷不是產生恐懼的必要條件。

　　除了以老鼠進行的實驗，也有一些研究嘗試在人類身上驗證沒

32　同上註，頁162。

有作出判斷而產生恐懼感的可能。Morris 等人在 2001 年邀請了一名 44 歲的男士 G.Y. 作為研究對象，G.Y. 在 8 歲時因車禍而導致左枕葉 (left occipital lobe，感覺皮質的一部分) 受損，而右眼隨之出現同側偏盲 (homonymous hemianopia) 的徵狀，俗稱「盲視」(blindsight)。擁有「盲視」的人雖然不能有意識地看見物件，但卻仍能感測到物件的存在，包括人們的面部表情。問題是，這種無意識的感測足以引起恐懼嗎？為了回答這個問題，Morris、DeGelder、Weiskrantz 和 Dolan 設計了一個眼力實驗。[33] 在實驗中，G.Y. 的左眼或右眼會隨機出現一些黑白照 (grey-scale images)，每張相片停留的時間為 1 秒。這些黑白照來自五男五女的面部表情，有的呈現著恐懼的表情，有的則是快樂的表情，G.Y. 看著相片之時，需要指出每張相片出現的人是男性或女性。與此同時，研究員使用了功能性磁振造影 (functional magnetic resonance imaging，fMRI) 觀察 G.Y. 腦部結構的變化。結果顯示，雖然 G.Y. 表示他看不到右眼出現的任何面部表情，但當在他的右眼前出現的是恐懼的表情時，他的杏仁核的活躍度便大大地提升。這再一次證明，即使我們因為掌控理性運作的感覺皮質出現問題而無法對外界訊息作出判斷，我們仍會產生恐懼的感覺。

3 — 判斷沒有危險時

恐懼不單能在我們無法作出判斷時被引發，它甚至可以在我們判斷自己沒有危險時出現。當我們到戲院觀看恐怖電影時，雖然深知自己沒有危險，但是，在電影那燈光、音樂、劇情和主角的表情動作中，我們還是會感到實實在在的恐懼。1976 年放映的電影《凶

---

33 J. S. Morris, B. DeGeler, L. Weiskrantz and R. J. Dolan, "Differential Extra-geniculostriate and Amygdala Responses to Presentation of Emotional Faces in a Cortically Blind Field," *Brain* 124, no. 6 (2001): 1241–1252.

兆》堪稱恐怖電影的經典。[34] 故事描述一對
英國夫婦察覺到與他們兒子有關連的人都
接二連三死於非命，他們決心查探兒子的
來歷，卻發現兒子頭上長著代表撒旦的
666 三個數字。電影中最令人毛骨悚然的
一幕，講述一個神父在公園中與男主角見
面，警告男主角他的兒子是魔鬼的化身，
將要利用他在地上建立撒旦的王國，男主
角並不相信神父的話，悻悻然離去。此
時，公園突然狂風大作，樹葉不停打落在

圖 5.4　電影《凶兆》海報

神父身上，神父將十字架緊緊握在胸前嘗試離開，怎料風愈來愈
大，吹得他左搖右擺。一道閃電突然打在神父面前的樹上，砰的一
聲，粗壯的樹幹掉下來，火焰在樹上迅速蔓延。神父嚇得拔足狂
奔，他走到一所被鐵欄包圍的教堂，剛剛翻過鐵欄，一道閃電就像
追趕著他般將他身後的欄杆劈下，他走到教堂上，卻發現所有門都
鎖上，他絕望地用力叩門，卻沒有任何回應。此時，雷聲閃電交
作，神父抬頭望著教堂上的避雷針，閃電突然打在針上，斷了的避
雷針往神父直飛，神父大叫「No!」，避雷針從上而下穿過他的身體，
將他緊緊釘死在地上。電影將神父那種被撒旦追趕的恐懼、拚命求
生的掙扎和走投無路的絕望感表現得淋漓盡致，再配上如厲鬼索命
般的配樂和忽明忽暗的燈光效果，觀眾莫不感到膽戰心驚。然而，
安坐在電影院的觀眾深知眼前的一切都不過是虛構，他自己固然不
會有危險，甚至電影中的神父也只是在導演的安排下安全地完成這
看似驚心動魄的一幕，如果如認知情緒論般認為作出「危險！」的判

34　*The Omen*, directed by Richard Donner, produced by Harvey Bernhard (United
Kingdom / United States: 20th Century Fox, 1976).

斷是感到恐懼的必要條件，那麼恐怖電影所引起的極為普遍的恐懼便變得不可理解。

　　有論者認為，身處在漆黑的電影院中，刺目的燈光效果和震耳欲聾的音響會使得觀眾誤以為自己真的身陷困境，因而不自覺地判斷自己的生命受到威脅，因此才會感到恐懼。這說法難以成立，首先，不是所有恐怖電影都依賴燈光和音響效果來引起恐懼；更重要的是，再逼真的電影畫面也似乎難以令觀眾忘記自己正身處在安全的電影院中。如果電影的光影效果是使得觀眾作「危險！」判斷的唯一原因，那麼，我們要如何解釋驚慄小說和恐怖油畫這些沒有光影特效、卻依然能引起恐懼的藝術作品？試看以下一篇網上流傳的短篇故事：

> 有一對夫婦在兒子滿三歲時，替他拍V8作為紀念，三歲的小男孩十分開心的在鏡頭前跳來跳去。那對夫婦也沉浸在幸福的愉悅當中，而沒注意兒子的不對勁。就這樣，那個三歲的小男孩跳著跳著就死了。一年後，這對夫婦在兒子忌辰那天，把V8拿來看，以解思子之苦。沒想到，鏡頭裏一直在跳的兒子不是因為高興才跳。一隻憑空出現的手正抓著兒子的頭髮。不停地往上拉……拉……拉……拉……拉……拉……

　　筆者身處在燈火通明的辦公室，門外不時傳來同事聊天的聲音，案頭上放著芳香馥郁的咖啡，電腦上放著輕音樂，但當我讀到這個故事時，還是感到毛骨悚然，渾身不自在。引起我的恐懼的明顯地不是我所身處的環境，而是故事中的恐怖情節。我知道故事純屬虛構，也不認為我可能有同樣的遭遇，但我的恐懼還是久久不能散去。類似的經驗也曾出現在看到日本電影《午夜凶鈴》的海報之時。筆者身處在熙來攘往的旺角街頭，四周全是賣小食和衣服的店鋪，行人在身邊穿插，熱鬧得有如過新年一樣。這時，我抬頭看見

一張偌大的海報（圖5.5）。[35]

圖5.5　電影《午夜凶鈴》海報

我還記得，當時我感到一陣寒意從背脊傳到心口，像有一種無形的力量壓在肩膀上，使我動彈不得。我被那隻眼睛瞪得內心發毛，手心冒汗。我不認為自己的生命受到任何威脅，我身邊的叫賣聲與吵嚷聲在在提醒我正身處文明的社會，然而我的恐懼還是不能自已。

要數最抽象、跟危險最不相干卻又能引起恐懼的東西，莫過於驚慄古典音樂。試想像自己坐在典雅的演奏廳中，身邊都是盛裝出席的淑女紳士，在柔和的燈光中，世界一流的交響樂團正在表演，置身其中的你無論如何也不會判斷自己有危險。然而，台上演的原來是波蘭現代主義作曲家潘德列茨基（Penderecki）的《廣島犧牲者的輓歌》（*Threnody to the Victims of Hiroshima*），52支弦樂器以種種不尋常的拉琴方式包括弓磨琴橋、弓尾顫音、琴橋上方運弓等，營造出戰爭與戰爭犧牲者的意象和追憶，樂曲開始時要求分成十組的弦樂奏出「盡可能最高的音」，以最強奏（*ff*）保持15秒鐘，如氣笛聲般尖銳刺耳；接著要求樂手演奏一種「通過滑指產生的相差四分之一音的很慢的震音」，讓人聯想到噴氣式飛機的引擎聲。在八分半鐘內，潘德列茨基將廣島原子彈悲劇下「靈魂的哀號」和「亡魂的吶喊」赤裸裸地帶到現場，聽者無不感到動魄驚心。音樂激發人的恐懼的能力在實驗室中亦得到證明，下列是一些已證明能引起恐懼的音樂：[36]

35　*Ring*, directed by Hideo Nakata, produced by Shinya Kawai and Takenori Sento (Japan: Toho, 1998).

36　Thomas Baumgartner, Michaela Esslen and Lutz Jäncke, "From Emotion Perception to Emotion Experience: Emotions Evoked by Pictures and Classical Music," *International Journal of Psychophysiology* 60, no. 1 (2006): 34–43.

(1)《行星》(*The Planets*) 中的《火星──戰爭使者》(*Mars—The Bringer of War*)──霍爾斯特 (Gustav Holst)

(2)《阿美利加管弦樂》(*Amériques*)──埃德加‧瓦雷茲 (Edgar Varese)

(3)《奧秘管弦樂》(*Arcana*)──埃德加‧瓦雷茲 (Edgar Varese)

(4)《奧斯威辛集中營事件的回憶》(*Ricorda cosa ti hanno fatto in Auschwitz*)──路易吉‧諾諾 (Luigi Nono)

(5)《七支號角的瘋狂舞蹈》(*Danse de la fureur, pour les sept trompettes*)──奧立佛‧梅湘 (Olivier Messiaen)

(6)《彩虹縈繞的末日天使》(*Fouilis d'arcs-en-ciel, pour l'Ange qui annonce la fin du Temps*)──奧立佛‧梅湘 (Olivier Messiaen)

實驗結果顯示，當人聆聽這些樂章時，身體會出現各種跟恐懼相關的反應，例如皮膚導電性增加、呼吸度上升和體溫下降等等。而在實驗後的問卷調查中，亦發現大多數人對恐懼的樂章表示低喜愛度 (valence) 和高激發度 (arousal)。在以上的電影、小說、圖畫及音樂的例子中，觀賞者在判斷自己絕對安全的情況下，還是感到恐懼。由此可見，判斷自己身處危險之中不是恐懼出現的必要條件。

第三節　天擇下的恐懼

1──恐懼的肉身

從以上兩節，我們看到作出「危險！」的判斷不一定會引發恐懼，沒有作出「危險！」的判斷恐懼卻依然可以出現，這就表示，判斷不是恐懼出現的充分條件或必要條件，兩者是獨立運作的機制，判斷固然可以影響情緒，但情緒卻可以在判斷外出現，直接影響我們的肉身。那麼，比我們的理性判斷更快地出現的恐懼的肉身反應是怎樣的呢？美國心理學家 Sylvia D. Kreibig 等人嘗試運用最新的科

學儀器（包括生理狀態感測器、固定容量袋等）量度人感到恐懼時出
現的生理反應，發現以下最明顯的四種：[37]

(1) 心輸出量（stroke volume）和射血前期（pre-ejection period）下
降，反映心血管的活躍度提高。

(2) 血壓方面，收縮壓（systolic blood pressure）和舒張壓（diastolic
blood pressure）上升，加上脈搏傳導時間（ear pulse transit
time）和手指皮膚溫度（finger skin temperature）下跌，反映出
心臟的功能提高。

(3) 皮膚導電性（skin conductance level）和非特定刺激引起之膚
電反應（nonspecific skin conductance response rate）上升，是
為交感神經活動變得活躍的表現。

(4) 呼吸度（respiration rate）、正壓換氣速率（minute ventilation）
和吸氣工作週期（duty cycle）的上升表示了呼吸的動作加快
和吐氣的時間減少。

除生理反應外，恐懼也連繫著各種面部表情。相對於憤怒，恐懼
的人明顯地眼眉會提高、眉骨變得扁平、眼睛睜大和口部張開，呈現出
較稚氣、順從和虛弱的表情。[38] Borgomaneri、Vitale、Gazzola 和 Avenanti
發現，當人看見相片中有關恐懼的肢體動作時，運動皮質（motor cortex）
會抑制身體的活動能力，使身體難以動彈（freezing）。[39] 恐懼也會影響肌

37　Sylvia D. Kreibig, Frank H. Wilhelm, Walton T. Roth and James J. Gross,
"Cardiovascular, Electrodermal, and Respiratory Response Patterns to Fear- and
Sadness-Inducing Films," *Psychophysiology* 44, no. 5 (2007): 787–806.

38　Abigail A. Marsh, Reginald B. Adams, and Robert E. Kleck, "Why Do Fear
and Anger Look the Way They Do? Form and Social Function in Facial
Expressions," *Personality and Social Psychology Bulletin* 31, no. 1 (2005): 77.

39　Sara Borgomaneri, Francesca Vitale, Valeria Gazzola and Alessio Avenanti,
"Seeing Fearful Body Language Rapidly Freezes the Observer's Motor Cortex,"
Cortex 65 (2015): 232–245.

肉與骨骼的控制，與逃避行為 (withdrawal) 有著密切的關係。[40] 例如，對於從事體力勞動而曾經受傷的工人來說，對工作的恐懼會大大影響他們的工作表現，反映出人們下意識渴望逃離危險的行為。[41]

為什麼恐懼會導致上述的面部表情、行為傾向和生理反應呢？顯然地，這不是經過我們的理智判斷後有意識地、故意地產生的結果，它們在我們的理智介入之前已經出現，而且大部分屬於恐懼的生理反應和部分面部表情由不隨意肌組成；也就是說，我們無法以意志改變它們的活動，就算這一刻我多麼希望心跳減慢、血壓下降，單憑思想根本無法做到。要理解這些不能以理性控制的身體反應為什麼會出現，我們需要從達爾文的演化論入手。

2——情緒表達三原則

在《物種起源》中，達爾文提出了「適者生存」（或「自然選擇」）的機制解釋物種的演變，在有限的資源下，那些能提升我們生存和繁殖機率的遺傳特質將在演化的過程中被保留下來，而那些降低我們生存和繁殖機率的遺傳特質將會被淘汰。既然情緒在人類的演化史中被廣泛地保留下來，我們有理由相信，情緒必然對於提升我們生存與繁殖的機率有幫助，而恐懼之所以有不同的生理和行為反應，亦必是因為這些反應起著不同的演化功能。按著逆向工程學 (reverse engineering) 的思路，達爾文在其著作《人與動物的情緒表達》

---

40 Maaike Leeuw, Mariëlle E. J. B. Goossens, Steven J. Linton, Geert Crombez, Katja Boersma, and Johan W. S. Vlaeyen, "The Fear-Avoidance Model of Musculoskeletal Pain: Current State of Scientific Evidence," *Journal of Behavioral Medicine* 30, no. 1 (Feb. 2007): 88.

41 Kevin E. Vowles and Richard T. Gross, "Work-Related Beliefs about Injury and Physical Capability for Work in Individuals with Chronic Pain," *Pain* 101, no. 3 (2003): 291–298.

（*The Expression of Emotions in Man and Animals*）探討現存的不同的情緒表達對於動物在演化中的作用。這本150年前出版的書自有其時代限制，在人類對於基因還沒有任何認識之時，達爾文關於情緒表達如何從我們的祖先遺傳下來的想法不免有所錯漏，然而，他提出的情緒表達三原則，在現代演化心理學的補充下，對於我們了解不同的情緒表達依然甚有啟發性。

第一個原則：有用的聯合性習慣原理（the principle of serviceable associated habits）。達爾文認為，大部分的情緒特徵是因為其帶來的演化優勢才遺留下來，例如，恐懼所帶來的諸種身體反應正是為了讓我們應付危險作的準備：在面部表情方面，眼睛睜大是為了看清楚敵人，鼻孔擴張是為了吸更多的氧氣，露齒是為了嚇怕和準備攻擊敵人，毛髮豎起是為了看起來更巨大，耳朵緊貼頭顱是為了避免受到攻擊（圖5.6）；在體內器官方面，心跳加速、血壓上升和肺部擴張是為了更快地將更多的氧氣帶到身體各處，腎上腺素上升是為了發揮鎮痛作用，血液集中於手腳是為了準備攻擊或逃跑；在行為方面，身體僵硬靜止是為了不被敵人發現自己，後退或逃走是為了遠離敵人。[42] 由於這一系列的身體反應有利於我們應付突如其來的危險，達爾文認為，每當我們的祖先遇上危險時都會作如此反應，漸漸地這些反應變成習慣，而這些具有演化優勢的習慣便一直遺傳到我們身上。

圖5.6　恐懼／憤怒中的貓

達爾文關於情緒反應如何遺傳的機制，顯然受到了讓－巴蒂斯特·拉馬克

42　Charles Darwin, "General Principles of Expression," in *The Expression of the Emotions in Man and Animals* (London: Penguin Books, 2009), 37–54.

(Jean-Baptiste Lamarck)的獲得性遺傳論(inheritance of acquired traits)影響。拉馬克認為，生物後天習得的特性能遺傳給下一代，本來短頸的長頸鹿多次拉長脖子吃樹上的葉，脖子因而變長，變長了的脖子遺傳到後代，因此後世的長頸鹿的頸也就愈來愈長。這跟達爾文主張的，生物因情緒的身體反應有用而形成習慣，而這些後天習得的習慣會遺傳後代同一道理。然而，現代分子遺傳學已證明生物後天習得的技能或習慣不可能改寫組成基因的染色體中的編碼，因此也就不可能透過基因遺傳到下一代。就像一個鋼琴家的女兒，她可能遺傳到母親富有彈性而靈活的手指或是絕對音感，但鋼琴家經過無數苦練而習得的豐富多采的琴藝，卻不能改變她自己的基因而傳到女兒身上。其實，達爾文以他自己的自然選擇論，已能充分解釋情緒的身體反應如何遺傳給後代。在天擇下，那些會作出有利的情緒身體反應的生物得以繁殖，而那些作出不利的情緒反應的生物則逐漸被淘汰，慢慢地，各種有利的情緒反應便在後代中廣泛傳開，而形成我們今天的情緒反應。事實上，達爾文在《人與動物的情緒表達》亦有以自然選擇論作為他的獲得性遺傳論的補充。

第二個原則：對偶原理(the principle of antithesis)。如果恐懼的身體反應是為了讓生物更好地應付眼前的危險，那麼我們在不感到恐懼時的身體反應便變得難以理解。達爾文觀察到，當一隻狗聽到陌生人的腳步聲時，牠的恐懼會使牠進入高度戒備狀態，但當牠發現來者是主人時，牠的身體會自然地出現完全相反的反應(圖5.7)。達爾文這樣形容：「這時候，牠不再挺直身體走路，而是把身體略微下降，甚至貼近地面，而且馬上作出屈曲不定的動作，牠的尾巴不再保持僵硬和直舉，而是向下低降和

圖5.7　遇上主人的狗

左右擺動起來；牠的身上的毛變得光滑起來；牠的耳朵下降而且向後牽伸，但是不太貼近頭部；還有牠的嘴唇則寬鬆地下垂。由於雙耳向後牽伸，眼瞼就伸長，而雙眼也不再顯示出圓形和凝視狀態。」[43] 這些動作表情顯然沒有什麼作用，而牠面對主人時也沒有什麼危險需要應付，那麼，為什麼這些動作會遺傳到後代呢？達爾文認為，當一種跟恐懼相反的情緒（例如快樂）被誘發時，動物會自然地、不自覺地做出一系列跟恐懼完全相反的身體反應，這些反應沒有具體用處，而只是跟第一原則的情緒反應同時養成的習慣。這原則在人類身上也隨處可見，例如當人表示不知道的時候，會鬆一鬆肩膀。這個動作看似毫無意義，其實是當人進入跟自信、自滿相反的情緒即羞愧、自卑時，其身體自然作出的反應。人自信時會挺起胸膛、頭部抬起，而鬆肩時胸部卻會向內收縮，頭部像要縮回身體內一樣，跟自信的反應恰恰相反。

達爾文的第二原則亦有其限制。不少看來沒用的情緒反應根本說不上是什麼情緒反應的相反，例如人快樂的時候會笑，難過時會哭，快樂與難過是相反的情緒，但笑和哭卻不是相反的身體反應。現代演化論指出，這些表面看來沒有帶來演化優勢的情緒反應其實有著溝通（intercommunication）的作用，在群居和階級分別的動物群體中尤其重要。例如，笑本身沒有任何用處，但笑能向他人表示自己沒有敵意，就像以右手握手是為了表達自己沒有武器、不會作出攻擊的意思，能有效地減低群體內的衝突；笑也能對同伴表示友善，在一些民族的文化中，當上司或長輩發言時，露出適量的微笑甚至被視為基本禮貌，是維繫社會階級的重要手段。哭泣本身也沒有用處，但哭泣能向同伴表達自己正面對難題，傳遞求助的訊

43　Charles Darwin, "General Principles of Expression—Continued," *The Expression of the Emotions in Man and Animals*, 59.

息，嬰兒便經常以哭泣表達自己的飲食、睡眠和被關注的需要。對於沒有語言能力的動物，笑和哭這些能在瞬間將自己的狀況告之同伴的方法對生存和繁殖都至為關鍵。有趣的是，達爾文在書中也曾提及情緒表達可發揮溝通的作用，但他點到即止，沒有詳加論述。Paul Ekman指出，達爾文抗拒這種解釋可能源於他對創造論(Creationism)的抗拒。創造論認為不同的物種都是由神所創造，而物種不同的特徵是神按物種的需要安排的結果。情緒表達是神賜予人用來溝通的工具，達爾文不接受創造論，自然嘗試以其他說法去解釋這現象。然而，當代生物學家已證明，情緒作為溝通的工具能為生物在演化上取得重要的優勢，因而在自然選擇中留在我們的基因內。由此可見，用情緒表達作溝通與演化論沒有矛盾，接受前者也不等於要接受創造論。

第三個原則：神經系統的直接作用原理(the principle of direct action of the nervous system)。即使第一、二個原則都成立，還是有好一些情緒的身體反應難以解釋。[44]在驚慌時，我們的手腳會發抖，手心會冒汗，甚至會出現頭暈、消化不良等徵狀，這些身體反應對我們應付危險的局面不單沒有用，甚至有害，它們也顯然不是用來向同伴表達我們身處困境的訊號。那麼，為什麼它們會在演化中留在我們的基因之內？達爾文認為，動物受到刺激時，身體會自然地釋放出神經能量(nerve-force)，讓身體作出一些不自覺、不自主亦沒有用處的動作或反應，例如恐懼時身體的流汗和顫抖等，可視為神經系統的一些副作用。這個解釋有兩個問題：一，神經能量是一個過時的生物學觀念，就像燃素(phlogiston)、活力(vital force)等觀念，早已證明不存在於世界而為現代科學家棄用；二，如果這些身體反

44　同上註，頁67–83。

應不會帶來任何演化優勢，為什麼這個會產生如此不良的副作用的神經系統會一直遺傳至今，而不被淘汰掉？

考古學家Stephen Jay Gould和遺傳學家Richard Lewontin在1979年提出的拱肩現象（spandrel）能幫助我們回答達爾文遺留下來的問題。「拱肩」本身是建築學的名詞，指兩個拱型結構並排時中間的三角空間，在歐洲文藝復興時期的大大小小的教堂中隨處可見，一般繪上絢麗奪目的花紋，可是它在建築上卻不起任何支撐或承托的作用，其存在純屬是因為教堂內部多用拱型設計，而拱肩是拱型設計無可避免的副產品。Gould和Lewontin以拱肩作比喻，指出很多沒有演化作用的生物特徵（traits）可能是其他有用的特徵的副產品，[45]例如女性生育時的劇痛明顯地沒有演化作用，這種劇痛是因為人類的盆骨狹窄和頭部過大所致，盆骨狹窄卻是人類由四腳動物演化成為直立猿人、單憑兩腳便能維持平衡、讓雙手可以作更複雜的事無可避免之後果，而頭部過大則是人類演化出高度智能所需的腦部體積增加所致，因此生育的劇痛便是一種生物學上的拱肩，雖然本身沒有用，但卻因為是其他有用的特徵的副產品而被遺傳下來。拱肩理論能更合理地解釋達爾文的第三原則，就以恐懼為例，手腳顫抖本身沒有用，但卻是肌肉收緊的副作用；頭暈本身沒有用，但卻是大量血液將氧氣帶到四肢的副作用；消化不良本身沒有用，但卻是暫停消化系統以加強呼吸系統和運動神經系統的副作用。由於肌肉收緊、提高四肢含氧量和加強呼吸和運動神經系統在面對危險時能帶來演化優勢，因此依附著它們而生的副作用也一併遺傳下來。

45　S. J. Gould and R. C. Lewontin, "The Spandrels of San Marco and the Panglossian Paradigm: A Critique of the Adaptationist Programme," *Proceedings of the Royal Society B: Biological Sciences* 205, no. 1161 (1979): 585–586.

3——恐懼的博弈遊戲

在上一節，我們看到恐懼的身體反應如何在演化上幫助我們的生存與繁殖。我們要追問的是：為什麼這些帶來演化優勢的反應可以未經思考便出現？所謂「知己知彼，百戰百勝」，在還沒有認清威脅物是什麼、沒有仔細分析威脅物的特徵和應對方法之前，便迅速地作出一系列的身體反應，這樣的機制在演化上為我們帶來什麼優勢？

西方諺語有云：安全勝過遺憾 (It is better to be safe than sorry)。我們只要從成本效益的角度進行分析，便明白何以會演化出不經思考便出現的恐懼反應。設想你在樹林中看到一條類似蛇的物體，你應該立即逃走，還是要看清楚那是不是蛇才決定下一步的行動？你的行動有四種可能的後果：若你選擇立即逃走，假使那是真的蛇，你雖然因逃走而累了點，但總算得到安全；假使那不過是一條繩，你便愚蠢地白白浪費了逃走的氣力；若你選擇思考過才決定逃不逃走，假使那只是一條繩，你便聰明地避免了浪費無謂的氣力；假使那是真的蛇，你便可能來不及逃走而死亡。

	立即逃跑	逃跑前想一想
真蛇	安全	死亡
假蛇	愚蠢	聰明

在不知道對象是否對自己構成危險之前，到底立即逃跑或想想再逃才是更理性的選擇？哲學家約翰‧羅爾斯 (John Rawls) 在《正義論》提出的最大最小值解決方案 (maximin solution) 值得我們參考。根據此方案，「對選項的排列要根據它們最壞的可能結果：我們將採用的選項，其最壞結果優於其他選擇的最壞結果」。[46] 也就是說，最

---

46 羅爾斯著，周文子、柯朝欽、吳宗昇編，李少軍、杜麗燕、張虹譯：《正義論》(臺灣：桂冠，2003)，頁139。

合理的選擇是去避免最壞的結果而非追求最好的結果。在四個情況當中，最好的是你發現那是假的蛇而沒有逃走，最壞的是你在思考時便被真的蛇咬死。雖然「逃避前想一想」帶來的好的後果（聰明）比「立即逃跑」的好的後果（安全）為佳，但由於前者帶來的壞後果（死亡）比後者的（愚蠢）壞得多，因此「立即逃跑」才是更理性的選擇。將同樣的思維運用在恐懼的演化史上，那些遇上危險即時作出反應的生物，比那些先思考再反應的生物有著更高的存活率和繁殖率，因此未思考先恐懼的機制得以遺傳下來，這便是LeDoux所提出的（不經過皮質層的）低徑（low road）之所以存在的原因。

當然，這不是指危險當前不去思考總是好事，當人類生存的環境變得愈來愈複雜時，簡單而迅速的身體反應未必再能應對危機，有時反而會將危機加劇，因此我們亦同時演化出一種對情緒反應的理性監控。當恐懼的身體反應出現後，我們會反思，這樣的反應是否恰當？危機能因此化解嗎？這樣的解決辦法有什麼代價？我願意承擔這些代價嗎？設想老闆因為你近日所犯的錯而召見你，你正步向她的辦公室，害怕得雙腳發抖、冷汗急冒，你有強烈的逃跑的衝動，這時候你的理性會介入提出問題：這樣一走了之能解決問題嗎？我會否觸怒老闆而職位不保？我願意為了避免被罵而失去工作嗎？當你意識到逃跑不是好的選擇時，你會嘗試強行抑制恐懼反應，硬著頭皮去面對你的「敵人」，這時候主導你的決定的便是LeDoux所提出的高徑（high road）。在演化史中，恐懼的低徑首先出現，幫助生物迅速應付危機，大多數自然界的動物也擁有這機制；當生存環境愈來愈複雜，恐懼的高徑便出現，幫助我們監控由低徑產生的身體反應是否合適，這由理性負責的高徑只為少數高智能的哺乳類動物所擁有，包括人類。

小 結

在前四章，我們反省一般認為情緒是盲目的身體反應的常識，指出情緒所包含的諸種事實與價值判斷，說明情緒具有複雜的理性成分。在這一章，我們以恐懼為例子，說明這些理性成分不是構成情緒的充分或必要條件，情緒可以在沒有任何理性判斷介入下被激發，繞過理性直接指揮我們的身體。這種從演化而來、為我們的生存和繁殖帶來優勢的情緒的身體反應，深深地刻在我們的基因之中。達爾文在《人類的由來》中的一段話，精彩地道出了人的身體性的一面，他說：「人，儘管有他的一切華貴的品質，有他高度的同情心，能憐憫到最為下賤的人，有他的慈愛，惠澤所及，不僅是其他的人，而且是最卑微的有生之物，有他的上帝一般的智慧，能探索奧秘，而窺測到太陽系的運行和組織——有他這一切一切的崇高的本領，然而，在他的軀幹上面仍然保留著他出身於寒微的永不磨滅的烙印。」[47] 這個烙印，就是我們從幾億年以來在各種各樣的動物身上遺傳下來的身體構造與反應。在下一章，我們將以噁心為例子，進一步說明情緒的身體性，看看不同的身體反應如何構成各種基本情緒，以及這些基本情緒會怎樣受著社會環境而改變。

---

47 達爾文著，潘光旦、胡壽文譯：《人類的由來》（北京：商務印書館，2009），頁936。

附錄：為什麼人會主動追求恐懼？

在演化中，愈擅於逃避危險者愈能生存，既然恐懼代表著危險的到來，我們理應盡可能逃避任何誘發恐懼的場景。那麼，為什麼現代人會透過觀看恐怖電影或驚慄小說主動追求恐懼的感覺呢？美國哲學家羅耶卡洛爾(Noël Carroll)綜合出三種解釋。[48] 第一種為 H. P. Lovecraft 提出的宇宙式恐懼論(cosmic fear)。恐怖電影或小說中的鬼魅或怪物，往往擁有不可知的或不能理解的外形或力量，這正正滿足了我們的本能直覺：我們相信冥冥之中理應存在一些超自然的、不可知的、不能被物理定律解釋的力量。這種力量使我們感到的不是一般的負面恐懼，而是近乎宗教敬畏感(awe)的宇宙式恐懼，例如電影《凶兆》中能引發各種意外殺人的撒旦化身、《死亡習作》中一直沒有現身卻神秘地殺死三個主角的女巫等。

第二種為精神分析學(psychoanalysis)的解釋。在弗洛伊德式(Freudian)的理論框架下，Ernest Jones 提出看恐怖電影能宣洩人對近親的抑壓性慾，例如吸血殭屍故事以復活和吸血為主題，殭屍能透過吸血將對方變成殭屍，這種體液的交換帶有性暗示，而死而復生的殭屍往往會先回家吸親人的血，正表達了渴望與親人性交的慾望。卡洛爾指出，這種精神分析學的解釋不必限於性慾的宣洩，亦可用於解釋其他抑壓的慾望，例如驅魔人(Exorcist)和魔女嘉莉(Carrie)正宣洩了人渴望以思想和信念殺人的慾望。這些慾望的共通點是不道德和不容於社會的，恐怖電影以令人畏懼的形式來表達和實現它們，讓觀眾害怕，從而讓他們看起來好像不曾為了這些慾望的滿足而感到喜悅，避免了他人或自我的道德責難。

第三種為求知慾的滿足。卡洛爾提出，恐怖故事通常有一種解

---

48 Noël Carroll, "Why Horror?," in *Philosophy of Horror: or, Paradoxes of the Heart* (New York: Routledge, 1990), 159–195.

難式的發展。首先，主角發現一些未知的生物，察覺到它的各種超自然能力，主角要努力向他人證明該生物的存在和危險性，然後便嘗試不同的方法對付它，最後依著對它的了解而將它消滅（或被它消滅）。例如在《午夜凶鈴》中，主角淺川在調查四件死亡事件時，意外發現四人在死前七天都看過一卷神秘錄影帶，而剛巧她的兒子也看過。為了拯救兒子，她不斷追尋真相，終於發現錄影帶的製作者是枉死的山村貞子，而只有將錄影帶複製給沒看過的人看，將詛咒轉嫁給他人，兒子才能避過死亡。在探求真相的過程中，觀眾彷彿與淺川一起逐步逐步地了解貞子的背景、能力和對付貞子的方法。相對於一般的偵探故事，恐怖故事往往涉及於現實中不可能出現的超自然生物或能力，對我們的常識構成嚴重的衝擊，因而也就更能引起我們的好奇心，以及帶來更大的知性的滿足感。

第六章　泛惡欲吐

子曰：「與不善人居，如入鮑魚之肆，久而不聞其臭，亦與之化矣。」[1]

引　言

　　一個女大學生到東京帝國飯店做暑期工，第一天分配到的工作竟是洗廁所。當她的手伸進馬桶時，她感到胃在翻滾，差點便要吐出來。幾天後，她終於忍受不了，決定辭職。就在此時，她發現和她一起工作的老清潔工居然在清潔完成後，從馬桶裏舀了一杯水喝下去。大學生看得反胃，老清潔工卻表示，他清理過的馬桶乾淨得連裏面的水都能喝！自此以後，她進入廁所工作便不再感到噁心，反而會問自己：「我可以從這裏面舀一杯水喝下去嗎？」這位女大學生的名字叫野田聖子，日後成為了日本內閣郵政大臣，極有潛力成為日本首位女首相。在這個故事中，野田甫接觸到排泄物便感到反胃作嘔，似乎說明噁心是一種生而有之、人所共有的身體反應。然而，她目睹老清潔工在乾淨的馬桶中舀水喝，聽完他的一番話後，

1　王肅著，廖名春、鄒新明校點：《孔子家語》(瀋陽：遼寧教育，1997)，〈六本第十五〉，頁43。

從此便不覺得馬桶噁心，這又似乎表示噁心是一種受後天影響的價值判斷。

在上一章，我們以恐懼為例子，說明情緒系統如何演化出一系列不經理性而出現的身體反應。觀乎情緒身體性的一面，噁心的身體反應似乎最為明顯。當我們接觸到諸如腐爛的食物、嘔吐物或排泄物時，我們不用作出任何判斷，便會立即感到胃部翻滾、心口翳悶、有嘔吐的衝動。這些反應不受教育程度或文化影響，小孩、成人、文盲、學者、東方人、西方人，只要擁有人類的身體構造，面對這些東西就自然會感到噁心。如果情緒之為情緒在於這些相似的身體反應，那麼，我們似乎有理由相信情緒是天生而人所共有的。在這一章，我們將以情緒是先天的 (nature) 還是後天的 (nurture) 這個問題，作為思考情緒到底是一種理性活動還是身體反應的另一個切入點。基本情緒論 (basic emotion theory) 蒐集了各種支持情緒為天生的證據，論證噁心是其中一種寫在我們基因之中的基本情緒；分析不同的引起噁心的事物，演化心理學家認為噁心之所以能在演化流傳下來，是因為它有對抗身體和靈魂感染的作用。然而，人類社會中存在一種以不道德行為為對象的噁心，這種噁心甚至被當作一種可靠的道德判準。透過分析構成這種後天習得的道德噁心的理性成分，我們可以看到基本情緒論的一些理論限制。

第一節　基本情緒論

基本情緒論認為，有些情緒是天生的，不需要透過後天的學習而得，因此為一切人所共有，噁心便是其中一個例子。不同的民族都擁有類似於噁心的詞語，例如法國人的 degout、德國人的 Ekel、俄羅斯人的 otvrashchenie、西班牙人的 asco、希伯來人的 go-al、日本人

的ken'o、中國人的aw-shin和孟加拉人的gbenna等。然而，要證明噁心是人所共有並不是一件簡單的事，不同語言、在不同語境下所使用的「噁心」未必都指涉同樣的情緒。當我們說「那些以權謀私的官員真噁心！」，我們表達的可能是憤怒；說「那電影中血淋淋的畫面真噁心！」，我們表達的可能是恐懼；說「那對男女在地鐵上熱吻，真噁心！」，我們表達的可能是尷尬。因此，單純從「噁心」這字出現在不同民族的語言上這事實，難以證明它就是基本情緒。似乎，要證明噁心為人所共有，我們需要找到的是一些不論在什麼語境或文化下皆共通的噁心反應，美國心理學家保羅‧艾克曼（Paul Ekman）認為人的面部表情正是這樣的東西。

1——跨民族面部表情研究

艾克曼專門研究人類情緒的面部表情，他開發了一套「面部動作組織系統」（Facial Action Coding System），將不同的面部表情按其涉及的每一條臉部肌肉分類，稱之為「微表情」（micro-expressions）。[2] 由於這些肌肉大部分皆為不隨意肌，即其活動由情緒自動引起，不受人的意志所決定，沒法偽裝亦無從掩飾，因此我們只要能辦別哪組面部肌肉在活動，就能準確知道一個人正在經歷的真實情緒。艾克曼的實驗室更開發了Micro Expressions Training Tool（METT）和Subtle Expression Training Tool（SETT）兩套軟件，以影像的方式教授一般人如何閱讀微表情，這對於不能或不願意表達自己情緒的心理病患者（例如亞氏保加症或自閉症）幫助尤大。另外，艾克曼亦將他的微表情理論用於測謊之上，他被稱為「世上最準確的人肉測謊

---

2   Paul Ekman, "Emotions Across Cultures," in *Emotions Revealed: Recognizing Faces and Feelings to Improve Communication and Emotional Life* (New York: Henry Holt and Company, 2003), 15.

機」，美國聯邦調查局 (FBI) 也邀請他幫助研發測謊機器，因而被列為二十世紀一百位最有影響力的心理學家之一。以艾克曼的理論作為藍本，美國更拍攝了一齣名為《別對我撒謊》(*Lie to Me*) 的電視劇，講述一個能閱讀別人情緒的心理學家如何破解各種錯綜複雜的案件。

1967 年，艾克曼到了巴布亞新畿內亞 (Papua New Guinea) 進行人類學研究。[3] 巴布亞新畿內亞位於太平洋西部、澳大利亞以北，島上有著數百個土著族群，皆以農業為生，其中東南方的福爾族人 (Fore) 自給自足，沒有接觸過西方文明；他們沒有家居電器用品，沒有大型交通工具，甚至沒有書寫的文字；他們獨處一隅，過著簡單而原始的生活。艾克曼認為福爾族是研究基本情緒的理想對象，由於他們從未曾與西方文明接觸，因此他們的情緒反應不可能是後天模仿和學習西方文明得來，如果能證明他們跟我們有著相同的情緒反應，那就表示這些情緒反應是天生的，是寫在我們的基因中而為全人類所共有的。

圖 6.1　巴布亞新畿內亞福爾族人

要找出福爾族人有哪些情緒反應跟我們一樣，艾克曼嘗試向他們展示西方人不同的情緒表情，看看他們能否辨認出背後的情緒。由於福爾族人沒有文字，艾克曼請他們描述相片中的人在經歷什麼事，為什麼他會作出這樣的表情，和之後會發生什麼事。雖然他成功獲得了很多不同的故事，但要證明它們是否指向同樣的情緒卻相當困難，尤其當故事涉及一些我們不熟悉的習俗或信仰時，我們不能因為我們會說出相似的故事就簡單地認為彼此有相似的情緒，或

3　Paul Ekman and Wallace V. Friesen, "Constants across Cultures in the Face and Emotion," *Journal of Personality and Social Psychology* 17, no. 2 (1971): 124–129.

是因為我們無法理解他們的故事就認為彼此有不同的情緒。例如「那人的房子被颱風毀了」和「那人的魚被朋友偷了」這兩個故事是不是在描述同一種情緒呢？對於我們來說，私有財物被偷會感到憤怒，跟在天災中失去財產的悲傷截然不同，但對於人際關係異常緊密的福爾族來說，被朋友背叛引起的是悲傷而非憤怒，亦即是說兩個故事表達的可能同樣是悲傷。

　　一年之後，艾克曼再次回到巴布亞新畿內亞，用另一個方法進行研究。這一次，他不再要求福爾族人就表情說故事，而是反過來要求他們就不同的故事選擇相應的表情照片。例如，翻譯員說出故事：「他正獨自坐在家中，村裏再沒有其他人。家中沒有刀、斧頭或弓箭。一隻野豬站在門前，他很不安地看著牠。野豬在門前站著不動，他很擔心牠會咬他。」然後，艾克曼提供以下三張不同的相片（圖6.2），讓他們辨認出合乎故事情節的表情。[4]

圖6.2　讓福爾族人就不同的故事選擇相應的表情照片

　　結果發現，大部分福爾族人都選擇第一張，即表達恐懼的照片。其他的故事包括：(1) 你的孩子死了；(2) 你感到憤怒，並想要爭取；(3) 你看見一隻死豬，橫臥在地上許久；和 (4) 朋友到來，你感到開心。結果發現，福爾族人能正確辨認出憤怒、恐懼、驚訝、悲傷、快樂以及噁心六種情緒。離開前，艾克曼更拍攝了福爾族人

4　Ekman, "Emotions Across Cultures," 9.

不同情緒的面部表情（圖6.3），[5] 帶回美
國讓學生嘗試加以辨認，結果發現學生
同樣成功地分辨出六種情緒，包括恐
懼、憤怒、悲傷、鄙視、驚喜和噁心。[6]
基於沒有接觸過西方文明的福爾族人能
辨別出西方人這六種情緒的面部表
情，而西方人亦能辨認出他們從來沒有
見過的福爾人的這六種面部表情，艾克
曼得出結論，認為這六種情緒為人所共
有的基本情緒，而我們這一章所關注的
噁心便是其中一種。[7]

圖6.3　福爾人的部分面部表情

　　艾克曼的研究引起了人類學家熱烈的討論，為了反駁艾克曼的
基本情緒論，不少研究者著力於發掘不同民族的情緒表情的差異之
處。美國心理學家Saba Safdar等人在2009年進行了一項跨文化研
究，參與的835名大學生分別來自加拿大、日本和美國。研究員以
問卷的方式調查參與者在不同的處境的情緒行為表現。[8] 結果顯示，
相對於加拿大人和美國人，日本人較少表達出激烈的負面情感，例
如憤怒、鄙視和噁心；有趣地，甚至連正面的情緒，日本人也不太

5　同上註，頁11–12。

6　相對於其他情緒，福爾族人成功分辨恐懼與驚訝的比率最低。美國學
　　生分辨福爾族人的表情亦出現同樣的情況。

7　人類學家Karl Heider與其心理學家的妻子Eleanor Heider到了巴布亞新
　　畿內亞西部，同樣邀請與文明世界隔絕的族群進行與艾克曼類似的實
　　驗，得到相似的結果。

8　Saba Safdar, Wolfgang Friedlmeier, David Matsumoto, Seung Hee Yoo, Catherine
　　T. Kwantes, Hisako Kakai, and Eri Shigemasu, "Variations of Emotional Display
　　Rules within and across Cultures: A Comparison between Canada, USA, and
　　Japan," *Canadian Journal of Behavioural Science / Revue canadienne des sciences du
　　comportement* 41, no. 1 (2009): 1–10.

願意表現出來。研究員解釋，日本是一個集體主義的國家，所以日本人會避免公開地表現憤怒、鄙視和噁心等可能會破壞社會和諧的情緒。相反，加拿大和美國是個人主義的國家，強調個人的自主，所以對自身的情緒宣洩便帶有較少的保留。而加拿大人和美國人唯一不同的地方是鄙視的表達：加拿大的社會強調親和力，所以人們傾向接受別人，而表達較少的鄙視；反之，美國人強調自我的肯定，因而較難接受他人的不是，鄙視的情感也隨之而生。

艾克曼認為這些差異不足以推翻他的基本情緒論。他同意情緒表情會受著不同文化下不同的表現規則 (display rules) 所影響。[9] 所謂表現規則，指的是不同文化下，決定著人在不同場合時，何種情緒表達方法為「合適」的成文或不成文的社會規範。Wallace V. Friesen 的研究便發現，當美國人和日本人在看一段引起不安的影片時 (肢體被切割)，如果實驗員在旁觀察，日本人會較美國人更傾向以笑容掩飾他們的噁心之情，這便是表現規則帶來的效果。然而艾克曼認為，在表現規則發揮作用之前，我們共有的面部表情其實已經出現。在上述實驗中，當實驗員不在場時，從隱藏的攝影機可見，日本人和美國人所展示的噁心表情並無二致。[10] 這些在表現規則介入前出現的微表情，只有經過嚴格訓練的人或是特定的儀器才能觀察得到，而六組人類共有的微表情則證明了艾克曼所提出的六種基本情緒的存在。

9   Paul Ekman and Wallace V. Friesen, "Why Mistakes Are Made in Understanding Facial Expressions of Emotion," in *Unmasking the Face: A Guide to Recognizing Emotions from Facial Clues* (Cambridge, MA: Malor Books, 2003), 20.

10 Wallace Verne Friesen, *Cultural Differences in Facial Expressions in a Social Situation: An Experimental Test of the Concept of Display Rules* (San Francisco: University of California, San Francisco, 1972).

附錄：艾克曼六種基本情緒的面部特徵[11]

情緒	面部表情特徵（微表情）	情緒	面部表情特徵（微表情）
悲傷	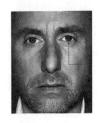 • 上眼皮下垂 • 眼睛失去焦點 • 嘴角微微拉下	恐懼	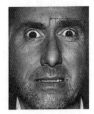 • 眼眉提高和緊湊在一起 • 上眼皮向上提升，下眼皮變得繃緊 • 嘴唇微微往耳朵伸延開
噁心	 • 鼻子抽緊 • 上唇輕微提高	憤怒	 • 眼眉向下移並緊湊在一起 • 銳利的眼神 • 嘴唇微微壓平及收窄
鄙視	 • 一邊嘴角向上提起及拉緊	驚喜	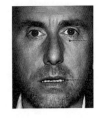 • 眼眉升高 • 嘴巴張開 • 眼睛睜大

11　Ekman, "Emotions Across Cultures," 9.

2——後續研究

對於情緒為先天還是後天這問題，艾克曼的研究開啟了一個新的方向，科學家們嘗試以不同形式驗證艾克曼提出的六種基本情緒是否人所共有。1987年，艾克曼聯同來自世界各地的12位科學家進行了一個大型的跨民族研究，研究對象來自愛沙尼亞、德國、希臘、香港、意大利、日本、蘇格蘭、蘇門答臘、土耳其和美國。[12] 首先，像一般的情緒判斷實驗，參與者會觀看一系列的面部表情照片，判斷它們代表哪種情緒。然後，研究人員告訴他們有些表情可能代表多於一種不同強度的情緒，讓他們再次看剛才的照片作判斷，這一次他們可以選擇多於一種情緒，再就不同的情緒的強度作排序，例如他們可以判斷某一表情為六分憤怒、三分恐懼、一分驚訝。結果發現，來自這十個國家的人不單就不同的情緒表情作出高度相似的判斷，他們對於包含多於一種情緒的表情，也能分辨當中最強烈和第二強烈的情緒。相對於艾克曼在巴布亞新畿內亞的實驗，這個實驗包含更多不同種族的人，具有更高的外在有效性（external validity），經過改良的判斷任務亦更能反映實驗對象複雜的情緒判斷，為艾克曼的六種基本情緒論提供更有力的證據。

然而，艾克曼的實驗有一個經常為人詬病之處，即難以確保實驗對象的情緒反應沒有受到外來文化的影響。在上述的實驗中，儘管十個國家的人能辨別相同的情緒，但艾克無法證明這是他們的天賦還是在文化交流下培養出來的能力。即使是號稱沒有接觸過西方文明的福爾族人，當艾克曼與其他科學家到當地進行田野考察時，也難免會讓對象不自覺地模仿自己的面部表情，影響了實驗的可靠

---

12 Paul Ekman et al., "Universals and Cultural Differences in the Judgements of Facial Expressions of Emotions," *Journal of Personality and Social Psychology* 53, no. 4 (1987): 712–717.

度。有見及此，一些心理學家另闢蹊徑，嘗試研究天生失明和失聰的小孩的情緒反應，這些小孩因為天生的缺陷，使得他們不可能模仿他人的情緒表情，如能證明他們的情緒表情跟一般人相同，那便可作為支持基本情緒論的強力證據。早在1932年，心理學家Florence L. Goodenough便開始這項研究。她的觀察對象為一個天生失明和失聰的十歲女孩，首先她將一個小洋娃娃放在女孩的裙和襯裙之間，女孩立即露出害怕的表情，當她伸手進襯裙內，摸到從未接觸過的洋娃娃時，她的表情由恐懼轉為驚訝。她嘗試將它拿出來，好幾次也不成功，這時她露出了失望的表情。突然，她換個方向從裙頭伸手去抓那洋娃娃，她相當使勁，動作大而粗暴，表現出憤怒之貌。當她終於成功拿出洋娃娃，她興奮得手舞足蹈，放聲大笑。[13] 這一系列的情緒表情，跟正常人的沒有什麼分別，證明這幾種情緒生而有之，不必經過後天學習而得。為了得到更客觀的觀察，Galati和其他人以艾克曼的面部動作組織系統(FACS)比較8至11歲天生失明和視力正常的小孩的表情。[14] FACS細緻而精密地描述了不同情緒所涉及的面部肌肉，稱之為活動單位(action units, AU)，而每一個基本情緒都是由數個活動單位組成。例如，快樂一般涉及面頰上升(AU6)和唇角上揚(AU12)，而噁心一般涉及皺起鼻子(AU9)、上唇升起(AU10)和下顎降低(AU26)。他們發現，當天生失明的小孩與正常視力的小孩的基本情緒被誘發時，他們的臉部活動單位的改變高度相似，例如當他們被要求飲用數滴蕃茄汁和可樂的混合飲料時，兩組孩子的反應都涉及AU9、AU10和AU26的活動，亦即表示他們擁

13　Florence L. Goodenough, "Expression of the Emotions in a Blind-Deaf Child," *The Journal of Abnormal and Social Psychology* 27, no. 3 (1932): 328–333.

14　Dario Galati, Barbara Sini, Susanne Schmidt, and Carla Tinti, "Spontaneous Facial Expressions in Congenitally Blind and Sighted Children Aged 8–11," *Journal of Visual Impairment & Blindness* 97, no. 7 (July 2003): 418–428.

有相同的噁心表情。由於這些孩子不可能從觀察別人學會噁心的表情，因此，唯一合理的解釋便是其噁心表情是生而有之的。

　　既然不同情緒有其獨特的面部表情，如果我們能證明不同民族的情緒表情相同，則能證明不同民族擁有相同的情緒，這是艾克曼的研究進路。然而，情緒涉及的反應不只面部表情，亦包括獨特的自主神經系統 (autonomic nervous system, ANS) 反應，例如 Levenson、Ekman 和 Frieser 發現，相對於快樂和愉悅等正面情緒，憤怒和恐懼的心跳率上升水平較高，而恐懼和噁心則有著更高的皮膚導電性。[15] 在負面情緒中，憤怒、恐懼和悲傷皆比噁心有著較高的心跳率，而憤怒的手指皮膚溫度則較恐懼高。如果能證明這些 ANS 反應在不同民族之間是共通的，則能從另一個角度證明情緒為人所共有。Levenson 等人邀請了 129 名印尼米南加保人 (Minangkabau) 做實驗參加者，對比 1990 年以美國人為對象的測試結果。[16] 米南加保是印尼武吉丁宜 (Bukittinggi) 的一個小鎮，距離巴東 (Padang) 約 100 公里。米南加保與美國的文化存有很大的差異，包括宗教（米南加保信奉回教，美國信奉猶太教與基督教為主）、社會結構（米南加保為母系社會，美國為父系社會）、經濟發展（米南加保以農業為生，美國以工業為主）、對情緒的信念（米南加保人著重情緒在人際關係上的應用，美國人著重了解內在的情感）、社會規則對情感宣洩的影響（米南加保社會強烈禁止人們公開表達負面的情緒，美國卻只有少量的限制）和參與科學實驗的經驗（米南加保人沒有參與的經驗，美國人

15　Robert W. Levenson, Paul Ekman, and Wallace V. Friesen, "Voluntary Facial Action Generates Emotion-Specific Autonomic Nervous System Activity," *Psychophysiology* 27, no. 4 (1990): 363–384.

16　Robert W. Levenson, Paul Ekman, Karl Heider, and Wallace V. Friesen, "Emotion and Autonomic Nervous System Activity in the Minangkabau of West Sumatra," *Journal of Personality and Social Psychology* 62, no. 6 (1992): 972–988.

則早已習以為常）。結果發現，即使存在如此巨大的後天差異，印尼米南加保人和美國人的幾種基本情緒有著高度相似的 ANS 反應，由此進一步證明包括噁心在內的六種基本情緒確為人所共有。

第二節　噁心作為第一防禦系統

在上一節，我們探討了各種支持噁心為人所共有的基本情緒的證據，這對於了解噁心的功能有莫大的關係。從演化論的角度看，一個情緒之所以能為全人類所共有，最合理的解釋是因為該情緒對人類共同的祖先的生存和繁殖帶來重要的優勢，因此在天擇的過程中被保留到我們的基因之中。既然噁心為人所共有，我們很有理由相信它必然具備重要的演化功能。在這一節，我們將探討噁心為人類帶來怎樣的演化優勢，以及噁心在人類文化之中經歷怎樣的變化。

1—身體感染

追溯至古希臘，噁心（disgust）的字根原意為「不好的味道」（bad taste）。相比視覺和聽覺，噁心與味覺、嗅覺和觸覺有著更密切的關係。想像一下，你在遠處看見一杯發霉的牛奶，你大概不會感到很噁心，然後你去拿起那杯牛奶，放在鼻子前用力嗅，你開始覺得反胃。你再將手指插進牛奶中，那種霉菌與皮膚的觸覺將使你全身發毛，如果你有勇氣一口氣喝下牛奶，你的噁心之感將升到頂點，嘔吐已然不可避免。有別於與對象保持一定距離的視覺和聽覺，味覺、嗅覺和觸覺透過直接接觸而產生，我們經由口部咀嚼食物而產生味覺，從鼻腔呼吸空氣而產生嗅覺，和透過皮膚觸摸物件而產生觸覺。這些感官猶如身體的一道界線，當這界線被外物入侵時，我們便會感到噁心。從日常生活中，不難察覺引起噁心之感的大多是

容易引起疾病的不潔之物。例如，甲型肝炎和破傷風大多經由污物和糞便傳播；流行的呼吸疾病如急性呼吸道感染和肺結核等，源於咳嗽或打噴嚏產生的鼻黏液和飛沫的傳播；腹瀉和條蟲等一般是進食了未經煮熟或不潔的食物而形成，例如生肉和過期牛奶等；常見的性病例如愛滋病（AIDS）和梅毒（syphilis）等，病菌一般透過不安全的性行為或共用針筒，從血液、體液或傷口的接觸所傳染。由此可見，噁心是一種防止不潔之物入侵身體的機制，每當致病物嘗試透過味覺、嗅覺和觸覺進入我們的身體時，噁心就像警鐘般提醒我們危險將至。

那麼，噁心是如何達到保護我們身體的功能呢？這跟噁心聯繫著的一系列主觀感受和客觀行為有關。首先，噁心能引起反胃之感（nausea）。當我們接近污穢之物時，腹中會有翻滾的感覺，胸口翳悶，使我們徹底喪失食慾，這也就防止了我們吃或接觸這些致病源。第二，當我們不慎吃下不潔之物時，噁心引起的嘔吐能逼使我們將之吐出，有清空腸胃的作用，使病源不能長期留在體內。第三，噁心具有高度傳染性，在諸多引發噁心的事物當中，幾乎沒有人不會對嘔吐物感到噁心，我們甚至只要想像嘔吐物的樣貌和味道，便已經有反胃的感覺。噁心這種傳染性就像一個警號般，提醒身邊的同伴不要進食附近的不潔之物。由此可見，噁心不單為我們身體的第一防線，更起著保護整個群體之效。

基於噁心擁有改變我們的行為的強大力量，現代社會廣泛地利用噁心這情緒來強化人的衛生意識。例如，雖然使用肥皂液洗手能夠有效防止例如腸道感染、流行性感冒、眼部感染和與愛滋病相關的感染，但是大多數人對使用肥皂液洗手的意識仍是十分薄弱。Valerie A. Curtis、Lisa O. Danquah 和 Robert Aunger 記錄了 11 個發展中國家的人民在如廁後洗手的習慣，結果發現平均只有 17% 的母親或兒童照料者會如廁後洗手，當中迦納和馬達加斯加只有 3% 和 4%，

而中國、坦桑尼亞和烏干達則佔12%–14%。[17]甚至在先進的英國，也只有43%的母親替孩子更換尿布後用肥皂液洗手。[18]其後，Renata Porzig-Drummond等人發現，在宣傳短片和海報上加入一些引起噁心的相片，能夠提高人們洗手的意識。[19]Gaby Judah等人曾設計一些與噁心相關的標語，例如「將它洗去，或之後把它吃掉」（"Soap it off or eat it later"）和「不要隨身帶著馬桶——用肥皂液洗手」（"Don't take the loo with you—wash with soap"），並張貼在洗手間的入口，測試這些標語是否有效影響人們洗手的習慣。經過32天的觀察，發現噁心的標語有效地提升人們（特別是男性）對肥皂液的使用，男性看過標語而使用肥皂液洗手的比例上升了9.8%，而女性雖然沒有男性的顯著行為差異，但肥皂液的使用率也比平常高。[20]

　　另一個例子是戒煙。現時，世界衛生組織提倡在香煙的包裝上印有因吸煙而患病的人的器官相片。Hammond等人曾進行相關的研究，發現在616位吸煙參加者中，有19%的人因為看到與吸煙有關的噁心相片而減少了吸煙量，當相片的噁心程度越高，他們戒煙的成功率便越高。[21]2012年，Reiter等人針對美國高吸煙率地區俄亥俄

17　V. A. Curtis, L. O. Danquah, and R. V. Aunger, "Planned, Motivated and Habitual Hygiene Behaviour: An Eleven Country Review," *Health Education Research* 24, no. 4 (2009): 655–673.

18　Val Curtis, Adam Biran, Katie Deverell, Clarissa Hughes, Kate Bellamy, and Bo Drasar, "Hygiene in the Home: Relating Bugs and Behavior," *Social Science & Medicine* 57, no. 4 (2003): 657–672.

19　Renata Porzig-Drummond, Richard Stevenson, Trevor Case, and Megan Oaten, "Can the Emotion of Disgust Be Harnessed to Promote Hand Hygiene?: Experimental and Field-Based Tests," *Social Science & Medicine* 68, no. 6 (2009): 1006–1012.

20　Gaby Judah, Robert Aunger, Wolf-Peter Schmidt, Susan Michie, Stewart Granger, and Val Curtis, "Experimental Pretesting of Hand-Washing Interventions in a Natural Setting," *American Journal of Public Health* 99, no. S2 (2009).

21　David Hammond, Geoffrey T. Fong, Paul W. McDonald, K. Stephen Brown,

州，利用焦點小組 (focus group) 的質性研究方法，探討官方在香煙包裝上的戒煙標籤對市民的作用。[22] 美國食品藥品監督管理局 (The U.S. Food and Drug Administration) 於2011年推出的其中六款戒煙標籤 (圖6.4，見下頁)，大部分也與噁心相關 (煙包1–4)。Reiter發現男人的氣管開孔 (煙包1) 和患上嚴重口腔疾病 (煙包2) 的圖片最有效阻嚇人們吸煙，這結果透露了圖片的噁心程度越具體 (吸煙對外表的影響)，人便越遠離吸煙這行為。有趣地，噁心主題的圖片比悲傷主題 (煙包5) 和喚起人們理性 (煙包6) 的圖片更具阻嚇力，這也說明了相對於其他的情緒或理性思考，噁心是一個更即時和有力的抗拒機制。

2——交感法則

如果噁心只是一個防止身體受到不潔之物感染的機制，我們似乎難以理解某些日常生活中噁心的例子。例如，某人曾經接觸到排泄物，即使你看著他將手徹底洗淨，為何你還是不願意跟他握手？再美味的巧克力，如果將之做成糞便的形狀，為何絕不會有人願意品嚐？Paul Rozin、Linda Millman 和 Carol Nemeroff 曾進行一連串「重口味」的實驗，首先他們在參加者面前放著兩杯用透明膠杯盛載的果汁，讓參加者細味，並為果汁評分；之後，實驗員將一隻經徹底消毒的蟑螂屍體 (約4厘米) 放進其中一杯果汁裏，將一支消毒過的生日蠟燭座放進另一杯果汁裏，作為對照。在過程中，實驗員以提問

and Roy Cameron, "Graphic Canadian Cigarette Warning Labels and Adverse Outcomes: Evidence from Canadian Smokers," *American Journal of Public Health* 94, no. 8 (2004): 1442–1445.

22 Paul L. Reiter, Benjamin Broder-Oldach, Mary Ellen Wewers, Elizabeth G. Klein, Electra D. Paskett, and Mira L. Katz, "Appalachian Residents' Perspectives on New U.S. Cigarette Warning Labels," *Journal of Community Health* 37, no. 6 (2012): 1269–1278.

圖6.4　六款煙包的戒煙標籤設計

的方式確保參加者專注於放進果汁的物件，例如在攪拌的過程中讓參加者數數蟑螂腳的數量。完成攪拌的動作後，實驗員再一次邀請參加者為兩杯果汁評分，並選擇淺嚐其中一杯果汁。不意外地，放進蟑螂的果汁的喜愛度大減，不願意喝這杯果汁的人更為數不少。[23]

23　Paul Rozin, Linda Millman, and Carol Nemeroff, "Operation of the Laws of Sympathetic Magic in Disgust and Other Domains," *Journal of Personality and Social Psychology* 50, no. 4 (1986): 703–712.

然而，參加者知道實驗中使用的蟑螂經消毒後是絕對乾淨的，可能比果汁本身更乾淨，那麼，如果噁心是對不潔之物的抗拒，為什麼他們會對明知是乾淨的東西感到噁心？

為了解釋這些現象，心理學家Rozin提出了噁心的兩大交感法則（sympathetic rules）。第一法則為感染法則（law of contagion），意思為「曾經接觸，猶如永遠接觸」（once in contact, always in contact）。[24] 事實上，曾接觸過的物件不代表永遠接觸著，而噁心卻會讓人相信，曾經接觸過不潔之物的東西，會被它們以某種非物理的形式永遠依附著，以致成為永久的感染物。這法則正好解釋了為什麼在上述的實驗中，多數人不願意喝那杯接觸過蟑螂的果汁。蟑螂經常出沒於垃圾堆之中，腳上的毛帶著各式各樣的細菌，長久以來都是傳播疾病的元兇。基於感染法則，即使蟑螂被徹底消毒，我們的噁心機制還是認為蟑螂永遠附帶著病菌，促使我們敬而遠之。同樣地，某些性行為很容易引起人的噁心，這是因為它們接觸到人的排泄系統，例如肛交涉及肛門與尿道的接觸，口交更是將經常接觸尿液的器官放到口中，即使這些排泄器官經過徹底清洗，但我們噁心的機制還是認定它們已被排泄物感染而拒絕接觸。（儘管某些性行為會引起噁心，但仍有不少人不介意進行，我們將在最後一節探討其原因。）在感染法則的影響下，連清潔廁所、處理屍體甚至在廚房工作的人，有時候都會引起人的噁心。

第二法則為相似法則（law of similarity），其原理是「外表等同於事實」（appearance is reality）。[25] 事實上外表相似的東西當然不等於它們是同一樣東西，但噁心卻令人相信，看似是被感染的東西一定已經被感染。例如，筆者曾在課堂上將檸檬茶倒進一個新的尿壺中，

24　同上註。
25　同上註。

請學生飲用，結果所有學生皆避之則吉。問到他們拒絕的原因，他們都說雖然明知檸檬茶是乾淨的，但因為在尿壺中茶色帶點白泡沫的液體實在太像尿液，因此令人感到很噁心。Rozin等人曾進行類似的實驗。他們準備了一些甜點，由參加者就其味道評分。[26] 用過第一份甜點後，實驗員再拿出兩份與第一份有著相同材料的甜點，一份是普通的鬆餅形狀，而另一份則是狗糞便的形狀。實驗員請參加者指出對兩款甜點的渴望度，並進食其中一款。結果，參加者給予狗糞便形狀的甜點較低的評分，雖然他們知道當中的成分跟最初的甜點沒有分別，但其形狀與狗糞太相似，令他們不期然產生了噁心之感。在另一個實驗中，Rozin等人問及參加者是否能夠將膠塞和模仿嘔吐物的膠製玩具用嘴唇夾住，並維持10秒。[27] 結果，人們普遍抗拒把模仿嘔吐物的膠製玩具放在嘴唇中間，因為這猶如將不潔的嘔吐物放進口裏。

　　這兩條法則明顯違反人的理性，曾經接觸當然不代表永遠受感染，類似感染物的東西本身亦不一定是感染物。問題是，如果這兩條法則會使我們作出非理性的決定，那何以它們會在演化中被保留下來，成為帶來演化優勢的噁心機制的一部分？對個人而言，跟隨這些法則的確未必有好處，誤將清潔的東西當成不潔，輕則喪失獲得資源的機會，重則得罪同伴而使自己被孤立。然而，在悠長的演化史中，如果我們從人類整體的角度去看，便能看出這兩條不理性的法則當中的道理。在第五章，我們討論過「安全勝過遺憾」(better to be safe than sorry) 這策略的演化價值，當人面對一杯泡過蟑螂的牛奶時，可以選擇喝與不喝。選擇喝的話，如果蟑螂被消毒過，則我們能獲得營養，如果蟑螂未被消毒，則我們會感染細菌；選擇不喝

26　同上註。
27　同上註。

的話，如果蟑螂被消毒過，我們便喪失了一次獲得營養的機會，可能要捱餓，如果蟑螂未被消毒，則我們雖然要捱餓，卻避免了受感染的危機。這兩個選擇的四種後果如下表：

	乾淨的牛奶	骯髒的牛奶
喝	獲得營養	受感染
不喝	暫時捱餓	避免受感染

從表中可見，選擇喝雖然有機會得到最好的結果，即獲得營養，但同時也可能面對最壞的結果，即受到感染。相反，選擇不喝雖然最好也只能做到免受感染，但最壞也不過是暫時捱餓。基於羅爾斯的「小中取大」策略，[28] 最理性的做法應該是避免最壞的結果而非追求最好的結果，亦即是說，不喝才是比較理性的做法。感染法則和相似法則所產生的噁心感覺驅使我們在不清楚食物是否受到感染的情況下拒絕食用，防止最壞的結果出現，這兩條法則提高了我們的存活率，因此也就在我們的基因中被保留下來了。在這意義下，噁心的兩條法則雖在當今個人層面上不理性，卻在物種的演化中表現出理性的一面。

3—靈魂感染

將噁心視為防止身體受感染的機制，可以解釋我們日常生活中很多不同的噁心經驗，縱觀不同的引起噁心之物，大部分的確是不潔的和容易致病的。然而，即使加上兩條感染法則，有些東西明明不可能會令身體感染，卻還是會使我們感到噁心。例如傷者已經癒合的截肢、癌症病人在枕頭上丟落的大把頭髮、嚴重的兔唇和裂顎等，我們知道對傷患人士感到噁心是道德上錯誤的，我們也努力教

28　見本書第五章，頁158。

導小孩子不應該對他們投以不友善的目光，然而我們之所以需要再三強調這道德要求，正是因為我們天生自然地會對之感到噁心。又例如吃狗肉、在公眾場所裸體、人獸交等，雖然跟身體感染扯不上關係，但還是會引起噁心之感。

為了解釋這些現象，Rozin、Haidt和McCauley提出了動物本能噁心（animal nature disgust）的理論。[29] 動物本能噁心論指出，那些提醒我們人類跟其他動物沒有區別，同樣為有血有肉、會生病會死亡的生物的東西，能引起我們噁心的感覺。如果說上兩小節談及的噁心源於身體感染，那麼動物本能噁心可以說是源於靈魂的感染。這裏的靈魂不是指任何宗教上或哲學上的靈魂概念，而是泛指人與動物之所以不同的地方，亦即所謂人禽之辨。中西方哲人對於人的本質有不同的講法，儒家認為在於良知，亞里士多德認為在於理性，弗洛姆認為在於對自我的意識，這些講法背後有一共同信念，即人不是亦不應跟動物一樣。儘管如此，人終究有其動物性，當我們的動物性被揭露時，彷彿讓人之為人的靈魂被污染了一樣，讓我們感到噁心。當然，不是所有動物性都是噁心的，我們每天需要吃飯、飲水、睡覺，到醫院照X光或磁力共振所顯示出的身體結構等，都表現出我們的動物性，但這些都不會引起噁心。能引起動物本能噁心、使我們感到靈魂被感染的，主要有以下兩類動物性：

第一，一些太明顯地以動物的形式進行的行為會引起噁心。吃東西本身並不噁心，但像野獸一般茹毛飲血、不使用餐具、趴在地上狼吞虎嚥，又或是吃一些一般人不會吃的東西，例如昆蟲、貓狗等，卻很容易引起噁心，這是因為我們認為人雖然必須進食，但也

29　P. Rozin, J. Haidt, and C. R. McCauley, "Disgust," in *Handbook of Emotions*, ed. M. Lewis, J. M. Haviland-Jones, and L. F. Barrett, 3rd ed. (New York: Guilford Press, 2008), 757–776.

應該文明地吃、有教養地吃。孔子對飲食的要求就相當高，他說：「割不正，不食。不得其醬，不食。肉雖多，不使勝食氣。惟酒無量，不及亂。」[30] 肉應該怎樣切、有沒有適當的配菜、應該吃多少飯和喝多少酒，這些顯然不是衛生的要求，而是人之為人應該如何進食的文明要求，這也是不同民族的人有各式各樣餐桌禮儀的原因。又例如，性行為本身並不噁心，但在公眾場所進行性行為、與多人同時進行性行為，又或是跟其他動物進行性交卻很容易令人噁心，因為我們相信只有野獸才會這樣做。另外，一些在公眾場合出現的生理反應，如吃飯後的胃氣、放屁等，因為代表著我們的最具動物性的消化和排泄系統，有時也會引起噁心。我們對於動物本能的厭惡，更見於辱罵別人時的用語，我們會羞辱敵人為「狗」、妓女為「雞」和男妓為「鴨」、懶惰的人為「豬」、狡猾的人為「狐狸」、心腸惡毒的人為「蛇」等，在在表現出動物性對靈魂的感染所引起的噁心。

　　第二，一些喚醒我們對於身為動物的脆弱性的事物亦容易引起噁心。古今中外不同的民族都有追求長生不老、靈魂不滅的慾望，然而不論人的智慧有多麼發達，心靈有多麼豐富，我們的身體跟所有動物一樣，總要面對疾病和死亡。於是乎，我們會對殘肢、患病時脫落的毛髮、在皮膚或面上長的腫瘤、受傷時流的血和膿、傷口、露出體外的肌肉組織和骨頭，以至於屍體產生厭惡之情，因為這些東西逼使我們面對一個難堪的事實：我們終將與所有動物一樣慢慢變老、生病，然後死去。有趣的是，大多數流出體外的的體液如口水、血、汗都會讓人感到噁心，唯獨眼淚不會。這是因為人的眼淚跟一般動物的淚水不同，淚水只是眼睛受到刺激時的分泌物，但人的眼淚卻帶有意義，它代表著人失去了構成一己生命意義的一

30　姚永樸撰，余國慶校：《論語解注合編》卷五（安徽：黃山書社，2014），〈鄉黨第十〉，頁170。

部分所引起的悲傷，如唐琬的「曉風乾，淚痕殘。欲箋心事，獨語斜闌」，[31] 寫她被逼離開丈夫、晚晚落淚的悲痛；蘇東坡的「相顧無言，唯有淚千行」，[32] 寫他渴望在夢中重遇亡妻那份難以言喻的苦苦思念；杜甫的「出師未捷身先死，長使英雄淚滿襟」，[33] 寫諸葛丞相復興漢室壯志未酬的那份不甘心。又如梁祝中的哭墳、孟姜女哭崩長城等，當中的眼淚正正表現出人之為人的那份深刻無比的絕望感，因此即使眼淚是分泌物，也不會引起我們的動物本能噁心。

附錄：《奇蹟男孩》

帕拉秋 (R. J. Palacio) 在 2012 年出版的小說《奇蹟男孩》敘述了男孩奧古斯特 (August) 的故事。奧古斯特天生臉部殘缺，引起了別人的動物本能噁心，因而遭受到很多的歧視和不友善對待。故事一開始，奧古斯特形容自己不是一個正常的 10 歲男孩，因為他的「長相」，不論他走到哪兒，別人都會盯著他看。他指：「我不會把我的長相描述給你聽。無論你腦中有什麼想像，恐怕都比那要糟得多。」[34] 在故事的中段，奧古斯特的姊姊維亞嘗試形容弟弟的相貌：

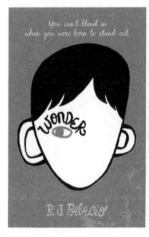

圖 6.5 《奇蹟男孩》

31　唐琬：〈釵頭鳳・世情薄〉，載李華編：《宋詞三百首詳注》(江西：百花洲文藝，2009)，頁 188。

32　蘇軾：〈江城子・乙卯正月二十日夜記夢〉，載《宋詞三百首詳注》，頁 56。

33　杜甫：〈蜀相〉，載彭定求等編：《全唐詩》(北京：中華書局，1960)，頁 2431。

34　帕拉秋著，吳宜潔譯：《奇蹟男孩》(臺北：天地雜誌，2012)，頁 17。

他的眼睛大約在比原本應該在的位置低一吋、幾乎是臉頰中間的地方。一對眼睛以誇張的角度下垂，像是有人在臉上斜斜劃過一道，左眼明顯比右眼低。他的眼睛向外凸，因為他的眼穴太淺，無法完全容納。上眼皮總是半闔著，像是他就快睡著一樣。下眼皮陷得好深，像是有條看不見的線往下扯；你能看見眼睛裏的血紅皮肉，像是快內外翻轉過來。他沒有眉毛，也沒有睫毛。以臉的比例來說，他的鼻子過大，也有點多肉。耳朵的位置，兩側凹陷，像是有人用大鉗子把他的臉從中央壓扁。他也沒有顴骨。他的鼻子兩側都有深深的摺痕，讓他外表看起來有點像熔化的蠟。有時人們以為他是火災燒傷，所以他的五官看起來才會像是熔化、滴落的燭蠟。幾次的下顎手術讓他的嘴邊留下幾道疤痕，最明顯的一道是從他上唇中央，參差不齊地切到他的鼻子。他的上排牙齒很少，而且外展，牙齒嚴重咬合不正，顎骨也過小。他的下巴很小。[35]

與殘障人士相似，奧古斯特的臉孔表現了人類的脆弱性，喚起了人們的動物本能噁心。在噁心以及相連的感染法則驅使下，他的同學們都刻意遠離他，彷彿一旦接觸到他便會受到身體甚至是靈魂的感染。在學校裏，奧古斯特觀察到每次同學們看到他的時候，都會走得遠遠的，以避免與他有任何的接觸：「他們會繞遠路，只為了避開我，以免因為各種可能而撞到我，像是我身上有什麼細菌，或是我的臉會傳染。」[36]上舞蹈課時，女同學希梅納本應是奧古斯特的舞伴。可是，當希梅納面對著奧古斯特時，「她變得非常緊張、臉色發白，而且在一分鐘內發了一身汗，努力想了一些蹩腳的理由跟老

35　同上註，頁118。
36　同上註，頁89。

師說她要去洗手間。」[37] 又有一次，上科學課時，男同學崔斯坦站在
奧古斯特的旁邊，他的手不小心碰到他的手，奧古斯特形容：「就那
麼一秒，崔斯坦立即把他的手迅速抽開……崔斯坦不在乎灑落一地
的白色粉末，也不在乎他毀了整個實驗。他最關心的只有趕快衝去
實驗室洗手台洗手。」[38] 學校的同學們甚至發起了一個名為「黑死病」
的「遊戲」，規則是「誰要是不小心碰到奧古斯特，得在三十秒內洗
手或是找到清潔劑，否則就會受到感染。」[39] 我們當然相當同情奧古
斯特的遭遇，也清楚知道對於殘障人士的歧視是不道德的，但從這
些小孩自然不過的反應，可以見到動物本能噁心生而有之，是人類
為了保護人之為人的靈魂所衍生的機制，只有透過後天教育的潛移
默化，才有望克服這種動物本能噁心。

第三節　道德噁心

1——位格感染

上一節，我們看到噁心如何防止身體和靈魂受到感染。然而，
引起我們噁心的卻不止於感染我們身體或靈魂之物。Rozin、Haidt
和McCauley分析數個有關回想噁心經歷的實驗，發現北美洲人報告
的噁心經歷中，有一些與不潔的食物無關，而是與背叛、偽善和種
族歧視等道德議題相關。[40] Haidt等人也曾訪問在美國居住或留學的

37　同上註，頁101。
38　同上註，頁102。
39　同上註，頁154。
40　Rozin, Haidt, and McCauley, "Disgust," 757–776.

非美籍人士，以探討不同文化的人對噁心這個詞語的使用。[41]他們發現每個國家表達噁心的字詞，均能夠指出生理層面和道德層面的噁心。被訪的比利時人曾解釋，go-al可以用於描述一些可怕的場景，例如意外導致人們的肢體分佈各處，同時又可以形容自己不喜歡的政客。這些研究結果揭示了一種另類的噁心——當我們視為理所當然的道德標準和價值被嚴重破壞時，一種道德性的噁心便會產生。例如，只顧謀取私利而滿口謊言的政客、性侵犯小童的強姦犯、靠血汗工廠致富還認為自己是被剝削員工的大恩人的無良商人、在危難時背叛同伴和朋友的懦夫等，都是常見的道德噁心的對象。2015年，津巴布韋總統羅拔·穆加貝（Robert Mugabe）獲頒中國的「孔子和平獎」，津巴布韋反對派對此表示「極度噁心」。穆加貝以專權統治津巴布韋35年，曾於1982–1985年間種族清洗超過二萬人。他亦令到津巴布韋出現通貨膨脹失控，中央銀行曾發行100萬億面值的紙幣，使整個國家的經濟瀕臨崩潰。對這樣的獨裁者授以「和平獎」的肯定，已經不是憤怒可以形容，我們感到的是噁心，一種道德上的噁心。

如果說噁心的本質在於感染，那道德噁心又是來自怎樣的感染呢？上文提到，道德噁心是對一些違反道德標準的行為的反應。然而，不是所有不道德的行為都會引起噁心，我們聽到小孩撒謊不會覺得噁心，聽到位高權重的高官撒謊才會；看到別人駕車衝紅燈不會覺得噁心，看到醉酒駕駛的人衝紅燈撞倒行人卻罵別人不小心才會。這當中的差別在於所違反的道德標準是否構成我們的位格（personhood）的一部分。所謂位格是指我之為我的地方，哲學家伊

41   J. Haidt, P. Rozin, C. Mccauley, and S. Imada, "Body, Psyche, and Culture: The Relationship between Disgust and Morality," *Psychology & Developing Societies* 9, no. 1 (1997): 107–131.

曼努爾・康德（Immanuel Kant）說：「人能夠具有『自我』的觀念，這使人無限地提升到地球上一切其他有生命的存在物之上，因此，他是一個人……一個與人們可以任意處置和支配的、諸如無理性的動物之類的事物在等級和尊嚴上截然不同的存在物。」[42] 康德在這裏與「事物」作對比的「人」指的就是位格。「位格」跟動物本能噁心關心的「人類」不同，人類是一個物種，動物本能噁心關心的是人類這物種是否跟別的物種有清晰的區別，而位格指的是人的道德自我（moral self），是一個能作出道德決定的有尊嚴的主體，只有當構成我們的位格的道德標準受到破壞時，我們才會感到道德噁心。由是觀之，我們可以視道德噁心的起因為位格的感染（contamination of personhood）。例如，當我視自己為一個基督教徒時，我會視遵守十誡為構成我的位格的一部分；當我目睹他人違反十誡如「不可拜偶像」時，我不單判斷其為不道德，更視之為否定我之為我的行為，彷彿我一直賴以建立自我的道德律變得毫無意義；為了防止我的位格受到感染，我便對這種行為產生強烈的噁心，不惜一切去杜絕它、遠離它。如果我接受了儒家的文化，視孝道為人之為人的關鍵，當我看到一個人目睹自己的父母在天災中喪生居然可以無動於衷、繼續飲酒作樂時，我將視他為禽獸不如，每一念及他的笑容我便會感到噁心，這種噁心正是為了防止我的位格受到他的不孝感染而起。

2——噁心作為一種道德判準

既然我們會因為不道德的事而感到噁心，而噁心是人所共有的情緒，那麼噁心是否就能作為放諸四海而皆準的道德判準？不少法

42　康德著，鄧曉芒譯：《實用人類學》（上海：上海人民出版社，2002），頁3。

律學者抱有這種看法。大法官派翠克·德富林 (Patrick Devlin) 認為噁心可以作為立法之本。他說：「我不認為任何人可以忽視那種深切地感受著的自然而生的噁心感。它的出現顯示容忍已到極限，不是所有東西都應該被容忍的。沒有社會可以完全沒有排斥、憤慨和噁心. 這樣的情緒，它們是道德律背後的力量，我們甚至可以說，如果沒有它們，我們將因缺乏社會感而無法限制任何人的自由。」[43] 德富林認為，社會的維繫在於市民共有的情感 (包括噁心) 得到尊重，而這些共有的情感亦是法律的基礎。當某些行為普遍地引起市民的噁心，這情況便給予我們制定法律去限制這些行為的理由，因為如果我們無視這種共有的噁心的話，則社會將面臨瓦解的危機。曾任美國生命倫理委員會主席的萊昂·卡斯 (Leon Kass) 認為，我們不應從理性的角度去證明噁心作為道德判準的合理性，因為「在一些關鍵的情況，噁心是人類深邃智慧的情感表現，超越理性能說明的範圍」。[44]

他舉例說，像亂倫、人獸交、姦屍、吃人肉這些個案，我們是否真的能夠以論證的形式說明當中的恐怖？如果不能的話，我們會否認為對它們感到噁心是不道德的？卡斯認為正好相反，我們不單不會質疑對之的噁心，更會對那些嘗試以理性的方式去說明和排除我們的噁心的人深感懷疑。他說：「我們活在這樣的一個世紀── 一切自由而作的事都被容許、人的天性不被尊

圖6.6　萊昂·卡斯

43　Patrick Devlin, "The Enforcement of Morals," in *Proceedings of the British Academy* (Oxford: Oxford University Press, 2004), 143–144.

44　Leon R. Kass, "The Wisdom of Repugnance: Why We Should Ban the Cloning of Humans," *Valparaiso University Law Review* 32, no. 2 (1997): 687.

重、身體被視為自主理性的工具。噁心可能是維護人性的僅存的聲音。」[45]

芝加哥法律學院教授丹‧卡漢 (Dan Kahan) 認為，要解釋某些罪案的嚴重性，必須而且只能依靠我們對該罪行所產生的噁心之感。卡漢引用了一個在美國發生的案例以作說明。[46] Dennis Beldotti 以極殘忍的手法姦殺了他的女助理 Eugenia Haratsis，女死者身上佈滿傷痕，乳頭被割下，下體被切開；在 Beldotti 的房間，發現死者與其丈夫的裸照和死者死後陰道和肛門被插入假陽具的裸照。法官形容 Beldotti 的罪行「極端殘暴」，將他判為終身監禁，不得保釋。曼徹斯特法律規定判決完成後，法院需將舉證時用過的、屬於被告的東西歸還給被告，Beldotti 要求取回四支假陽具、一些性虐待用的道具、一張女死者的照片、一些女性內衣、一個原本裝著包藏死者屍體的垃圾袋的盒子、24 本刊有未成年兒童裸照的雜誌和一大堆以性虐待為題材的錄影帶。法院斷然拒絕了他的要求，理由是歸還這些東西會引起公眾的不安與噁心。

卡漢認為，大概沒有人會認為我們應該將這些東西歸還給被告，而「引起公眾噁心」似乎是唯一的合理的理由。如果說這些東西會妨礙被告改過自新以重投社會，但對於被判終身監禁、不可能重投社會的被告來說，這個理由並不成立。這些東西也不會在獄中造成騷亂，因為被告只要求將東西交還他在獄外的代表。交還東西也不會減弱判刑的阻嚇作用，因為被告已被判最高刑罰。要說這些不雅的雜誌和錄影帶本身是非法亦難以成立，因為該州的法律只禁止不雅刊物和錄影帶的發行，擁有它們本身並不是非法的。如果這些

45　同上註。

46　Dan M. Kahan, "'The Anatomy of Disgust' in Criminal Law," *Michigan Law Review* 96, no. 6 (1998): 1649–1650.

理由全不成立，而我們又清楚知道歸還這些東西給被告是錯誤的，那麼當中唯一的理由便是，歸還這些與被告極殘酷的罪行有關的東西，讓被告有機會重溫他的罪行而得到快感，這件事情讓我們感到極度噁心。卡漢認為，由這個例子可見，噁心至少在某些情況下是我們作道德判斷的必要兼且充分的條件。

3——道德噁心的風險

很多不道德的行為的確會引起噁心，而這噁心之感的強度亦與這些行為不道德的程度成正比。一個強姦犯固然噁心，但一個強姦女兒的父親則更噁心，而後者的邪惡程度的確高於前者。那麼，我們可否因此認為噁心是一個可靠的道德判準？要看一個煙霧感應器是否可靠，不能只看它會否在煙霧出現時發出警號，同時亦要看它是否只在煙霧出現時發出警號，如果它不管有煙無煙都鳴響不止，那它對我們根本毫無幫助。同樣道理，要判斷噁心是否一個可靠的道德判準，我們要問：令人感到噁心的東西是否總是不道德的呢？

自十九世紀末普萊西案（Plessy v. Ferguson）開始，美國將種族隔離政策合法化，黑人和白人須入讀不同的學校，入住不同的酒店、醫院、監獄，去不同的廁所、公園、酒吧、髮廊、電話亭，甚至要葬在不同的墓地，就算在同一所電影院、同一間餐廳、同一輛巴士，黑人和白人也有其專屬的區域。這些措施號稱「隔離而平等」，然而白人分到的資源如學校和醫院的質素，往往比黑人分到的好得多。1955年12月1日晚上六時左右，一名黑人女性羅莎·帕克斯（Rosa Parks）登上一輛巴

圖6.7　羅莎·帕克斯

士，按照蒙哥馬利市的法律，巴士的前四排屬白人專區，黑人不能坐，而且當白人區域滿座時，司機有權將專區擴大，黑人必須讓座甚至下車。帕克斯當時坐在屬於黑人區域的第五排，當白人專區滿座時，司機要求她讓座，帕克斯拒絕，司機立即報警將她拘捕。這件事引起了黑人對於種類歧視的關注，引發了聯合抵制蒙哥馬利公車運動（Montgomery Bus Boycott），民權領袖馬丁路德金亦在這運動中崛起，最終逼使聯邦政府將種族隔離政策裁定為違憲，而帕克斯則被尊稱為「現代民權運動之母」。[47]

帕克斯的行動刺激了人們對於種族隔離的反思，喚起了大眾對政策背後隱含的種族歧視的噁心，揭示了種族歧視的不道德。單看這一點，噁心似乎是可靠的道德判準。然而，這個故事出現的噁心可不只一種。對於當時坐在車上的白人來說，一個黑人居然霸著屬於白人的座位不肯讓座，這是何等噁心的事！同樣道理，他們會認為黑人和白人那麼的不同，黑人居然要求與白人進同一所學校、用同一個廁所和飲水器，甚至要求容許跨種族通婚，這是多麼噁心的事啊！如果噁心是一個可靠的道德判準，那麼，白人當時所感到的噁心能證明種族隔離是合乎道德的嗎？當一些人因為種族隔離感到噁心，而另一些人因為反對種族隔離而感到噁心，當兩個相反的行為同樣引起噁心時，我們要如何判斷哪一個才是不道德？

類似的矛盾在人類歷史上屢見不鮮。古希臘人認為同性戀不單不噁心，反而是最高尚和神聖的愛。中世紀基督教認為同性戀是上帝所厭惡的，「男人若跟男人同寢，像跟女人同寢，他們二人行了可憎惡的事，必被處死；血要歸在他們身上。」[48]這裏的「可憎」便可以

47　*Seating Arrangements Mrs. Rosa Parks*, Dec. 21, 1956 (New York: United Press).

48　《聖經和合本修訂版（神）》（香港：香港聖經公會，2015），〈利未記〉20:13。

理解為噁心。至1960年代的性解放運動，社會逐漸接受同性戀為一種自然的戀愛模式，同性戀者不應因為個人的性取向而受到歧視，於是不少人對於恐同的 (homophobic) 保守派人士感到噁心。直到今天，一些國家如美國、西歐諸國等承認同性婚姻的法律地位，而另一些國家如俄羅斯、伊朗等則將同性戀視為刑事罪行。我們看見在不同時代和文化之中，有些人對同性戀感到噁心，有些人則對反同性戀感到噁心，如果我們單以噁心作為判準，根本不可能判斷同性戀的道德地位。由此可見，噁心不是一個可靠的道德判準，它充其量只能告訴我們一時一地的道德標準，並不能告訴我們這標準是否合理。

此外，噁心還連繫著危險的行為傾向。當一個人得罪了你而你感到憤怒時，你傾向於想辦法懲罰他，這代表你某程度上將他當作人看待，仍視之為一個道德主體，因為人要為自己的過錯負責任，所以他應該受到懲罰。可是，當你對一個人感到噁心時，你不再視他為跟你一樣身處於道德圈內的人看待，對你來說，他猶如會感染你的不潔之物，於是你即時的反應是將之隔離或是徹底消滅。對於不潔淨的食物、血液甚至是死屍，這似乎是一個防止受到感染的有效反應。那麼，對一個作了不道德的事的人，如強姦犯或虛偽的政客呢？我們應該基於對他們的噁心而將之隔離和消滅嗎？或許將重罪犯永遠囚禁甚至判以死刑是正確的，但背後的理由卻不應該是為了消除我們的噁心之感，而是這樣做能防止他們進一步破壞社會秩序，或是對其他人起著阻嚇作用。對於那些非極端邪惡但卻叫人噁心的罪行，例如性濫交、種族歧視或是假公濟私，將之隔離和消滅明顯地不是合適的反應。由此可見，即使噁心有時能替我們辨別出不道德的行為，但它對這些行為的反應卻很容易過火，甚至違反了人類社會所珍視的基本價值如法治、人權和人身自由。

更有甚者，基於噁心將對象視為死物的傾向，獨裁者往往利用

噁心這情緒來麻痺人的同情心，以利於對敵人施以血腥打擊，甚至種族屠殺。二次大戰期間，希特拉帶領德國人殺害六百多萬猶太人，其中一個伎倆就是將猶太人塑造成污穢噁心、死不足惜的感染物，使德國人認為大規模地屠殺猶太人猶如殺死害蟲一樣，不必有半點猶豫。希特拉在《我的奮鬥》中這樣形容猶太人：「你從他們的外表就看得出來他們是不愛用水的，而更糟的是，你往往閉著眼睛就能感覺出來。後來我時常因為嗅到這些穿長布袍子的傢伙而噁心想吐。」[49] 從集中營極度惡劣的衛生條件，亦能證明德軍有意識地使用這操縱人心的戰略：在進入集中營的首兩年，根本不會為囚犯提供清潔用的水，之後就算有水提供也是髒水，每人只准每星期洗一次澡，每個月最多配給一塊劣質肥皂，牙刷、剃刀等衛生用品一概缺乏。所有人只獲派一套衣服，每6至8星期才用蒸氣馬虎地消毒一次。幾百人的一棟樓房只有一個廁所，入面有22個開放式的座廁，沒有沖水系統，臭氣薰天，每個人也被逼在眾人面前如廁，毫無私隱和尊嚴可言。在這樣的衛生條件下，被囚的猶太人無不蓬頭垢面、衣衫襤褸、一身細菌和寄生蟲，德國人目睹如此骯髒噁心的猶太人，自然不把他們看作人而只看作一堆危險的害蟲，殺之唯恐不及。

　　噁心同樣在1994年發生的盧旺達大屠殺中起著關鍵的作用。當時，非洲盧旺達有兩大種族，分別為胡圖族（Hutu，約佔人口的八成）和圖西族（Tutsis，約佔人口的兩成）。1918至1962年間，盧旺達成為了比利時的殖民地，基於圖西族人的外表與比利時人較相似，比利時統治者將大部分的社會資源給予圖西族人，包括金錢、職位

49　Adolf Hitler, "Years of Study and Suffering in Vienna," in *Mein Kampf*, trans. Ralph Manheim (London: Hutchinson & Co, 1974), 53.

和外國留學機會等。這段時期，掌握統治權的圖西族人對胡圖族進行各項種族歧視的政策。當比利時人離開後，胡圖族人便進行報復。在一百日內，胡圖族人殺了一百萬圖西族人，死亡人數約佔國家人口的兩成。要進行這般殘忍的種族滅絕大屠殺，當時帶領這場殺戮的胡圖族人便是運用了噁心這種情緒，將圖西族人渲染成骯髒的帶菌者，麻痺軍隊對之的同情心。他們這樣形容圖西族人：「妖魔鬼怪，長著尾巴，頭上有角，腳是蹄子，耳朵尖長，紅紅的眼睛在黑暗中發亮。」這種手段從一段當時胡圖族人的廣播中清楚地透露出來：[50]

這些人是骯髒的種族！	These people are a dirty race!
我們必須消滅他們。	We have to exterminate them.
我們必須擺脫他們。	We must get rid of them.
這是唯一的解決辦法。	This is the only solution.
這些蟑螂，誰告訴我，	These cockroaches, who called me,
他們去了哪裏？	where did they go?
他們一定會被消滅。	They surely have been exterminated.
讓我們唱：讓我們歡欣鼓舞吧，朋友們！	Let's sing: Let us rejoice, friends!
蟑螂已經被滅絕！	Cockroaches have been exterminated!
讓我們歡欣鼓舞吧，朋友們！	Let us rejoice, friends!
上帝永遠不會錯！	God is never wrong!

廣播中，圖西族人被稱為「蟑螂」，代表他們是骯髒和有害的生物。廣播者沒有提及「殺人」的字眼，取而代之用上了「消滅」，既然圖西族人是「蟑螂」，那消滅他們就如消滅蟑螂一樣，不需要有半點猶豫。

從同性戀到恐同、種族隔離到種族歧視，在不同的文化與社會中，引起人的道德噁心的對象千差萬別，兩種完全相反的行為可以

---

50 mb243581, "Rwandan Genocide Project (RTLM Radio)," YouTube video, 0:52, Apr. 15, 2009. https://www.youtube.com/watch?v=GeVa6U9yLCc&list=PLA9 1BE7D82786CED4.

引起同樣的噁心，而當噁心將對象非人化的危險傾向被獨裁者利用時，更有可能引發大規模的種族屠殺。由此可見，道德噁心不能作為放諸四海而皆準的道德判準，因為跟以身體和靈魂感染的噁心不同，不同人的道德噁心並不以相類似的東西為對象，亦非普遍存在於所有人之中，它只能反映一時一地的道德觀和價值觀，可以說是一種社會建構而成的情緒。

小 結

在這一章，我們以情緒是先天還是後天這個問題入手，嘗試從另一個角度審視情緒中的身體性和理性成分。基本情緒論指出，包括噁心在內，為數不少的情緒所包含的身體反應都普遍存在於所有人之中，這種普遍性正好證明這些情緒為天生。噁心所包含的嘔吐和反胃等身體反應，帶有防止我們的身體和靈魂受到感染的功能，因此才使噁心演化成為一種天生而共有的情緒。然而，在不同社會文化下，什麼東西被判斷為引起位格感染則不盡相同，於是乎不同人便有著不同的道德噁心。由此可見，即使明顯為天生的噁心，亦會受到社會文化的影響，而演變成只為一時一地的人所獨有的情緒。似乎，將情緒簡單地劃分為先天或後天並不能幫助我們理解情緒的複雜性。在下一章，我們將介紹與基本情緒論唱反調的社會建構論。我們將以 Fago 和 Amae 為例，說明情緒的理性成分如何在種種社會因素下，演變成為某一文化所獨有的產品，並審視將這些情緒簡單歸類為後天習得是否恰當。

附錄：《禮儀師之奏鳴曲》與噁心的克服

日本電影《禮儀師之奏鳴曲》
(*Departures*) 探討了克服噁心的方
法。[51] 故事的男主角小林大悟是一
個大提琴家，因著所屬樂團解散，
無業的小林與妻子美香回鄉居住。
在機緣巧合下，小林當上了禮儀
師，即是為死者準備往生的服務

圖6.8　電影《禮儀師之奏鳴曲》海報

者，其工作包括為死者清潔、上妝及進行入殮儀式，由於經常接觸
到屍體，因此很容易誘發噁心的情緒。雖然小林接受了這份工作，
但他卻一直對親友隱瞞，因為禮儀師在日本是一個令人鄙視的職
業。當小林的朋友山下和妻子終於發現他當上了禮儀師時，山下對
他的態度變得惡劣，並勸告他盡快找一份「正當的職業」，妻子美香
更因為小林不願意辭職而獨自回到娘家去。當小林想挽留美香而觸
碰到她的手時，美香立即慌張地縮手，並說「不要碰我」和「真骯
髒」，表現出對小林強烈的噁心之感。

後來，經常照顧小林夫婦的澡堂老太太（山下的媽媽）過世了，
小林為她進行最後的儀式，而美香也伴隨在旁。小林為老太太清潔
身體、換衣服、戴頸巾和在她的手上繫上珠鏈。這些細節的背後皆
有其獨特的意義：清潔身體使人不會因死者骯髒而感到噁心。換上
新的衣服後才抽走舊衣服，不使死者的肉身暴露出來，既表示對死
者的尊重，也能避免家人看見屍體的肉身而引發噁心。為老太太戴
上其生前最愛的頸巾，讓她以日常的形象示人，使人感到她雖死猶
生。珠鏈代表了宗教的力量，象徵對死亡的超越。戴上手鏈後，小

51　*Departures*, directed by Yojiro Takita, produced by Tashiaki Nakazawa (Japan: Shochiku, 2008).

林輕輕轉動了老太太的手，這個動作將死者僵硬的身體鬆開，使她的身體變得稍為柔軟，讓人感到她彷彿在睡覺一樣。

　　透過目睹和參與這個莊嚴的儀式，美香改變了對禮儀師的看法。儀式在在表達了對死者的尊重和愛，美香明白到，這個儀式不但對死者有意義，也為生者帶來安慰，她不再對丈夫的職業感到噁心，甚至自豪地向別人宣告自己的丈夫是禮儀師。之前我們談到，噁心有將對象視為死物的傾向，然而，如果我們對死者投以愛和尊重，將她視作活人看待，那麼我們便不會對她感到噁心。同樣地，當我們嘗試去理解接觸噁心之物的工作的意義時，我們亦能克服噁心的感染法則。畢竟噁心的力量再大，也大不過愛和關懷；再不理性，也蓋不過理解和尊重的心。

第七章　鄉關何處

引　言

　　1770年，英國海軍上校詹姆斯‧庫克（James Cook）乘坐HMS奮進號從英格蘭普利茅夫向西出發，橫渡大西洋、繞過南美洲、進入太平洋，到當時未知的大溪地、澳洲、紐西蘭進行探索。當他經過印尼雅加達一帶，遇上了馬來部落人（Malay tribesmen）。他發現了生性謙恭內斂、待人友善的馬來人不為人知的一面。馬來男人有時候會受到一種名為Amok的情緒驅使（圖7.1），[1] 沒有原因地任意攻擊身邊的人，這種攻擊往往相當血腥，每次平均會出現十名死傷者，而以其被殺、被制伏甚至是自殺告終。庫克在他的日記形容道：「受Amok驅使的意思就是像吸了鴉片……狂怒地走出家門，將嘗試傷害他、阻止他的人通通殺死……以瘋狂血腥的方式見人殺人、見動物殺動物。」[2] 同樣的事件也在菲律賓、寮國、巴布亞新畿內亞和波多黎各出現。庫克難以理解Amok這種情緒，它不像憤怒有一個特

1　見：http://luskincenter.history.ucla.edu/2017/12/12/geoffrey-robinson-featured-retro-report-mini-documentary-mass-killings/。

2　Manuel L. Saint Martin, "Running Amok: A Modern Perspetive on a Culture-Bound Syndrome," *The Primary Care Companion to The Journal of Clinical Psychiatry* 1, no. 3 (1999): 66–70.

圖 7.1　Running Amok

定的復仇對象，也不像憤世嫉俗般執意懲罰世人，因為它經常以自
殺告終。如果說情緒是人人生而有之的心理反應，那麼，為什麼
我們沒有 Amok 這種情緒？不單在我們的語言中缺乏相對應的情緒
詞，我們甚至無法理解它到底是怎樣的一回事。

　　基本情緒論認為，不少情緒的面部表情和身體反應是人所共有
的，而這些表情和反應亦為我們帶來演化上的優勢，因此證明有些
情緒是天生而共有的。然而，在這些基本情緒以外，我們卻不難發
現不同民族之間存在大量獨特而難以互相理解的情緒，例如上述故
事中馬來人的 Amok、荷蘭人的 gezelli（一種在他人面前感到的舒適
感）、阿爾根金族印第安人的 witiko（一種擔心自己變成食人怪獸的
恐懼）、日本人的 ijirashii（一種看見令人敬佩的人克服了障礙的快感）
等。顯然地，情緒除了受基因決定外，還有受文化決定的一面。問
題是，文化是怎樣塑造人的情緒呢？情緒的哪一個面向（例如身體反
應、判斷、主觀感受）最易受到文化的薰陶？在這一章，我們首先會
從社會建構論出發，探討情緒當中的價值判斷如何被文化塑造，以
及情緒中的身體性在這過程中扮演怎樣的角色。之後，我們會深入
分析兩個相當獨特的情緒——依伐露克族（Ifaluk）的 Fago 和日本人的
Amae。從這兩個情緒的對象和行為傾向，我們將看到當地的社會文

化如何孕育出這些難以被別的民族所理解的情緒，以及它們與其他基本情緒的關係。最後，讓我們來看看這些情緒能否作為支持情緒為後天習得而非生而有之的證據。

第一節　情緒是不是一種社會建構？

上一章提到，噁心所引起的獨特身體反應和面部表情為人所共有，由此證明噁心是一種基本情緒。然而，在不同民族和文化下，基本的噁心卻會演化出不同的道德噁心，有些人會對同性戀感到噁心，有些人則會對恐同感到噁心。由此看來，一個基本情緒會受到文化的影響而改變其形態。我們可以進一步追問：那些看似天生的情緒，會不會其實是後天習得的？不同的人之所以有相類似的情緒反應，會不會只是因為他們生活在相似的社會文化環境？社會建構論（social construction theory）提出，情緒是由社會文化建構出來的人工產品。就像一張鈔票，它之所以有價值不在於那張紙的物料和顏色，而在於它由特定的政府確認和擔保其相當的購買力所致；如果該政府不再承認它的價值，那張鈔票便不再是鈔票，而只是一張廢紙。同樣道理，社會建構論者認為情緒之所以為情緒，乃在於我們的社會文化賦於某些身體反應特定的價值和意義，失去了這些價值和意義，則情緒便不再是情緒，只是如痛或癢般純粹的身體反應。

最早為社會建構論提出證據的是沙克特（Stanley Schachter）和辛格（Jerome Singer）在1962年進行的一項實驗。[3] 實驗中，參加者的身體被注射腎上腺素（epinephrine）而進入興奮狀態（arousal）。之後，

3　Stanley Schachter and Jerome Singer, "Cognitive, Social, and Physiological Determinants of Emotional State," *Psychological Review* 69, no. 5 (1962): 379–399.

參加者會被分為三組，第一組的參加者被告知腎上腺素的真正影響，而其餘兩組的參加者則沒有被告知，或被告知了別的用途（誤導作用）。這樣做是為了確保第一組的參加者知道自己的興奮狀態是源於被注射的腎上腺素，讓第二組的參加者不知道自己處於興奮狀態的原因，以及使得第三組的參加者誤以為自己的興奮狀態不是腎上腺素所造成。其後，每組的參加者再被分為兩小組，分別為憤怒組和快樂組。憤怒組的參加者會被要求填寫一份既長且悶的問卷，在問卷的後半部更會出現越來越多侮辱性的問題，例如「你的母親與多少名男性（不包括你的父親）有著婚外的關係？」；與此同時，一名預先安排的演員會扮演成參加者中的一員，當場表現出對問卷內容的不悦和憤怒。另一方面，快樂組的參加者則被安排在一間房間等候，當中一名假裝為參加者的演員開始玩一連串有趣的遊戲，例如將紙球拋向遠處的垃圾桶。有時候，身邊的參加者也會被邀請參與遊戲。研究員會在單面玻璃後觀察參加者與演員互動的行為，並在事後訪問參加者在實驗中感到的情緒。結果顯示，相對於知道自己的興奮狀態是由於被注射腎上腺素而引起的控制組，不知道的與被誤導的更傾向於利用環境因素來理解自己的身體狀態：被分派到快樂組的普遍認為自己感到快樂，被分派到憤怒組的則普遍認為自己感到憤怒，儘管這兩組的參加者的身體其實是處於同樣的興奮狀態。

　　沙克特和辛格由此提出了情緒二因論（two-factor theory of emotion）。[4] 他們認為情緒涉及身體的興奮狀態（body arousal）和理性的標籤（labeling）兩個部分，當刺激物出現時，我們的身體會隨即高度警覺，但這興奮狀態並不是情緒。只有當我們的理智利用身邊的環境因素去理解此興奮狀態，並將它標籤為某一特定情緒時，我們的情緒才出現（圖7.2）。

4　同上註，頁397。

圖7.2 情緒二因論

　　例如，當我們看見一條蛇時，我們會心跳加速、手心冒汗、腎上腺素飆升，然而這還不是恐懼，只有當我們按環境因素、已有知識和過去經驗判斷自己處於危險的處境，並將身體的反應標籤為恐懼的反應時，我們才能說是感到恐懼；如果我們判斷蛇被困在籠子內供人觀賞，因此自己是絕對安全的時候，我們會將身體反應標籤為興奮甚至是快感，如此我們感到的便是快樂而非恐懼。既然不同的情緒可以有相同的身體反應，那麼身體反應就不可能是決定情緒之為情緒的因素，受著文化影響的標籤過程才是當中的關鍵，不同的文化環境會使人作出不同的標籤，而標籤的不同則意味著當事人經歷著不同的情緒。

　　心理學家詹姆士‧艾維爾（James Averill）對情緒中的標籤過程提供了更為詳細的闡述。[5] 首先，他認為情緒是一個社會建構綜合症，當中包括對於刺激物、諸種身體反應、面部表情和主觀感受的信念與判斷。因此，被標籤的不止於身體的興奮狀態，而是由判斷到身體反應到主觀感受的整個過程。例如，即使我將發抖理解為恐懼的反應，如果我沒有將眼前的蛇理解為危險或對生命有威脅，則我經歷的仍然不算是恐懼。即使我將上司對我的責罵理解為侮辱，如果我不將面紅耳熱理解為生氣，那我經歷的仍然不算是憤怒。那麼，我們根據什麼去判斷情緒的各個部分是屬於哪一個具體的情緒？艾維爾認為，不同情緒代表著不同的短暫社交角色（transitory social

5　J. R. Averill, "A Constructivist View of Emotion," in *Emotion: Theory, Research and Experience. Vol. 1, Theories of Emotion*, ed. Robert Plutchik and Henry Kellerman (New York: Academic Press, 1980), 305–339.

role），而標籤自己正經歷哪種情緒則是根據我們身處的環境應該扮演何種角色而決定。這裏要注意，雖然標籤是我們主動的行為，但不等如說情緒是我們的一個「角色塑造」（role making）的過程；相反，標籤是根據社會對我們的具體處境應該扮演的角色而訂，我們只是被動地接受角色（role taking），當中的被動性正是情緒之為情緒的要素。因此，標籤最主要的關注不是「我希望自己成為怎樣的人」，而是「社會希望我成為怎樣的人」。

在這個「角色接受」的過程中，一個人要考慮身處的文化族群會期望自己對什麼東西作出怎樣的反應。例如，當我身處在母親的葬禮中，社會預期我是一個「悲痛的兒女」，於是乎我便會將我的哭泣、沒精打采、心痛標籤為「悲傷」；如果我只是在看一齣悲劇，社會只會預期我是一個「悲傷的觀眾」，那我便會將同樣的哭泣、沒精打采、心痛標籤為「感動」。由於情緒是由特定的社會角色建構而成，如果同一個角色在不同社會中包含著不同的預期和要求，那麼，就算同樣的情緒標籤也必須理解為代表著不同的情緒。例如說，在一些重視群族團結和諧的社會，只有在自己受到嚴重侵犯時，社會才會預期我成為一個「憤怒者」，但在一些重視個人權利和自由的社會，可能我只是被侍應不小心弄髒衣服，社會也會預期我成為「憤怒者」；於是乎，雖然在兩個社會中我都會將自己的感受和反應標籤為「憤怒」，但這兩種憤怒實際上是完全不同的兩種情緒。艾維爾認為，要理解不同民族的情緒的多樣性，從情緒的身體反應和主觀感受入手注定徒勞無功，只有把握到不同社會的角色的預期和要求，才能明白不同的反應如何被標籤為不同的情緒。

因此，要證明社會建構論的主張，最佳的做法是尋找一些只為某群族獨有的情緒，這些情緒由獨特的社會角色構成，當中包含著獨特的文化要求和預期，別的群族不單感受不到，甚至對它們難以理解。在引言中，我們曾提及不少這樣的情緒，但要判斷它們是否

就是社會建構情緒 (socially constructed emotions) 卻沒有這麼簡單。有時候，我們會在別的族群看見相當不同的情緒反應，但這不一定能代表不同的情緒，可能只是表達方式的差異而已。西藏奉行「天葬」，當地人會將過世的親人分屍，再將屍體碎件放在山頂上讓禿鷹叼走。對於重視將親人「入土為安」的中國人來說，天葬的做法不可思議，彷彿西藏人不會因為親人離世而悲傷，反而是憤怒得要作賤他們的屍體。然而，奉行「天葬」的人卻深信禿鷹能夠將親人帶上天堂，土葬反而是將親人困在地下，令他們不能升天，是大不孝的表現。這兩種葬禮的做法如此迥異，但它們卻表達了同樣的社會角色和同樣的情緒：一種孝子對已故親人的愛與關懷。

另外，對於一些異國的情緒用語，即使我們無法在自身的語言中找到一個相應的翻譯，也不代表該情緒為其文化獨有。例如，儒家「仁」這概念代表著一種推親及疏、無遠弗屆的愛與憐憫，在英語找不到一個相應的詞語，但這未必代表英國人不能理解「仁」所擔當的社會角色，英語情緒詞 benevolence、love、sympathy 都帶有仁的部分意思，或許中國人的仁（及其背後的文化要求）在英國便是由博愛、愛情、同情這些概念共同承擔。又例如德語 Sehnsucht 表達了一種面對生命的不完美的悲嘆和祈求改變的渴望之情，在中文中並沒有相應的詞語，但卻不代表中國人不能理解甚至感受 Sehnsucht 這種情緒；陶淵明的「悟已往之不諫，知來者之可追，實迷途其未遠，覺今是而昨非」、[6] 屈原的「路漫漫其修遠兮，吾將上下而求索」[7] 以至於

6　陶淵明：〈歸去來辭〉，載洪本健、方笑一、戴從喜、李強著，吳乘權、吳大職編：《深入閱讀〈古文觀止〉：深入閱讀，匯集評論，故事精神不漏接》（臺北：五南文庫，2016），頁 464。

7　屈原：〈離騷〉，載林家驪譯註：《楚辭》（北京：中華書局，2009），頁 19。

〈新亞校歌〉中的「艱險我奮進、困乏我多情」,[8] 都表現出對生命的艱苦的哀痛,以及對重新上路、追求理想的殷切渴望。

讓我們作一個小結:要證明一個情緒為社會文化建構而成,單從其獨特的表達形式和情緒語彙出發並不足夠,我們必須探索它背後所承載的社會角色,看看它是由怎樣的文化環境塑造而成,而這些文化環境又是否為其他族群所共享。在以下兩節,我們來看看兩個候選的社會建構情緒是否能滿足上述的條件。

第二節　Fago

民族心理學家 Catherine Lutz 為了探討文化與情緒的關係,到訪密克羅尼西 (Micronesia) 中的加羅林群島 (Caroline Islands),在 1977 至 1978 年期間,她居住在一個名為依伐露克 (Ifaluk) 的原始族群中。[9] 依伐露克屬熱帶氣候地區,每年平均受到 20 多次颱風的侵襲。族人以耕種及捕魚為生,人口並不多。男女分工明顯,男性主要負責勞動工作,例如捕魚及製作獨木舟,女性則負責照顧農作物及分配糧食。Lutz 與依伐露克族人相處期間,發現他們擁有一種特別的情緒——「Fago」。

圖7.3　依伐露克族人

8　錢穆:香港中文大學新亞書院校歌。

9　Catherine A. Lutz, *Unnatural Emotions: Everyday Sentiments on a Micronesian Atoll and Their Challenge to Western Theory* (Chicago: The University of Chicago Press, 1988).

1——Fago是什麼？

Fago不論在中文或英文都沒有近似的翻譯，要理解它的意思，只能從其實際用法入手。根據Lutz的觀察，Fago通常在依伐露克族人目睹或知道他人有需要時出現。依伐露克族文字中「需要」(Gafago)一詞便包含了Fago在內，通常用來形容那些缺乏一種或多種生活必需品、以致生活出現問題的人，例如生病者、與親人分隔兩地的人、沒有能力獲取食物的小孩、長者和體弱的人等。Lutz認為Fago類似於愛(love)、同情(compassion)和憂傷(sadness)這三種情緒，但跟它們亦有著根本性的差異。她探討了以下三個日常生活的例子，說明Fago的獨特性和複雜性。

其一是生病。族裏的一個成年男人Gachipemar有酗酒的習慣，病入膏肓，需要到國外的醫院接受治療。接到消息後，Gachipemar的哥哥Pakesowel便離開居住的群島，到遠處的醫院照料弟弟。可是，康復後的Gachipemar卻繼續酗酒。Pakesowel知悉後便對Gachipemar作出譴責：「你沒有Fago我的感受。」[10]這句話指出，Pakesowel不單因為Fago弟弟而前來醫院照顧他，他也希望弟弟Fago自己為了他離鄉別井、離開家中小兒子的痛苦。之後，Pakesowel甚至說：「你沒有Fago自己的人生。」[11]可見，Fago亦可以自己為對象，Pakesowel期望弟弟Fago自己的身體，從而獲得更好的生活。在這裏，Fago帶有同情、憐憫的意思。

其二是死亡。依伐露克族人將死亡視為與在生的人關係的結束，而不是個人生命的完結。[12]死亡之所以可怕，是因為他們將永遠離開自己的家人。曾經有一個族人分享其母親去世的感受，用到Fago

---

10　同上註，頁120。

11　同上註，頁121。

12　同上註，頁128。

一詞時表達了傷感的意思：「我們的母親死亡前兩天，我感到 Fago。我們的心情真的很糟糕，這就像內心被撕裂一樣。我們擊打胸口和抓傷臉孔，因為我們的 Fago 是如此強烈，因為我們知道日後再不會看到她。」[13] 一名11歲的女孩提及，即使與死者不是親友的關係，也會感到 Fago，她說：「有時候，我會 Fago 一些過世的親戚。我真的 Fago 他／她。我感到難過。如果一個人死了，我會十分 Fago……如果我們是姊妹，我會哭。」[14] 這裏的 Fago 跟我們所說的悲傷、哀痛十分相似。

其三是無親無故。由於當地的公共設備不足，族人常常要離開自己的島以取得物資、接受先進的醫療或是上學，因此與親人長時間的別離是每個人無法逃避的痛苦經歷。一名依伐露克族的女性曾對 Lutz 說：「我每天也為離開了的親戚感到 Fago。我 Fago 他們，他們可能是生病了，因為我沒有看到他們。」[15] 另一名與兩位弟弟分開了的女性也這樣說：「當我的弟弟外出讀書，我感到 Fago，可能因為我習慣了他們經常來我這兒吃飯。當他們離開，我的 Fago 令我無法如常過生活。那一晚，船隻停留了一會，我可以聽到引擎的聲音，我無法入眠。Fago 使我茫然若失。我坐起來，打開門到外面抽煙。我哭了又哭。我的背痛了，所以我躺下來。早上，我不想看見他們以往睡覺的房子。現在，我的 Fago 已經平伏了一些，畢竟已經是很久以前的事了。」[16] 對於依伐露克族人來說，流落異鄉的親友都「抱有彼此可能不能再見的想法」。[17] 沒有親人在身邊，就算品嚐佳餚亦淡而無味，因為「每一頓飯也提醒自己，我再沒有跟親人分享食物的機會」。[18] 這裏的 Fago，帶有濃烈的愛和思念之情。

13　同上註，頁125。
14　同上註。
15　同上註，頁129。
16　同上註，頁130–131。
17　同上註，頁130。
18　同上註，頁129。

2——Fago不是什麼？

儘管Fago與我們認知的愛、同情和憂傷各有相似之處，Lutz指出，Fago與這三種情緒有著關鍵的不同。[19]首先，Fago和愛雖然同樣有關懷和照顧他人的行為傾向，但它們的主要對象卻不一樣。在西方文化中，愛最常見於情侶之間，愛的對象是美好的和優越的人，愛會令人產生激烈的渴望、難以自控的衝動與令人牽腸掛肚的思念。相比之下，Fago最常見於親人之間，Fago的對象是可憐的和有需要的人，而Fago他人的人一般表現得平靜和令人安心。依伐露克人認為，男女之愛的那種激情是危險的，容易破壞人與人之間的和諧，他們會用Chegas（自信／浪漫的自滿）、Baiu（浪漫的愛／幸福）和Magiuf（自信／幸福）來形容，跟Fago區別。就與對象的關係而言，愛一般視對方為與己平等，西方文化相信愛是一種每個人都擁有的能力，愛與不愛全是個人的選擇。因此，當自己為對方付出了愛，期望他們以愛回報也是合理的。這種對等的關係，不單在情侶之間出現，在朋友、甚至是父母對子女的愛中也會鼓吹這種愛的相互性。Fago者與被Fago的對象卻一般不是處於對等的關係。Fago是對他人的需要的一種回應，因此Fago一般是由能力較高、擁有較多資源或親友的人對較弱小、生活資源貧乏與孤獨的人所衍生的情緒。由於雙方的能力並不平等，因此Fago他人的人不會期待對方Fago自己，亦不認為單向的Fago有什麼問題。

第二，同情與Fago皆是體察到別人正遭受痛苦而驅使我們去幫助他人的情緒。可是，兩種情緒存有關鍵的差異。同情比較接近於

---

19 Catherine A. Lutz, "Need, Violation, and Danger: Three Emotions in Everyday Life," in *Unnatural Emotions: Everyday Sentiments on a Micronesian Atoll and Their Challenge to Western Theory* (Chicago: The University of Chicago Press, 1988), 144–149.

一種單純的主觀感受，它不一定有相應的行動。當我說我很同情戰火中的兒童時，我未必會因而做什麼，而缺乏具體行動亦不會使我的同情變質，同情更重視的是我能設身處地去感受對方的痛苦，如英文諺語所說的「put oneself in other's shoes」或是中文所說的「感同身受」。可是，Fago 是一種感受與行動高度一致的情緒。如果一個人心裏為生病的朋友感到 Fago，但沒有探望或是主動照顧他，依伐露克族人會認為那人根本沒有 Fago 他的朋友。在依伐露克語中，「思想」、「情緒」和「身體」沒有明確的分野，例如「Nunuwan」和「Tip」既可以形容一個人的想法，又可以形容他的感受；而當依伐露克人將感受形容為內在時，這內在不是指抽象的靈魂，而是指具體的身體感受。當他們說「我內在很好」時，既指他們很快樂，又指他們的身體感到很舒適。而當他們用上「Gachip」（指釋放、平復）一詞時，既可表示他們正面對難過的心情，亦可表示他們正面對身體的疾病。由此可見，依伐露克人的情緒與行為有緊密的內在連繫，Fago 既體察他人的需要，也驅使人去滿足該需要，兩者缺一不可。另外，由於西方社會強調人的自主和獨立性，所以傾向要求自己和他人獨自解決問題，因此即使對他人感到同情，也不一定認為自己應該對他人提供具體的幫助，而人們亦不太頻繁地使用「同情」或相關的詞語；可是在依伐露克族，人們每天也提及 Fago，並視之為生活的重點。由此可見，Fago 對於依伐露克人，相比同情對於西方人來說，要重要得多。

第三，Fago 與憂傷皆為面對重大損失（例如生離死別）時經常出現的情緒，兩者皆使人感到無力，也會出現哭泣、呆坐和失去食慾的徵狀。然而，西方文化中的憂傷強調損失對我之為我構成的影響，如在第三章，努斯鮑姆形容她的母親的死時，她說自己的生命不再完整，彷彿缺了重要的一塊；又如第四章所述，當情人變心時，妒忌者會傷感於自己不再是對方最重視的人，而感到自我價值

的失落。由於構成自我的元素各有不同，因此悲傷的原因也很多樣化，有時候人甚至會因為自我尊嚴受損而選擇自殺。Fago 重視的卻是身體和社交上的需要是否得到滿足，而並不強調這些需要跟自我的關係，因此對認為生存是最大的需要的依伐露克人來說，自殺是不可思議的。當 Lutz 告訴他們西方人自殺的故事時，其中一個族人 Ilefagomar 說：「即使我有多憤怒，我也不會自殺，因為我 Fago 自己。」喝得酩酊大醉的男人也會常常說 Fago 自己，因為他們以為自己將要死去。另外，憂傷與自信心下降和抑鬱的關係密切，憂傷的人一般認為面對的損失不受自己控制，自我卻因而受損，因此容易演變出一種對自我能力的懷疑，以至於對生命整體的絕望感。但 Fago 卻是一種主動去滿足他人需要的情緒，即使 Fago 跟悲傷同樣會帶來哭泣、食慾不振等徵狀，但這些徵狀表現的不是一己的無能為力，而是對他人的關懷與同情，因此感到 Fago 的人不會產生自我懷疑，因 Fago 而自殺更是聞所未聞。

　　從以上分析可見，Fago 分享了愛、同情和憂傷各自的部分特性，但亦有跟三者不同的一面，因此將 Fago 翻譯為三者中的任何一個也不合適；Lutz 認為 Fago 只能被翻譯為「愛／同情／憂傷」，這也是理解 Fago 的權宜之法。從這看來，Fago 當可算是社會建構之情緒，然而問題沒有這麼簡單，要準確判斷 Fago 的社會建構程度，我們必須進一步追問：Fago 是在怎樣的社會文化環境下形成？Fago 所代表的社會角色又是否不存在於別的社會文化，又或是難以被別的社會文化所理解和接受？

3——Fago 是怎樣煉成的？

　　Fago 是依伐露克族人最重要和最經常出現的情緒。在第一小節，我們談到 Fago 跟需要（Gafago）的關係，依伐露克族人普遍會對

生病、親人離世、遠行的人，以至於所有在生存上或社交上遇到困難的人感到 Fago，並主動去滿足他們的需要。這種驅使他們對別人的需要變得相當敏感、積極地互相照顧的情緒之所以衍生，跟當地的環境和生活模式大有關係。在 1970 年代 Lutz 初到訪依伐露克族時，他們的人口只有 340 人，人口稀少再加上當地的醫療設備落後、颱風的侵襲頻仍、天災破壞農作物導致的飢荒、突發的流行病以及收集食物的危險性（男性可能在捕魚期間遇溺或從椰子樹上墮下），使得依伐露克族常常面對自己或他人的生離死別。在如此嚴峻的生存環境下，依伐露克族的社會發展出獨特的領養制度和幼兒教育，所塑造的極端集體主義的自我觀，使得人與人之間的關係變得異常密切，由是培養出 Fago 這種主動體察他人的需要、進而互相幫忙的情緒。

首先，領養制度在依伐露克族被廣泛地採用。Edwin G. Burrows 和 Melford E. Spiro 發現在 1947 至 1948 年間，超過三分之一的族人有領養別人的子女，[20] 而 Lutz 則指出 1977 至 1978 年間的領養人口接近 40%。領養制度使得族人之間或多或少連繫著後天的親戚關係，讓本來已經不大的族群變成一個實際意義上的大家庭。Lutz 解釋說，依伐露克族的領養制度「鼓勵小孩和成人將自己視為大族群的一份子，族人都相當關心自己的利益，而族人整體的利益比個人的利益更加重要」。[21] 例如，當族人知道他人在天災中失去兒子時，會將自己的兒子過繼給失去兒子的族人，既平伏他們的喪子之痛，又讓他們日後的生活有保障。而由於所有人的生活緊密連繫，每個人皆視自己為群體的一份子，故此孩子給了別人，也不等於喪失了孩子，

20　Edwin G. Burrows and Melford E. Spiro, *An Atoll Culture: Ethnography of Ifaluk in the Central Carolines* (New Haven, CT: Human Relations Area Files, 1953).

21　Lutz, "Need, Violation, and Danger," 153.

反而是孩子多了一個母親，自己多了一個幫忙照顧孩子的助手。甚至連Lutz自己亦因身處異地無親無故而被族人收為養女，由此可見領養制度在當地有多普遍。

另外，依伐露克族人的特殊育兒習俗也是Fago出現的原因之一。當依伐露克族的母親誕下子女時，母親不會稱她為自己的小孩，而是大家的孩子。[22]族中集體養育嬰兒的習俗，讓每個人都有權利和責任去照顧所有人的嬰兒，由是別人的子女就像自己的子女一樣親密，而嬰兒亦將得到許多照料者的關心和照顧；對嬰兒而言，這些照料者無異於她的親生父母。當小孩成長到四至五歲時，成人便不會再將注意力集中到他們身上，而要求他們參與很多成人的活動和照顧他人的工作；特別是女孩子，在七至八歲的時候，便會擔當母親的助手，或者是替代母親幫忙照顧其他的弟妹。[23]由此可見，隨著年齡的增長，依伐露克族人由被所有人照顧的角色，慢慢轉化為照顧所有人的一員。

在這樣的領養制度和育兒習俗下，依伐露克族人培養出極端的集體主義式的自我。例如，他們習慣以「我們」而非「我」作為主語。當Lutz進入他們的群體時，她曾說：「你想跟我一起去取一些飲用的水嗎？」看似一句普通的說話，但身邊的族人卻睜大眼睛，露出了不安與失望的表情，讓Lutz強烈感到自己說錯了話。[24]之後Lutz才明白，她當時應該說：「我們去取水好嗎？」[25]依伐露克族人認為「我」

22　Naomi Quinn and Jeannette Marie Mageo, "Adult Attachment Cross-Culturally: A Reanalysis of the Ifaluk Emotion Fago," in *Attachment Reconsidered: Cultural Perspectives on a Western Theory* (New York: Palgrave Macmillan, 2013), 215–240.

23　Burrows and Spiro, *An Atoll Culture*.

24　Catherine A. Lutz, "Two Cultural Views," in *Unnatural Emotions: Everyday Sentiments on a Micronesian Atoll and Their Challenge to Western Theory* (Chicago: The University of Chicago Press, 1988), 88.

25　同上註。

和「你」的稱呼表示彼此是毫無羈轕的獨立個體，是對彼此關係的一種否認；你詢問我想不想跟你一起去拿水，就像認為我不會體察你想喝水的需要，或是你根本不需要我跟你一起去，這對於事事憂戚與共的依伐露克族來說是甚具冒犯性的想法，只有說「我們」才能代表彼此是一個願意永遠互相照顧的整體。

這樣的集體主義式的自我觀也體現在否認私有財產之上。他們認為大自然的資源不屬於任何人，而是整個群族的財產。捕獵得來的魚、種出來的芋頭都應該跟所有人分享。送禮在當地是不合宜的事，因為它暗示了送禮者擁有一些他人並不擁有的東西。對於一些不能跟別人分享的個人貼身用品（例如衣服），則應該盡量不要讓別人看見。如果一些人漠視了他人的需要，拒絕與人分享，便會引起另一種名為 Song 的獨特情緒，可翻譯為正當的憤怒（justified anger）。Nuckolls 解釋道：「一個女人吸煙而不將其遞給其他人分享；一家之主不邀請全部路過的人用餐；一個成功的烏龜捕捉者不將肉平等地分配給全部的家庭成員；一些人獨自吃飯。這些行為皆會激起別人的 Song。」[26] 由此可見，依伐露克族排斥一切自私的行為，我是群體中的一員，我可以享有族群所有人的照顧，也對所有人有照顧的責任。正是在這樣的自我觀下，依伐露克族的社會才會塑造出 Fago 這種情緒。

4 — Fago 是依伐露克族的獨有情緒嗎？

由以上分析可見，Fago 顯然包含社會建構的成分，依伐露克族生活的環境、社會制度和自我觀都影響著 Fago 的習得。然而，如果

26　Charles William Nuckolls, "Spiro and Lutz on Ifaluk: Value Dialectics on a Micronesian Atoll," in *Culture: A Problem That Cannot Be Solved* (Madison: University of Wisconsin Press, 1998), 66.

另一民族分享著相似的條件，我們可以因此說他們也有Fago這情緒嗎？當我們了解形成Fago的種種社會和環境因素，我們因此也就理解Fago的意義了嗎？根據第一節討論到的艾維爾的理論，情緒是一種社交角色，代表著一個社群對於在什麼情況下應作出怎樣的反應的理解。因此，要了解Fago對於依伐露克族人的意義，我們還需要知道Fago在族群中扮演的社會角色。

對依伐露克族而言，Fago不只是一種情緒，更代表一種照顧他人的能力，而這種能力被視為權力（power），決定一個人在群族中的社會地位，就像在資本社會中賺錢的能力決定權力一樣。依伐露克族不會將七歲前的小孩當作成人看待，小孩可以任意胡作非為而不會引起別人的責備，亦不必負上照顧他人的責任，這是因為他們還未能Fago他人，還不算是一個完整的人，當然這也意味著他們的意見不會被尊重。在依伐露克族這樣原始的社會，男女不平等的情況居然不算嚴重，究其原因，乃因為男性和女性同樣具有Fago的能力，男性出海捕魚，所得的食物有限，不足以維持一家的生活，女性會對沒有足夠食物的兄弟感到Fago，與他們分享自己種植的芋頭、蔬果，而女性亦會擔當照顧、教育小孩的工作，從小培養小孩Fago的能力，這對人口本來就相當稀少的依伐露克族相當重要。反過來說，一個族人即使擁有大量資源，如果他對有需要的人不會感到Fago、不願意主動照顧他人，他也不會受到尊重。依伐露克族一位男性Yasechaul常常向自己的外甥動怒，有一次Yasechaul告訴外甥，他是這個家族的首領。外甥感到驚訝，她並不認同Yasechaul是首領，解釋道：「他沒有給予我們食物。他沒有攀爬到樹上取水果和椰子。」[27] 她提及其他的成年男性也有為收集食物而作貢獻，最後她

27　Lutz, "Two Cultural Views," 143.

總結:「Yasechaul 不能照顧這個家族的成員。」[28]

Fago 除了決定社會地位,更是一個理想人格的指標。在依伐露克族裏,「Maluwelu」是對一個人最高的讚美,意即柔和細語及做事冷靜內斂的人。這種人之所以代表最理想的人格,原因都跟 Fago 有關。第一,處事冷靜平和的人一般常常對別人的需要感到 Fago。當他們目睹別人的不幸時,他們從容不逼的態度往往能讓對方感到心安,平復對方的憂傷與恐懼,而由於他們的冷靜,Maluwelu 的人總能以和諧的方式幫助對方,既不過份放大對象的慘況,也不誇大自己的能力。相反,衝動暴躁的人一般較不會 Fago 他人。Lutz 舉例說,有一次族中的長老親自到了另一個村落責備一個取笑他人的女族人,因為取笑他人會引起別人的憤怒,而一個會 Fago 他人的人是不願意使他人憤怒的。第二,Maluwelu 的人不但對人 Fago,更能令身邊的人感到 Fago。面對著他們的冷靜和親和,即使是再暴躁的人也不好意思發火,而會嘗試心平氣和地考慮別人的感受,對別人感到 Fago。由於每個人也樂於跟 Maluwelu 的人相處,因此大家亦會不自覺地學習他們主動關懷他人、冷靜面對問題的能力,於是乎,Fago 這情緒就由 Maluwelu 的人慢慢地向身邊的人傳遞開去。

由以上可見,Fago 不單由依伐露克族獨特的天然環境和社會制度塑造而成,它更在其社群內扮演著重要的社會角色。Fago 作為一種關懷他人的能力,既決定了一個人的社會地位,亦成為了族群的理想人格,這種社會角色不容易為其他族群的人所了解,要感受 Fago 這情緒亦近乎不可能。因此,作為一個高度社會建構的情緒,Fago 能作為支持社會建構論的一個重要證據。然而,即使是 Fago 這樣的情緒也不能說是純粹由社會文化建構而成,畢竟它當中包含的愛、同情和悲傷皆有明顯的演化根源,亦為大多數民族所共有。

---

28 同上註。

第三節　Amae[29]

上一節，我們探討了Fago的社會建構成分。讀者可能有一種錯覺，以為社會建構的情緒只會出現在一些跟我們的文化背景完全不同的、與世隔絕的民族中。在這一節，我們會探討一個名為「Amae」的情緒，這個情緒出現在當代的日本人身上。日本與世界各種文化的交流頻仍，尤其受中國文化、佛教文化與西方文明影響，我們要問：它何以依然能發展出一種如Fago般難以為別的民族所理解的情緒？深受日本文化影響的亞洲各國，何以對於Amae這情緒感到如此陌生？

1──什麼是Amae／依愛？

日語Amae沒有中文或英文的直接對應翻譯，它源自動詞Amaeru，指依賴他人的行為，Amae則指與這些行為相應的情緒。Frank A. Johnson將之翻譯成indulgent dependence，[30] 即一種溺愛式的依賴感；黃恒正將之翻譯成「依愛」，[31] 意即因著依賴他人而產生的愛的感覺，「依愛」能將Amae跟溺愛與依賴細微的相似與差異之處表達，是目前為止最好的翻譯，因此下文將使用「依愛」翻譯Amae。

依愛之情最先體現於母親與嬰兒的關係。[32] 一般來說，嬰兒不

29　本節部分內容亦於〈《死亡筆記》中的依愛之情〉一文中發表，載羅雅駿編：《動漫與哲學》（香港：中華書局，2019）。

30　Frank A. Johnson, *Dependency and Japanese Socialization: Psychoanalytic and Anthropological Investigations into Amae* (New York: New York University Press, 1993).

31　土居健郎著，黃恒正譯：《日本式的「愛」：日本人「依愛」行為的心理分析》（臺北：遠流，1971）。

32　Takeo Doi, *The Anatomy of Dependence*, trans. John Bester (New York: Kodansha USA, 2014).

會亦不懂得表達自己的要求，他只會被動地失聲痛哭，讓母親主動
去體察他到底是肚餓、疲倦或是想得到擁抱。他亦不會考慮自己的
要求是否合理，不理會身處什麼地方或母親是否做得到。對於嬰兒
的無理要求，母親不單不會加以責備，反而會感到被依賴的快樂，
同時認為自己應該無條件地溺愛嬰兒，而嬰兒亦因可以任性地依賴
母親而產生一種甜蜜的感覺，亦即是依愛之情。由是觀之，依愛有
兩個特點：一，它是被動的希望別人主動體察自己的需要，即不是
我告訴你我想要X而你為我做X，而是我希望我不用明言我想要X，
但你依然能察覺到我的需要而主動滿足我。二，它常常包含不合理
的要求，但這種不合理的要求卻被視為正面的和可貴的，這從Amae
的字根Amaeru所演化的形容詞Amai（甜）得到印證；Niiya、Ellsworth
和Yamaguchi的研究亦指出，當面對代表依愛的不合理要求時（例如
朋友請你幫忙修理電腦、照顧寵物、提供住宿），日本人比西方人感
到較多和較強烈的正面情緒。[33]

這種依愛之情其實並不只存在於日本人身上，其他民族的母子
關係也有類似的溺愛。只是，隨著年齡的增長，成人一般會停止滿
足小童的無理要求，而小童亦視其對父母的依愛為不合適。但是，
日本人卻將這種依愛之情延伸到成人的關係當中，不單是母子關
係，情人、朋友、老師與學生，甚至是上司與下屬之間，也出現如
母子間的依愛。[34] 首位研究依愛的心理學家土居健郎以他自己在美
國的例子，說明朋友之間的依愛之情。他曾到美國探望一位剛認識

33   Yu Niiya, Phoebe C. Ellsworth, and Susumu Yamaguchi, "Amae in Japan and
      the United States: An Exploration of a 'Culturally Unique' Emotion," *Emotion* 6,
      no. 2 (2006): 279–295.

34   Kazuko Y. Behrens, "A Multifaceted View of the Concept of Amae: Reconsidering
      the Indigenous Japanese Concept of Relatedness," *Human Development* 47, no.
      1 (2004): 1–27.

的朋友，進了朋友的家後，朋友問土居會否肚餓，請他隨便享用桌子上的餅乾。雖然土居感到飢餓，但他卻拒絕了，心裏感到不是味兒，之後他反省自己當時的情緒，才明白自己之所以不快，是因為他不希望朋友詢問他是否肚餓而讓自己決定吃或不吃，而是希望自己什麼都不用說，朋友就能主動體驗到自己的飢餓，從而滿足自己的需要。他意識到自己對朋友產生了依愛之情，以及因為依愛的期望得不到滿足所衍生的委屈之情（Higamu）。[35]

依愛以及其相連的不合理要求亦會出現在師生、朋友和僱主與僱員之間。Kazuko Y. Behrens訪問了一位來自札幌市的男老師，他說：「學生經常來問我關於就業的事情，這些事他們本應問學校的一些行政人員的……他們不會直接問：『老師，請替我做這事』，而是會說：『噢，我不知道怎麼辦』，表現得希望我會主動去替他們做某些事。」[36] 一位日本的女翻譯員亦描述了她的被依愛經歷。有一次她的朋友的妻子請她幫忙翻譯一份稅單，出於對朋友的道義，她只收取了相當微薄的費用。之後，這女人再找她幫忙翻譯一封信，並堅持親自帶到她的公司，原來這封信竟是那女人給情夫的信！[37] 這種依愛表現於，即使那女人知道自己認識她的丈夫，她也期望自己會替她保守秘密。日本的一項關於工作關係的研究亦指出，日本人心目中的好老闆，不在於能夠作出好的決策，而是能夠體恤下屬一些非公務的需要，例如在員工失戀的時候關懷員工，或是員工因家事而感到不快的時候會給予安慰等，這些都顯示員工對僱主的依愛。[38]

35　Takeo Doi, "The First Idea of Amae," in *The Anatomy of Dependence*, trans. John Bester (New York: Kodansha USA, 2014), 11.

36　Behrens, "A Multifaceted View of the Concept of Amae," 19.

37　同上註，頁21。

38　Ronald E. Dolan and Robert L. Worden, *Japan: A Country Study* (Washington: Library of Congress, Federal Research Division, 1992).

2——依愛的形成

依愛這種本應只存在於母親與嬰兒之間的情緒，居然會延伸至青年以至於成人的世界，跟日本獨特的島國文化有莫大的關係。[39]地理上，日本作為一個四面環海兼身處板塊移動地帶的小島，經常要承受各種天災，例如地震、颱風和海嘯等。同時，國家缺乏如石油、木材等天然資源，與其他國家亦沒有緊密的連繫，故此日本人相當重視人與人之間的關係，蓋因只有每個人的關係變得鞏固，互相幫助，才可以讓國民生存下去。這個島國文化讓日本演化為集體主義（collectivism）的社會。集體主義與西方的個人主義（individualism）相反，西方強調獨立（independence），而日本著重的則是互相依賴（interdependence）。[40]當西方人介紹自己時，會指出自己的特長與喜好，例如我是一個喜歡煮食或四處遊歷的人。可是，日本人自我介紹卻會指出自己所屬的團體或崗位，例如我是某公司的職員或某人的兒子。日本人傾向從一段關係建立自己的身份（identity），而不是強調個人的特質。這也表現了日本人互相依賴的特性。

集體主義能解釋日本人對依愛的重視，與之相輔相成的育兒哲學與工作文化則能解釋何以這種依愛之情會延伸到青年和成人的世界。母乳餵哺在日本相當普遍，一般嬰兒到八至九個月大才開始斷奶，要到十五個月左右才完成。[41]相對於西方嬰兒一般於六個月大開

---

39 Frank A. Johnson, *Dependency and Japanese Socialization: Psychoanalytic and Anthropological Investigations into Amae* (New York: New York University Press, 1993), 110–111.

40 Catherine Raeff, "Multiple and Inseparable: Conceptualizing the Development of Independence and Interdependence," *Human Development* 49, no. 2 (2006): 96–121.

41 E. F. Vogel, "Kinship Structure, Migration to the City, and Modernization," in R. P. Dore, *Aspects of Social Change in Modern Japan* (Princeton, NJ: Princeton University Press, 1961), 91–112.

始斷奶，八至十個月完成，日本嬰兒的哺乳期要長得多。對於日本嬰兒來說，母親的乳房不單提供營養，更是獲得安全感、愉悅感以及與母親親密接觸的對象。[42] 因此，即使嬰兒已斷奶，母親還是會容許他們觸摸或吸吮自己的乳房。日本亦有親子共睡的文化，小孩與父母一起睡覺直至四至五歲，之後會改為與祖父母或是兄弟姊妹共睡。[43] 一個四歲男孩的母親形容道：「當他去睡時，我們需要睡在一起，他一點也沒有嘗試改變這習慣。我們會手拖手，聊聊天，只有這樣他才能入睡。」[44] 對於日本人來說，不論任何年紀，獨自睡覺都被視為一種不愉快的事。最後是共浴文化，在日本，不論多麼細小的住宅都必定配置一個浴缸，因為親子一起泡澡對家庭的維繫起著重要的作用。泡澡與其說是為了清潔，不如說是家人共享最放鬆、最舒適一刻的珍貴機會。[45] 父親與女兒的共浴會到女兒的青春期才停止，母親與兒子以及同性家人之間的共浴，甚至可以到小孩長大成人還一直維持下去。從日本哺育、共睡和共浴的文化，可以理解為什麼嬰兒對母親的依愛會延伸至青少年甚至成人的關係之中。

就工作而言，日本的公司大多採取終身僱用制度，意即由入職直至退休，員工也在同一所公司工作。[46] 公司不會因為經濟不景或轉型而裁員，而員工亦不會為了加薪或升職而轉工。這種終身僱用制並非基於法律的規定，而是日本勞資雙方的不明文約定，它源起於明治維新時期，當時的紡織業急遽成長，勞動力需求大增，不同公

42 Takie Sugiyama Lebra, *Japanese Patterns of Behavior* (Honolulu: University of Hawai'i Press, 1976).

43 Frank A. Johnson, *Dependency and Japanese Socialization: Psychoanalytic and Anthropological Investigations into Amae* (New York: New York University Press, 1993), 115–117.

44 Behrens, "A Multifaceted View of the Concept of Amae," 14.

45 Johnson, *Dependency and Japanese Socialization*.

46 張端雄、林顯宗：《日本社會》（臺北：致良，2000）。

司之間的轉職和挖角頻繁，使公司的營運成本大增，「鐘紡」的武藤山治 (圖7.4)[47] 首創以「溫情主義」作改革，提出各種改善員工工作和生活條件的措施以長期挽留人才，例如鼓勵員工就公司政策提出意見，創辦雜誌讓員工投稿作申訴。[48] 鐘紡又著重改革員工的生活福利，如在公司設置浴室、休息室，為員工及其家屬提供廉價的醫療和託兒服務等，更會定期舉辦運動會、觀光旅遊以及各種與生產有關的教育課程。在這些措施之下，員工對公司的歸屬感大增，社會學家間宏的研究指出，鐘紡在1902至1906年間，員工流失率下降了66%，與招聘相關的費用減少了50%。鐘紡的成功終身僱用制在日本的企業中便慢慢確立下來。[49] 僱主著重培養員工對公司的忠誠，以年資決定工資，就算在公司業績不佳時也極力避免裁員，改以減薪或延長工時來應對，僱主亦為員工提供林林總總的福利和技術訓練，就算在員工退休之後，亦為其提供退休金和再就業教育，保障員工退休後的生活。在終身僱用制下，自員工進入公司直至退休後，他們與僱主一直維持工作以至於生活上的關係，彼此猶如家人般互相照顧，在等級分明的公司中，上司猶如可供依賴的長輩，下屬由是容易對其產生依愛之情。

圖7.4　武藤山治宅舊址

47　見：http://blog.udn.com/lunhua168/6386700。

48　林顯宗：〈日本的終身僱用──勞資和諧之分析〉，《國立政治大學學報》，第64期，頁267–290。

49　張端雄、林顯宗：《日本社會》。

3——依愛喪失與日本少年問題

依愛之情使青少年容易對成年人產生（未必合理的）依賴，當這種依愛得不到滿足時，便會衍生種種負面情緒。土居健郎舉例說，乖戾 (Suneru) 是因為無法理直氣壯地依愛而衍生的脾氣，忌恨 (Uramu) 是依愛被拒所產生的恨意，乖僻 (Higamu) 是依愛得不到滿足而感到的委屈。二戰後的日本經濟起飛，成為世界上最富有的國家之一，但自九十年代開始便面臨經濟下滑，陷入所謂「失落的二十年」。[50]「新人類」在孩童時期認識了父輩的輝煌往事，對其產生了濃厚的崇拜和依愛之情，怎料自己剛進入社會，卻要面對泡沫經濟爆破、失業、裁員等問題。[51]他們發現自己依愛的對象不單無法解決自己面對的種種困局，甚至乎是造成這些困局的原因。這種依愛的喪失使乖戾、忌恨等情緒在青少年之間蔓延，衍生了種種社會問題。

其一為隱蔽青年的出現。日本精神科醫生齋藤環指出，隱蔽青年可理解為拒絕融入社交或社會活動的青年，他們躲藏於家中（甚至是只留在房間裏），時間達半年或以上。[52]日本的官方統計數字顯示，2012年隱蔽青年的平均年齡上升至34歲，而15至34歲的隱蔽青年高達60多萬人。[53]可是齋藤環認為，隱蔽青年習慣隱藏自己，日本實際上的隱蔽青年可能已經達100萬人，比任何一個發達國家的比率都要高。[54]究其原因，跟依愛這種情緒不無關係。要成為隱蔽青年

50　池田信夫著，胡文靜譯：《失去的二十年：日本經濟長期停滯的真正原因》（中國：機械工業出版社，2012）。

51　邱淑婷：《中日韓電影：歷史、社會、文化》（香港：香港大學出版社，2010）。

52　池田信夫：《失去的二十年》。

53　張端雄、林顯宗：《日本社會》。

54　張雅婷：〈日本「隱蔽青年」逐年增加，足不出戶自我封閉〉，環球網，2013年7月9日），載：http://world.huanqiu.com/exclusive/2013-07/4107509.html。

的最重要條件是不愁衣食、有人照顧。在日本，大部分父母皆體察子女對自己的依愛，並認為這種依愛是合適、甘甜的，而子女也認為自己依賴父母天經地義，不會感到內疚。他們甚至會怪責父母和社會，認為自己難以找到工作、難以融入成人的世界不是自己的責任，而是父母沒為自己鋪好將來的路所致。一個住在東京的日本女子說：「我已年過三十但依然與父母同住。我不斷告訴自己，我應該離開，應該獨立一點。但我因著在家的諸種方便而倚賴著父母。」[55] 這種因為依愛之情以至於依愛得不到滿足而產生的乖戾，使得日本青年擺脫隱蔽生活的意慾偏低。

另外，受著依愛喪失所衍生的情緒影響，日本少年的犯罪率遠高於成人犯罪的數字。[56] 日本的警察廳曾發表青少年犯罪的統計數字，2006年受處分的少年犯罪者共錄得112,817人，意即每一千名青少年便大約有15人犯事。當中傷害他人身體的個案共5,919宗，暴力威嚇案共2,117宗，搶劫案共892宗，謀殺案共69宗。[57] 更令人關注的是，2009年14歲或以下因犯罪而需要接受警方指導的少年錄得18,029名，反映犯罪年輕化的問題日益嚴重。[58] 同年，重覆犯罪的青年也有28,295人，佔青年人口比例的3.9%，是成年重犯者的3.5倍。[59]

跟一般謀殺案不同，由依愛喪失所驅使的少年謀殺案，其殺人動機往往幼稚而微不足道，殺人手法卻異常殘忍。1998年的黑磯中

55　Behrens, "A Multifaceted View of the Concept of Amae," 15.

56　National Police Agency, "On the Publication of the White Paper on Police 2010," http://www.npa.go.jp/hakusyo/h22/english/White_Paper_2010.pdf.

57　National Police Agency, "Situation of Juvenile Delinquency in Japan in 2006," https://www.npa.go.jp/english/syonen1/20070312.pdf.

58　National Police Agency, "On the Publication of the White Paper on Police 2010."

59　同上註。

學女教師被殺事件，一名13歲少年謀殺女教師，原因是女教師責罵其遲到；[60] 2000年的佐賀巴士劫持殺人事件，一名17歲少年劫持巴士達15小時，造成一死三傷；[61] 2004年的佐世保小學生殺人事件，一名小六女生因同學取笑自己的新髮型，故用美工刀割斷對方的頸動脈；[62] 2014年，一名15歲女學生將多年的好友殺害及分屍，更在網上發布多張雙手染滿血的相片。[63] 在眾多少年謀殺案中，最著名的要算是1997年的酒鬼薔薇聖斗事件，一名14歲少年連續殺害多名小學生，行兇手法殘忍，更在分屍的遺體上留有紙條（圖7.5）：

「酒鬼薔薇聖斗的遊戲要開始了。各位愚鈍的警察諸君，試著來阻止我吧。殺人令我感到非常的愉快。好想看到人的死亡。用死亡來制裁骯髒的蔬菜吧，用流血來制裁我經年累月的怨恨吧。」[64] 從字裏行間，少年對成人（甚至是警察）的不滿和怨恨表露無遺。

圖7.5　酒鬼薔薇聖斗

60　Marina Kamimura, "Teen Violence Rising in Japan," *World News* (Mar. 14, 1998), http://edition.cnn.com/WORLD/9803/14/japan.teen.violence/.

61　〈日警擒獲騎劫巴士瘋子〉，《星島日報》，2000年5月5日，載：http://std.stheadline.com/archive/fullstory.asp?andor=or&year1=2000&month1=5&day1=5&year2=2000&month2=5&day2=5&category=all&id=20000505b01&keyword1=&keyword2。

62　〈日本少年殺人事件〉，Now新聞，2014年7月29日，載：http://news.now.com/home/international/player?newsId=108024。

63　〈日警擒獲騎劫巴士瘋子〉。

64　M. Schreiber, "Grisly Sasebo Murder Defies Explanation," *The Japan Times* (Aug. 16, 2014), http://www.japantimes.co.jp/news/2014/08/16/national/media-national/grisly-sasebo-murder-defies-explanation/#.VT3z8SGqpBc.

4 — Amae是日本的獨有情緒嗎？

那麼，依愛是一個日本獨有的社會建構情緒嗎？從以上可見，依愛在日本的集體主義下誕生，因著日本獨特的哺育、共睡、共浴和工作文化，依愛由存在於母親與嬰兒之間一直延伸到各種成人關係。因為依愛之情得不到滿足而衍生的忌恨和乖戾，亦為日本帶來了如隱閉青年和少年犯罪等獨特的社會問題。顯而易見，依愛是由日本文化建構而成的情緒，然而要了解依愛的社會建構程度和獨特性，我們還需要從它所扮演的社會角色入手分析。

對別人不合理的依愛要求感到快樂和甘甜不一定為日本人所獨有。Niiya等人邀請了58名美國人和66名日本人進行調查，參加者隨機進入兩個場景，每個場景也再分為三組（依愛組、不依愛組和依愛他人組），以故事的結尾作區分，場景的內容如下：[65]

	場景一	場景二
內容	L是你一個親密的朋友，而且你們已經是多年的鄰居。L有一個美麗的花園，裏面收藏了很多罕有的植物，需要每天澆水灌溉。L需要到外地參與培訓數天。L不想植物枯死，所以L一定要找其他人每天到花園澆水。聘請園藝會很昂貴。L有數位朋友（包括你）有可能答應到花園澆水。你覺得你可以做到。	N是你認識最久和最好的朋友，從初中已經認識。你到了另一個城市升讀大學。N決定選擇一間與家相距不遠的大學，但你們還有保持聯繫。有一天，N致電問你會否有空一起逛逛。當N到你身處的城市觀光一星期，你問N有沒有留宿的地方。
依愛組	L請你到花園澆水。	N問你可否住在你的房子裏。
不依愛組	L決定聘請園藝。	N告訴你酒店的名字。
依愛他人組	L請求別的朋友到花園澆水。	N告訴你其他朋友的名字。

65　Niiya, Ellsworth, and Yamaguchi, "Amae in Japan and the United States," 279–295.

看完分配的場景後，參加者需要回答一連串的問題，例如因這位朋友的行為而感到不同情緒的程度（正面情緒：開心、驕傲、愛和尊重；負面情緒：失望、傷心、煩躁和憤怒）、這位朋友對自己的親密度，以及與提出請求的人成為朋友的可能性等等。結果顯示，日本人和美國人的情緒反應沒有顯著的不同。相對於不依愛組和依愛他人組，處於依愛組的日本人和美國人都呈現較多正面情緒和較少負面情緒。同時，日本人和美國人也承認朋友的依愛行為能表示關係的親密度。這似乎表示，雖然英語中沒有依愛這個字，但美國人也有依愛這種情緒。

然而，Niiya 等人發現，雖然日本人和美國人在面對朋友不合理的要求時同樣會感到快樂，但他們快樂的原因卻不一樣。在調查的的第二部分，美籍參加者需要填寫兩則有關別人對自己的依愛和自己對別人的依愛的親身經歷，而日籍參加者則就美籍參加者所提供的六段親身經歷提出自己的看法。以下是其中兩則美籍參加者提及的親身經歷：[66]

別人對自己的依愛	自己對別人的依愛
我最好的朋友請求我幫她洗衣、完成功課和清潔房間，因為她忙於處理女生聯誼會的事務（sorority pledging）。我不想幫她做全部的工作，因為我自己也有很多工作，但我作為朋友，便幫她做了。一開始，我表現出一些不太好的態度，因為我感到有壓力，但最後我只說了：「噢，那好吧。」	我打字很慢，所以我便請求我最好的朋友幫我完成功課。這對她來說是一個過份的要求，因為她那天打算出外。可是，她最後答應了我，所以我沒有遲交功課。我知道她幾乎是唯一會答應我請求的人，所以我沒有準備問其他人。我知道這個請求是很無禮，但我真的很絕望，很需要別人的幫忙。

結果顯示，相對於日籍參加者，美籍參加者在別人對自己的依愛上較傾向認為自己擁有操控權，而在自己對別人的依愛上較傾向

66　同上註。

認為別人擁有操控權。由此可見，美國人會因為別人依賴自己而感到快樂，是因為自己控制他人幸福的能力被肯定，這對於重視個人主義的美國人來說自然不過，風靡一時的美國電影《蜘蛛俠》當中的經典對白「能力愈大，責任愈大」，正表現出這種透過承擔責任去體現自我能力的想法。由此推測，當美國人對別人展示依愛時，由於她認為操控權被握在對方手中，因此她不會感到快樂。相反，日本人不論是被人依愛或是對人依愛都會感到甘甜，這是因為依愛對他們而言跟誰控制誰無關，它是一種對彼此的親密關係的肯定。別人依賴我固然代表對方視我為守望相助的一家人，別人讓我依賴亦同樣代表彼此的關係密切，我即使是有求於人，即使是被控制者，但能夠被親人控制和幫助也是幸福的。因此，有時候日本人明明不需要別人的幫助，也會向長輩或是朋友提出不合理的要求，這種主動使自己成為弱者的依愛之情，代表人願意順從社會或家族作為一個整體的要求，扮演著維繫社會和諧的重要角色；即使美國人同樣會對不合理的要求感到快樂，基於他們的這種快感不帶有依愛在日本的社會角色，因此它也不能算是依愛的一種。由此可見，依愛可算是高度社會建構的情緒，是支持社會建構論的可靠證據。雖然如此，我們還是不能將依愛視為純粹由社會建構的情緒，因為母親與嬰兒之間的依愛之情事實上普遍存在於各民族之中，它只是在人成長的過程中（日本人除外）慢慢褪去而已。

小　結

多年來，生物學和社會學的學者一直就情緒是天生或後天的議題上辯論不休，生物學家注意情緒身體性的一面，認為情緒由基因決定；社會學家則注意情緒認知性的一面，認為情緒由後天環境構

成。第六章從演化論的角度，證明噁心是人所共有的基本情緒，然而，即使噁心有著如此明顯和普遍的身體反應，但在不同的社會文化中，依然會衍生出不同的道德噁心。在這一章，我們從社會學及人類學的角度探討 Fago 與 Amae，從其所屬的文化背景以及其所扮演的社會角色，證明它們是後天習得的高度社會建構情緒。然而 Fago 包含著愛、悲傷和同情等人所共有的情感元素，而 Amae 亦普遍出現於不同民族的母親與嬰兒之間。綜合這兩章的分析，可見基本情緒與社會建構情緒表面上互不相容，實際上兩者卻時刻並存。天生的基本情緒可以在社會文化的薰陶下蛻變成新的社會建構情緒，而後天的社會建構情緒又經常以天生的情緒作為根基，因此，將情緒簡單分為先天 / 後天，是對情緒的多樣性與複雜性的一種忽視。在下一章，我們將以羞恥和罪疚為例子，進一步看看先天的基因與後天的文化如何塑造和改變這兩種情緒的形態。

第八章　恥罪交纏

子曰：「邦有道，貧且賤焉，恥也；邦無道，富且貴焉，恥也。」[1]

《聖經》：「人若知道該行善而不去行，這就是他的罪了。」[2]

引　言

在電影《受難曲》[3]中，耶穌被猶大出賣，半夜被捉到大祭司前受審。當時有途人認出尾隨的彼得是耶穌的門徒，打算一併捉拿他。彼得因為害怕受到牽連，三次堅稱自己不認識耶穌，甚至發咒起誓。直至他看到耶穌回望他的眼神，想起耶穌早前預言自己會背叛他而自己堅稱絕無可能時，他羞愧得無地自容，跪在母親前掩臉痛哭，身體瑟縮不已。當母親嘗試想撫摸他的頭時，彼得不自覺地避開了，彷彿害怕任何人碰到他的身體。另一方面，知道耶穌被定

1　姚永樸撰，余國慶校：《論語解注合編》卷四 (安徽：黃山書社，2014)，〈泰伯第八〉，頁136。
2　《聖經和合本修訂版 (神)》(香港：香港聖經公會，2015)，〈雅各書〉4:17。
3　*The Passion of the Christ*, directed by Mel Gibson, produced by Bruce Davey, Mel Gibson and Stephen McEveety (United States: Newmarket Films, 2004).

了死罪的猶大，氣沖沖地跑到大祭司跟前，將出賣耶穌得來的錢袋拋在地上，要求對方釋放耶穌。被拒絕後，猶大知道大錯已鑄成，絕望地坐在地上，當附近的小孩跟他說話時，他看見他們都變成了魔鬼，不斷纏繞著自己，怎樣也逃避不了。最後，他走到了山野，將自己吊死在枯樹之上。同樣是犯了罪無可恕的錯，同樣是承擔著無比沉重的內疚，彼德和猶大的反應卻大異其趣。彼德表現得悲傷、逃避問

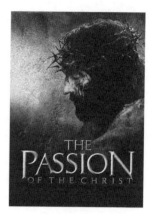

圖8.1　電影《受難曲》海報

題和害怕接觸別人，而猶大則表現得憤怒、嘗試解決問題和害怕面對自己的內心。我們要問：何以內疚會引起如此截然不同的反應？他們感到的到底是不是同一種情緒？如果說彼得感到的是羞恥（shame），猶大感到的是罪疚（guilt），這兩種情緒又如何區分？

　　在第六、七章，我們將一些生而有之的情緒稱為基本情緒，將後天習得的情緒稱為社會建構情緒。然後，我們指出生而有之、後天習得這對相對的概念未必能準確地描述情緒的多樣性。在這一章，我們會以羞恥和罪疚為例子，進一步說明情緒發展的複雜性。羞恥和罪疚介乎基本情緒和社會建構情緒之間。初生嬰兒並不擁有這兩種情緒，可是到了一定年齡，兒童普遍會因為做錯事而表現得內疚，這時的內疚感沒有恥罪之分。隨著年紀漸大，受著當地的文化教育薰陶，東方人的內疚漸漸演變成一種羞恥感，西方人的內疚則漸漸演變成一種罪疚感。然而，在東西文化交往日益頻繁的背景下，羞恥和罪疚兩種情緒又同時出現在東方及西方人身上，呈現出恥罪交纏的狀態。由是觀之，要說羞恥和罪疚為生而有之或後天習得皆不恰當。我們首先會從發展心理學看這兩種情緒的普遍性，然後從文化研究的角度說明恥文化和罪文化的形成，最後以模因

(meme) 理論解釋羞恥和罪疚的互動關係，説明情緒如何在演化和文化的發展中不斷演變，不可能簡單地劃分為先天而生或後天習得。

第一節　自我意識情緒

1——嬰兒的情緒發展

　　要理解羞恥與罪疚是不是天生的，我們就要看看這兩種情緒什麼時候首先在人身上出現。如果它們在嬰兒未懂人事時便出現，那就代表它們是天生的；相反，如果它們在嬰兒掌握高度的學習能力後才出現，那我們便有理由相信它們是後天習得的。發展心理學研究的正是嬰兒的情緒發展時序，John Watson 在 1920 年曾以初生嬰兒為對象，進行一系列在今天絕對不容許的實驗。[4] 他發現限制嬰兒的頭部活動普遍會引起他們的憤怒，將嬰兒突然從高處墮下普遍會引起他們的恐懼，而溫柔的撫摸普遍會引起他們的快樂。Izard 發現，剛出生的嬰兒已能表現出好奇、快樂、不安和噁心的情緒。[5] Stenberg 和其他人發現憤怒最早會在四個月大的嬰兒出現，[6] 而 Charlesworth 則發現驚訝最早會在六個月大的嬰兒出現。[7] Campos 和其他人則發現，大部分的基本情緒，包括憤怒、恐懼、悲傷、噁心、驚訝和快樂在

4　John B. Watson and Rosalie Rayner, "Conditioned Emotional Reactions," *Journal of Experimental Psychology* 3, no. 1 (1920): 1–14.

5　Carroll E. Izard, *The Face of Emotion* (East Norwalk, CT: Appleton-Century-Crofts, 1971).

6　Hetherington E. Mavis, William Kessen, Paul H. Mussen, Marshall M. Haith, and Joseph J. Campos, *Handbook of Child Psychology* (New York: John Wiley and Sons, 1983).

7　Charlesworth, "The Role of Surprise in Cognitive Development," in *Studies in Cognitive Development: Essays in Honor of Jean Piaget*, ed. David Elkind, Jean Piaget, and John H. Flavell (London: Oxford University Press, 1969), 257–314.

六至九個月大的嬰兒身上已經出現。[8]有趣地，這時期的嬰兒即使做了一些違反成人的道德規律的事，例如破壞了玩具或是將食物丟在地上，他們並不會表現出類似於羞恥或罪疚的反應。

直到兩至三歲期間，嬰兒才會因做錯事而產生負面情緒。[9] Barrett等人在1993年邀請了52名25–36個月大的小孩進行實驗。[10]研究員拿出一個名為Pat的小丑布娃娃，並用了1.5分鐘介紹Pat的不同玩法。研究員告訴小孩，當她到別的房間辦理一些事時，小孩可以繼續玩這個娃娃，但小孩必須愛護Pat，因為這是她最喜愛的娃娃。接著，研究員帶著所有的玩具離開，只留下Pat陪伴小孩。Pat其實是特別設計的娃娃，當小孩獨自玩Pat時，Pat的腳便會脫落，從而故意造成Pat被破壞的情況。3分鐘後，研究員回來，她看著脫落的腳，不發一言，維持了一分鐘。之後，她不帶任何表情地問及小孩有關娃娃的腳被弄掉的事，當中更提醒小孩這是其最喜愛的娃娃（如果小孩在這階段開始哭泣，研究員將不會提出任何問題或提醒，但實際上並沒有小孩在實驗期間哭泣）。記錄完小孩的反應後，研究員會依據情況安慰小孩，並拿出其他的玩具，供其玩耍。結果顯示，在娃娃的腳脫落後，小孩明顯地增加了迴避研究員的舉動，

8　J. J. Campos, K. C. Barrett, M. E. Lamb, H. H. Goldsmith, and C. Stenberg, "Socioemotional Development," in *Infancy and Developmental Psychobiology*, ed. P. H. Mussen (New York: Wiley, 1983), 783–915.

9　見M. Lewis, "Aspects of Self: From Systems to Ideas," in *The Self in Early Infancy Theory and Research*, by P. Rochat (Amsterdam: Elsevier, 1995), 95–115；及D. Stipek, "The Development of Pride and Shame in Toddlers," in *Self-Conscious Emotions: The Psychology of Shame, Guilt, Embarrassment, and Pride*, by J. P. Tangney and K. W. Foscier (New York: Guilford Press, 1995), 237–252。

10　Karen Caplovitz Barrett, Carolyn Zahn-Waxler, and Pamela M. Cole, "Avoiders vs. Amenders: Implications for the Investigation of Guilt and Shame during Toddlerhood?," *Cognition and Emotion* 7, no. 6 (1993): 481–505.

例如79.5%的小孩最少一次迴避研究員的眼神或作出其他行為上的躲避。同時，也有79.5%的小孩嘗試修補娃娃的腳，以及77.3%的小孩告訴研究員自己弄壞了娃娃。這些行為都可以理解為類似於羞恥和罪疚的反應，由於這時期的嬰兒沒有表現出羞恥與罪疚的分別，[11] 因此我概括地將他們這時的情緒稱為羞愧。

我們要問，小孩在9個月至36個月期間，到底經歷了怎樣的學習，才使得他們擁有羞愧這樣的情緒？從認知情緒論的分析，我們知道基本情緒的認知結構相當簡單，例如恐懼涉及「X是危險」的判斷、噁心涉及「X是不潔」的判斷、憤怒涉及「X有威脅」的判斷，這些判斷不需要高度的分析能力，很多人類以外的動物都能作出這些判斷，因此牠們也擁有這些情緒。然而，羞愧所蘊涵的判斷要複雜得多。在「我做錯了事」背後，包含著兩個判斷。第一，該行為是我所做的。第二，我的行為違反了某些客觀規則。這兩個判斷缺一不可，以Barrett實驗中的小孩為例，首先他必須認為弄斷了娃娃的腳這個行為是他做出來的，如果他相信娃娃的腳一早便斷了，又或是娃娃的腳是研究員弄斷的，跟自己的行為無關，那他便不會感到羞愧。另外，他必須要意識到並接受了研究員的指示，即他應該要小心看待研究員心愛的娃娃，而當他弄壞了娃娃的腳時，他必須認知到自己的行為破壞了跟研究員的約定。如果他根本不明白研究員的指示，又或是他根本不認為自己應該遵守研究員定下的規則，又或是他不認為破壞了娃娃的腳違反了規則，那他亦不會感到羞愧。

在羞愧的兩個判斷背後，蘊涵著不為其他基本情緒所共有的元素。首先，羞愧的意向對象不是外在的客觀事件，而是自己的行為。要對自己的行為感到羞愧，必須要有清楚的自我意識，亦即意識到自己是一個獨立於其他東西存在的個體，自己的行為能夠影響

11　見本章第二節。

到他人，而他人受到自己影響時是「我」的責任。這種自我意識只為少數動物所擁有，心理學家將這種以自我為對象的情緒稱為自我意識情緒（self-conscious emotions）。然而，單是自我意識不足以解釋羞愧的出現，以自我為對象的情緒還包括尷尬和妒忌，尷尬是自己的某些特質被不情願地暴露人前的情緒，而妒忌則是自己希望得到別人的關注卻被第三者搶走時感到的情緒。[12] 羞愧不單以自己為對象，更是將自己的行為與客觀的規則作比較下產生的結果。這裏的規則一般由家庭或社會所授予，可以是道德性如「X是錯的」或「X是不被接受的」，又或是非道德性如「X是正確的方法」或「X能完成任務」。要懂得羞愧，不僅要明白和認可這些規條，更要意識到自己的行為違反了它們，繼而作出「我錯了」或「我失敗了」的判斷。由此可見，羞愧與一般基本情緒最大的不同在於，它是以自我為對象，並且包含對自我行為的評價。我們可將之稱為自我意識的評價情緒（self-conscious evaluative emotions）。

2——概念自我與客觀標準

小孩在兩歲至三歲期間能表現出羞愧，正是因為他們在這期間發展出自我意識和對道德標準的認知和接納。所謂自我意識，泛指意識到我作為一個獨立於他人的個體。最初步的自我意識其實早在嬰兒甫出生便出現。例如，嬰兒在出生24小時便會出現覓乳反應（rooting reflex），即將頭轉向口側頰部受刺激的一邊開始吸吮，[13] Rochat和Hespos發現，相對於被自己的手指碰到面頰，初生嬰兒在被他人的手指碰到時會出現更強烈的覓乳反應，證明他們已能初步

12　見本書第四章〈醋海翻波〉。

13　〈覓乳反射〉（臺灣：國家網絡醫藥），載：http://hospital.kingnet.com.tw/library/diagnose.html?lid=8981。

區分他人與自己。[14] 至六週大，嬰兒已能模仿成人將舌頭或左或右
地伸展，[15] 表示他們已能區分自己的身體與他人的身體。及至五至六
個月大，Bahrick、Moss 和 Fadil 發現，相對於觀看自己的錄影，嬰兒
會對另一個同樣年紀、穿著同樣顏色的衣服的嬰兒投以更大的關
注，表示他們已能憑面貌區分自我與他人。[16] 然而，這種初步的自
我意識不足以讓嬰兒產生羞愧之感，這時期的嬰兒只是在身體反應
與感官上區分他人與自己，並沒有在認知上建立自我的概念，亦未
能將自己的行為帶來的影響歸因於「我」。

必須等到18個月左右，這種概
念上的自我才開始在嬰兒身上出
現。Rochat嘗試將一張黃色便條
(Post-it) 貼在這時期的嬰兒的額頭
上，然後以遊戲分散他們的注意
力，讓他們忘記額頭上被貼上便
條。及後，他將嬰兒放在鏡子之
前，讓他們看到自己。結果發現，

圖8.2　開始表現出自我意識的小孩

相對於18個月大以前的嬰兒，這時期的嬰兒懂得伸手觸碰額上的便
條，甚至直接將它取下。[17] Rochat形容這個實驗為測試嬰兒（甚至是

14　Philippe Rochat and Susan J. Hespos, "Differential Rooting Response by
　　Neonates: Evidence for an Early Sense of Self," *Early Development and Parenting*
　　6, no. 34 (1997): 105–112.

15　Andrew N. Meltzoff and M. Keith Moore, "Early Imitation within a Functional
　　Framework: The Importance of Person Identity, Movement, and Development,"
　　Infant Behavior and Development 15, no. 4 (1992): 479–505.

16　Lorraine E. Bahrick, Lisa Moss, and Christine Fadil, "Development of Visual
　　Self-Recognition in Infancy," *Ecological Psychology* 8, no. 3 (1996): 189–208.

17　Philippe Rochat, "Five Levels of Self-Awareness as They Unfold Early in Life,"
　　Consciousness and Cognition 12, no. 4 (2003): 717–731.

人類以外的動物)是否擁有概念上的自我的試金石。因為嬰兒看不到額上的便條貼,也忘記了它的存在,而他居然能夠從鏡中的影像知道自己的額頭貼上了便條(圖8.2),[18] 最合理的解釋是他意識到鏡中的影像正是他自己,既然鏡中的我額上有便條貼,那就代表我的額上也有便條貼,於是他才懂得伸手去觸摸。這樣的行為在18個月前的嬰兒並不會出現,由此證明這時期的嬰兒在概念上意識到自我的存在與自我跟他人的區別。

另外,這時期的嬰兒亦開始掌握語言能力,懂得在言語上指涉自己與他人。Lewis和Ramsay的研究發現,能辨認出鏡中的自己的嬰兒,比不能夠這樣做的嬰兒,明顯地使用更多諸如「我」、「我的」、「我是」、「我自己」這樣的第一身代名詞,這亦是他們擁有概念上的自我的證據。[19] 最後,以上的研究亦發現,那些能在鏡中辨認出自己的嬰兒,他們會表現出更多的「假裝遊戲」(pretend play)的參與,例如用湯匙餵洋娃娃或自己吃飯,將電話筒放在洋娃娃或自己的耳邊假裝打電話,和從水樽假裝倒水給洋娃娃或自己。要進行這樣的「假裝遊戲」,嬰兒必須意識到自己和洋娃娃都只是在裝作另一個角色,他和洋娃娃都不是在真的進食或打電話,這一切只是遊戲。意識到自己在扮演另一個角色,正代表嬰兒意識到有一個真正的自己,而在假裝遊戲中的不是那個自己。由以上可見,18個月大的嬰兒已能在概念上辨認出自我,這是羞愧出現的其中一個必要條件。

另一個必要條件是對客觀標準的認知和接納。早在兩個月大時,嬰兒已經會對不同的外界事物作出不同的反應。Rochat、Querido和Striano發現這時期的嬰兒已能進行前對話(protoconversations),如與

18　同上註,頁721。

19　Michael Lewis and Douglas Ramsay, "Development of Self-Recognition, Personal Pronoun Use, and Pretend Play During the 2nd Year," *Child Development* 75, no. 6 (2004): 1821–1831.

別人玩耍時表現笑容、與面對面的人輪流作出反應、模仿他人的動作和情緒表現等，證明嬰兒已初步意識到世界存在著獨立於自己的客觀行為，並嘗試作出反應。[20] 到9至14個月，嬰兒開始出現嘗試與別人建立共同的注視點 (joint attention) 的行為，例如嬰兒會透過轉動頭和眼睛追蹤成人的視線、[21] 模仿成人帶有目的地使用物件的行為、[22] 因應他人的情緒而改變自己的行為等社交參照行為 (social referencing)。[23] 這些行為證明嬰兒已開始嘗試改變自己的行為以符合客觀世界所發生的事。然而，這時期的嬰兒還不具備感到羞愧的能力，因為他們還未能從別人的行為中辨認出背後指導的客觀標準，因此也就不能將自己的行為與客觀標準作比較。這種能力必須等到18個月左右才出現，跟概念自我出現的時間相若。

發展心理學家Jerome Kagan發現，18至24個月大的嬰兒開始對身邊不正常的事物，例如穿了破洞的衣服、少了一條腳的椅子等表現特別的關注；對於那些跟平常不同但不違反該事物「本應怎樣」的東西如放了在別處的椅子，嬰兒卻不為所動。[24] 而對於那些違反常理的行為，例如用水樽餵斑馬玩具飲水、哄洋娃娃入睡或講電話

20 Philippe Rochat, Jane G. Querido and Tricia Striano, "Emerging Sensitivity to the Timing and Structure of Protoconversation in Early Infancy," *Developmental Psychology* 35, no. 4 (1999): 950–957.

21 Chris Moore and Valerie Corkum, "Infant Gaze Following Based on Eye Direction," *British Journal of Developmental Psychology* 16, no. 4 (1998): 495–503.

22 Andrew N. Meltzoff, "Understanding the Intentions of Others: Re-enactment of Intended Acts by 18-Month-Old Children," *Developmental Psychology* 31, no. 5 (1995): 838–850.

23 Tedra A. Walden and Tamra A. Ogan, "The Development of Social Referencing," *Child Development* 59, no. 5 (1988): 1230.

24 Jerome Kagan, *The Second Year: The Emergence of Self-awareness* (Cambridge, MA: Harvard University Press, 1981).

等,他們會表現出強烈不安,做出諸如哭泣或抱緊母親的行為。由此可見,這時期的嬰兒心中不僅對於事物應該怎樣存在已經有一些客觀標準,他們更能辨別事物是否違反了這些標準。Kagan亦發現,這時期的嬰兒已經會思考自己是否有能力去達成這些標準。例如,他們會開始拒絕成人的幫助,希望自己完成飲食或穿衣服等生活細節,當他們順利完成一項任務時,他們會露出自滿的微笑(mastery smiles),表現出他們既渴望亦能判斷自己是否達成父母的標準。Stipek和其他人的研究發現,這時期的嬰兒亦開始關注別人如何看待自己的行為。[25] 在實驗中,嬰兒被安排試玩一些解難的玩具或任務(拼圖、將不同形狀的木塊分類放進箱子、將不同大小的杯子依次套在一起等),結果發現,相對於由實驗人員完成這些難題,當嬰兒獨自完成任務時,他們會更多地將目光投向實驗人員或伴隨的母親,表現出他們渴望別人認同自己的成功。相反,當嬰兒不能完成任務時,他們會刻意將頭或整個身體轉開,避免直接面對實驗人員或與他人有眼神接觸,表現出他們不想別人目睹他們的失敗。由以上研究可見,18至24個月大的嬰兒既能認知客觀標準,亦能以這些標準規範自己的行為,他們能判斷自己的行為是否達標,亦關注其他人如何看待自己的行為。這種把握客觀標準的能力,構成了羞愧出現的另一個必要條件。

讓我們作一個小結。羞愧表面看來並不是生而有之的情緒,它在18個月左右才出現在嬰兒身上,這是因為羞愧的出現建基於兩個判斷:第一,該行為是我所做的;第二,我的行為違反了某些客觀規則,而這兩個判斷中包含的概念自我與對客觀標準的把握在嬰兒

---

25 Deborah Stipek, Susan Recchia, Susan McClintic and Michael Lewis, "Self-Evaluation in Young Children," *Monographs of the Society for Research in Child Development* 57, no. 1 (1992): 5–8.

18個月大時才得到成熟發展。然而，由於這兩項心智發展具有重要的演化價值，使得它們在天擇下被寫進我們的基因中，不必經過後天習得，只是出現的時間相對較遲而已。亦因此，跟由特定文化塑造而成的、只存在於個別文化的社會建構情緒不同，羞愧普遍存在於所有人之中，在這一意義上，羞愧無異於一般天生的情緒。由此可見，一個情緒是否天生不能簡單地以它是否生而有之作準，還要看構成該情緒的認知過程本身在什麼程度上是一種自然而然習得的能力；也就是說，情緒是否天生不是一個非黑即白的問題，當中亦有程度之分，而羞愧正是一個比憤怒與恐懼較為「後天」、比後 Fago 及 Amae 較為「先天」的情緒。

第二節　羞恥與罪疚

在上一節，我們以羞愧形容嬰兒做了錯事時的情緒反應，這種反應在嬰兒18至24個月大時普遍出現，不為任何民族所獨有。然而，隨著年齡的增長，不同人對自己做錯事漸漸發展出羞恥（shame）和罪疚（guilt）兩種不同的反應。在這一節，我們將探討這兩種情緒有什麼分別，以及它們是由怎樣的文化因素塑造而成，由此判斷它們在多大程度上是一種社會建構情緒。

1——從《紅字》説起

關於羞恥與罪疚的分別，美國小説家納撒尼爾·霍桑（Nathaniel Hawthorn）在他的經典著作《紅字》（*The Scarlet Letter*）中作出了相當生動的描述。[26] 故事發生在十七世紀美國波士頓一個清教徒小鎮。

26　納撒尼爾·霍桑著，王元媛譯：《紅字》（武漢：長江文藝，2006）。

女主角海絲黛・白蘭（Hester Prynne）因通姦罪被判入獄，被逼永遠在
胸前配戴一個象徵「通姦」（adultery）的紅字「A」，當她出獄時，她感
到眾人不友善的目光都投在她的A字上，感到十分羞恥，她想將女
兒抱在胸前將A字掩蓋，但卻頓時意識到跟情夫所生的這個女兒同
樣是令她羞恥的象徵。海絲黛不願意跟任何人接觸，帶著女兒珀爾
（Pearl）離群索居，搬到小鎮邊陲的農舍居住。當她重遇情夫，決心
除下那個A字時，小說這樣形容她的感受：「恥辱的烙印去除了，海
絲黛長長地舒了一口氣，羞辱與痛楚的重負也隨之而去。她頓然豁
然開朗，無比輕鬆！只有在感覺到自由時，才知道枷鎖重量！」[27] 可
見她心中的那份羞恥感何其沉重。海絲黛的情夫亞瑟・丁梅德斯
（Arthur Dimmesdale）是小鎮上一位德高望重的牧師。他不敢公開承
認自己跟海絲黛的關係，眼見她獨自承受眾人的指責，自己卻受到
大眾的愛戴，使他的罪疚感日增，要透過鞭打自己和捱餓來懲罰自
己，以換取一刻心靈的平安。他的身體愈來愈虛弱，甚至要依賴拐
杖步行，雖然他有機會與海絲黛離開小鎮，他卻選擇爬上絞刑台，
對眾人承認自己所犯的罪，死前的一刻他說：「他（上帝）引領我來
到這裏，讓我戰勝怯惰，袒露恥辱，在眾人面前壯烈地死去！這些
痛楚、巨痛缺一不可，否則我便永世迷失，萬難獲救了！頌揚上帝
的聖名吧！完成他的意願吧！永別了！」[28] 彷彿死亡才是對他的罪行
唯一合適的懲罰。

　　從海絲黛的羞恥感和亞瑟的罪疚感，我們可以看到這兩種情緒
的三個差別。首先，同樣是違反道德標準，羞恥通常是因為違反了
外在的、由他人訂立的標準而生，而罪疚則通常是因為違反了內在

27　同上註，頁135。
28　同上註，頁182。

的、由自己訂立的標準而生。海絲黛胸前的A字令她羞恥，是因為彷彿每個人都目睹她的罪行，她刻意穿得極度簡樸，將長髮梳起，離群索居，就是因為害怕面對別人對她譴責的目光。由於羞恥違反的標準在外，旁觀者愈多，羞恥感便愈強，作者這樣形容海絲黛：「陌生人的注視尤其令她煩惱不安。每當陌生人好奇地看著那個紅字——他們無一例外都會這樣做的——紅字就會再一次烙進她的靈魂。」[29] 更有甚者，即使一個人不認為自己做錯了事，但若身邊的人都認為她做錯了，她還是會感到羞恥，就像海絲黛不後悔愛上亞瑟，她還是無法承擔胸前A字的重量。相反，亞瑟的罪疚感是因為他違反了內心的道德信念而生。雖然沒有人知道他的通姦罪行，但他的罪疚感卻不單沒有減少，反而因為感到自己配不上別人的讚頌和崇拜而與日俱增。他說：「我不得不立於講壇之上，面對眾人仰視的目光，好像我的臉上煥發著天國的光芒！不得不看著我那些追尋真理的教民，如飢似渴地傾聽我的話語，彷彿在聆聽天籟之音！然後反窺內心，就會發現他們崇拜的偶像居然是這般醜惡污穢！我心之痛，苦不堪言！我恥笑自己的表裏不一！魔鬼撒旦也在嘲笑我！」[30] 跟海絲黛衣服上的A字不同，他將一個紅色的A字刻在自己胸口的皮膚上，儘管無人看見，卻時刻折磨著他的內心。跟羞恥不同，罪疚感來自內心的譴責，如果一個人深信自己的行為正確，即使所有人都認為他做錯了，他也不會感到罪疚，如孟子所言：「自反而縮，雖千萬人，吾往矣！」[31] 但若如亞瑟般深信自己做了錯事，縱不為人知亦逃不過良心的責備。

29　同上註，頁33。

30　同上註，頁123。

31　孟子：〈公孫丑上〉，載楊伯峻譯注：《孟子譯注》（北京：中華書局，2015），頁56。

　　另一方面，羞恥的人一般會傾向於逃避問題，而罪疚的人則傾向於對問題作出補償。海絲黛不願意說出情夫的身份，不尋求別人的幫助，躲起來獨自養育女兒。當她對亞瑟說出一切後，她建議亞瑟改頭換面，與自己和女兒永遠離開小鎮，到歐洲過新的生活，她對亞瑟同時也對自己說：「把那些殘骸與廢墟都留在不幸的發生地吧！別再和過去做無謂的糾纏！一切都重新開始！一次嘗試失敗，你就失去了所有的機會？不，不是這樣！你的未來依舊充滿了嘗試與機會。你能夠享受到幸福！你可以做很多的善事！」[32] 羞恥感使海絲黛拒絕面對自己通姦這件事，她選擇放下問題，以逃避眾人的譴責。相反，罪疚的亞瑟卻傾向於主動面對問題。當海絲黛出獄時，他就請求她供出自己情夫的身份，讓他能承擔責任。他說：「那麼我要求你供出同犯，供出你共同的受難者！不要出於對他錯誤的憐憫、柔情而沉默不語；請相信我，海絲黛，雖然他將走下高位，與你一起站在這示眾台上，但這要遠遠勝過藏著一顆犯罪的心苟活終生。」[33] 海絲黛拒絕供出他，使他得不到承擔罪責的機會，這樣反而使他更難受，逼使他以自虐的方式懲罰自己。最後，當海絲黛表示願意跟他遠走高飛，重新做人時，他不願意逃避自己的罪，他選擇向眾人說出自己的惡行，帶著污名離世，在在表現出罪疚感驅使他積極面對和解決問題的傾向。

　　最後，羞恥和罪疚也有著不同的怪罪對象。一個人做錯了事，如果他將錯看成是因其長久和難以改變的自我缺陷，例如性格有問題、人格不完善、能力不到水平等而產生時，他感到的便是羞恥。相反，如果他將錯看成是因自己的某個一時的、偶然的錯誤行為，例如錯誤判斷了形勢、沒有仔細考慮不同的因素等而產生時，他感

32　納撒尼爾·霍桑：《紅字》，頁131。
33　同上註，頁19。

到的便是罪疚。美國心理學家Michael Lewis便如此區別這兩種情緒。他認為羞恥是「對自己的宏觀評價」(global evaluation)，而罪疚則是對自我的行動 (action) 與行為 (behaviours) 的評價。[34] 群眾以至於海絲黛自己不將她的錯視為一時糊塗，而是看成是她整個靈魂的敗壞；失去了貞節的她，已不再被視為道德上完整的人，以至於州長和牧師們要剝奪她作為珀爾的母親的資格，因為他們認為她沒有給予珀爾合適的教育的能力和資格，就連她自己也感到她的罪使她變成了不合於社會的人。書中這樣形容：「在她和社會的一切交際之中，沒有一樣東西能使她感覺自己是屬於那個社會的。她所接觸到的那些人的每一個姿勢，每一句話，甚至於每一個沉默，都顯示出她是被摒棄的，她孤獨到彷彿住在另一個世界似的，或是用一套不同於其他人類的感官去和一般人打交道似的。」[35] 這種將罪歸咎於自我的傾向使她產生了羞恥之感。相反，阿瑟的罪疚感源於他不敢公開承認自己的罪行，而非他的道德自我的敗壞。作者這樣描述他的罪：「雖然偶有一次，他曾可怕地違反了最神聖的一條戒律。但這樁罪惡是熱情所造成的，並不是出於故意或是他的主張。」[36] 阿瑟不認為自己的罪無可補救，卻為著自己一次又一次不敢認罪的懦弱感到痛苦萬分。當海絲黛告訴他他已經深切地悔改了時，他說：「說到懺悔，我已做夠了！說到悔悟，卻完全沒有！不然，我老早就該脫掉這些虛偽的聖潔衣裳，將在審判時要表現出來的形象顯示給世人看了……只要這樣的一點真實，就可以使我得救了！但是現在，一切都是虛偽的！一切都是空虛的！一切都死了！」[37]

34　M. Lewis, "The Self-Conscious Emotion," *Encyclopedia on Early Childhood Development* (2001), 2.

35　納撒尼爾‧霍桑：《紅字》，頁83。

36　同上註，頁191。

37　同上註，頁185。

下圖總結了羞恥和罪疚三方面的不同：

	羞恥	罪疚
違反的標準	外在	內在
行為的傾向	逃避	補償
歸咎的對象	自我	行為

　　把握了羞恥與罪疚的不同特質，我們可以反過來利用這些特質判斷一個人經歷的是羞恥還是罪疚。西楚霸王項羽自視甚高，自以為「力拔山兮氣蓋世」，[38] 卻敗於流氓出身的劉邦手下，雖有東山再起的機會，卻選擇於烏江自刎，他説：「且籍與江東子弟八千人渡江而西，今無一人還。縱江東父兄憐而王我，我何面目見之。縱彼不言，籍獨不愧於心乎？」[39] 最令項羽難以面對的不是戰敗這回事，而是辜負了江東父老(外在標準)對自己的期望，他無法面對天下無敵的自己居然會有失敗的一天(自我歸咎)，只能以自殺逃避問題，種種跡象表明他經歷的是羞恥。相反，在俄羅斯作家杜斯妥也夫斯基的小説《卡拉馬佐夫兄弟》中，儘管伊萬・卡拉馬佐夫沒有參與殺害父親的行動，卻因為自己曾告訴真正的兇手斯麥爾加科夫自己會離開家園，讓他有下手殺人的機會，以及曾灌輸他「既然沒有上帝，那麼一切都是被允許的」的思想，因而認為自己是父親被殺的幫兇。雖然沒有人知道他的這些行為，但他卻受著內心道德律的譴責(內在標準)，以至於產生幻覺，看見魔鬼來嘲笑他的信仰。伊萬為了贖罪，不惜闖進法庭，指控斯麥爾加科夫，並承認自己需要為父親的死負上責任。由此可見，他經歷的是罪疚。

　　有趣的是，羞恥與罪疚的這三種分野，在18至24個月大的嬰

38　項羽：〈垓下歌〉，載司馬遷著，夏松涼、李敏編：《史記今注》(南京：南京大學出版社，2010)，〈項羽本紀第七〉，頁143。

39　同上註，頁144。

兒身上並沒有出現，他們的羞愧時而表現為違反外在標準，時而表現為違反內在標準，時而傾向於逃避，時而傾向於補償，時而歸咎於自我，時而歸咎於行為，沒有固定的模式可言，可說是處於一種恥罪交纏的狀態。在第一節中，我們發現嬰兒的羞愧建基於道德標準的習得，那麼是什麼因素影響著嬰兒的道德觀發展，使得他們由恥罪交纏的狀態慢慢發展出羞恥與罪疚兩種獨立的道德情緒？答案顯而易見，是後天的社會文化。

2——恥文化

美國人類學家露絲·潘乃德（Ruth Benedict）的《菊與刀》是研究文化如何影響羞恥與罪疚的形成的重要著作（圖8.3）。二戰期間，美軍詫異於日本軍隊異常的驍勇善戰，為求知己知彼，指派潘乃德對日本文化進行研究。由於兩國處於交戰狀態，潘乃德不能到日本作實地考察，只能透過閱讀大量日本文學、報紙、電影以及與居美的日本人作訪談進行研究。潘乃德在書中提出了「恥文化」和「罪文化」這兩個概念，認為羞恥是在日本以至於東方文化下孕育

圖8.3 《菊與刀》

而成，而罪疚是在美國以至於西方文化下產生。這兩個概念影響深遠，成為了一代學者比較中西文化的切入點。在這一小節，我們首先看看東方文化下的道德觀如何孕育出羞恥感，以及為什麼羞恥會具有上一小節提及的三個特質。西方文化孕育而成的罪疚感則會留待下一小節詳加討論。

潘乃德認為日本是一個充滿矛盾的文化，這從《菊與刀》的書名便可窺豹一斑。菊是日本皇室的家徽，代表高雅和優美，而刀則是

武士道的象徵，代表殺戮、名譽和勇氣。日本人待人謙卑有禮，時
刻將「對不起」掛在口邊，處處為人著想，卻又同時極度自大，認為
亞洲人必須要由大和民族統治才能得到幸福。日本士兵忠誠勇敢、
視死如歸，不惜化身神風特攻隊以身報國，但當他們逼不得已淪為
俘虜時，卻會迅速變節，向美軍提供各種日軍情報，甚至為美軍做
嚮導攻打軍事要點。日本實行一夫一妻的制度，強調忠貞，可是卻
將丈夫到青樓嫖妓視為正常的行為，妻子不單不可感到不悅，甚至
會幫丈夫付嫖妓的費用。潘乃德說：「日本人將矛盾的氣質詮釋到極
致：富有侵略性卻又毫無威脅，奉行軍國主義卻又不乏審美情趣，
粗野蠻橫卻又彬彬有禮，冥頑不化卻又與時俱進，柔順軟弱卻又不
甘受欺，忠誠而又奸詐，英勇而又膽怯，保守而又迎新。」[40]

　　潘乃德認為，日本文化的矛盾源於它的道德系統。日本有所謂
「義務」和「道義」兩個道德概念。義務是指「即便是最充分的回報也
僅僅是報答了恩情的一部分」，[41] 例如對父母的孝、對天皇和國家的
忠、對任務的責任等。道義則是指「必須等量償還給施與人，並且
有時間限制」的債，例如因得到別人的幫助而生的回報責任，和自己
的名聲受到污辱而生的報復的責任等。問題是，這兩種道德要求並
不常常一致，當兩者出現矛盾時，往往沒有一個既定的程序或更高
的標準決定應該依哪個要求行事。這種道德兩難在日本民族史詩《四
十七浪人物語》中得到清晰的表現。[42] 故事講述主公淺野侯（Lord
Asano）被吉良侯（Lord Kira）所欺騙，在覲見將軍時誤穿錯誤的禮服
受辱，出於維護自己名聲的道義，淺野必須立即向吉良報復，但在
殿前拔刀卻有違對將軍的義務，這便是道義與義務的衝突。最後淺

40　露絲·潘乃德著，陸徵譯：《菊與刀》（新北：遠足文化，2012），頁35。
41　同上註，頁152。
42　同上註，頁240–248。

野刺殺吉良失敗，只能切腹自盡。淺野受辱而死，其家臣出於對主公的義務，應當一同切腹自殺，但他們卻同時有幫主公了結未了之仇的道義。在此兩難下，他們選擇化身為浪人，秘密策動復仇的計劃。這四十七名浪人，為了減低吉良對他們的警覺性，不惜放棄對家人的義務，有的日夜光顧妓院，縱情享樂，有的為了籌錢報復將妻子賣了做妓女，有的為了保密殺了自己的妹妹和岳父。最後，他們終於用淺野切腹時的刀砍下吉良的腦袋，然而他們這樣做卻違反了不得未經宣告就進行報復的國法，有違對國家盡忠的義務，於是四十七名盡了道義的浪人只能選擇一起切腹自盡。

在這個故事中，我們可以看到道義和義務出現多次的衝突，有時候道義佔了上風，有時候義務決定著人的行為。基於這種道德標準的對立，日本文化便出現了種種看似矛盾的現象，時而為國而勇往直前，時而為家而怯懦退縮，時而為盡孝而謙遜有禮，時而為盡忠而傲慢不馴。這些矛盾之所以無法避免，是因為日本人的道德觀中缺少了一個凌駕於一切之上、放諸四海而皆準的絕對的道德律令。要決定在某情況下該作何種行為，依賴的便是個人的修行和智慧。類似於亞里士多德所說的實踐智慧（phronesis），日本人認為道德不在於盲目執行義務或道義的要求，而在於能夠按實際情況作出合適判斷，分辨在不同情況下哪種義務或道義更為重要。他們將達到這境界的人稱為「人生之達人」（jinsei no tatsujin），類似於中國聖人之說。孔子回顧一生的歷程道：「吾十有五而志於學，三十而立，四十而不惑，五十而知天命，六十而耳順，七十而從心所欲，不踰矩。」[43] 所謂聖人，不在於嚴格遵守各種道德規則，而在於從心所欲地行事也不會做出不道德的事。由於東方文化的道德觀要求人成為

---

43 姚永樸撰，余國慶校：《論語解注合編》卷一（安徽：黃山書社，2014），
    〈為政第二〉，頁25。

聖人達人，而非著重某一個具體行為是否正確，因此當一個人做錯了事時，他很自然會歸咎於自我的不完善而非某一行為的出錯，這樣便構成了羞恥以自我為對象的第一個特質。

那麼，達人聖人又是根據怎樣的標準去決定具體的行動呢？細看上述各種義務和道義，不難發現它們都是在不同的人際關係中衍生的，如父母與子女、君主與臣下、天皇與人民、債主與受債人、施恩者與受恩者等，而很多時候身處在哪一種關係之中是身不由己的。你在這些關係之中的角色，決定了你應該做的事，即使你不同意當中的義務和道義，違反了仍然是不道德的。由此可見，決定對與錯的標準不在於人內心的道德信念，而在於外在於人的客觀倫理關係。這種由外在的處境決定對錯的道德觀，可稱為處境倫理學（situational ethics），對日本文化影響深遠的中國儒學便是當中的代表。例如，在《孟子》中，淳于髡曰：「男女授受不親，禮與？」孟子曰：「禮也。」曰：「嫂溺，則援之以手乎？」曰：「嫂溺不援，是豺狼也。男女授受不親，禮也；嫂溺援之以手，權也。」[44] 這裏，淳于髡提出了一個道德兩難：救援嫂子必然會有不合禮的身體接觸，但見死不救卻又同樣地不道德。孟子指出，男女授受不親是基本禮儀，但當遇上嫂子遇溺的情況，只顧堅守禮儀、不懂得權衡輕重的卻是禽獸所為。由此可見，「男女授受不親」不是一成不變的道德規條，是否道德取決於外在的客觀處境。又如，齊宣王問曰：「湯放桀，武王伐紂，有諸？」孟子對曰：「於傳有之。」曰：「臣弒其君可乎？」曰：「賊仁者謂之賊，賊義者謂之殘，殘賊之人謂之一夫。聞誅一夫紂矣，未聞弒君也。」[45] 這裏齊宣王亦提出了一個道德兩難：周武王是儒家公認的聖人，然而提倡五倫的儒學明確指出臣下弒君

44　孟子：〈離婁章句上〉，載楊伯峻譯注：《孟子譯注》，頁162。

45　孟子：〈梁惠王下〉，《孟子譯注》，頁39。

是不道德的事，殺了紂王的武王如何算得上是聖人？孟子的回答意思就是，一般情況下弒君當然是不道德的，但紂王不仁不義，沒有為王的資格，因此殺了他也不算弒君。由此可見，弒君是否道德取決於客觀而言被弒者有沒有作君王的資格。既然在東方文化下，一個行為道德與否取決於外在的人際關係和客觀條件而非個人內在的信念，那麼，當一個人做錯了事，他所感到的譴責便是來自外在的群眾而非內在的道德信念，這樣便構成了羞恥的第二個特質。

羞恥的第三個特質是逃避問題的傾向。東方的道德觀是否只鼓吹逃避而不重視補過，是成疑問的。誠然，由於東方道德觀強調道德自我的建立，而建立道德自我是一件漫長而持續的事，當一個人做了極為邪惡的事，以至於他的道德自我不再完整時，縱使他就錯事作出一時三刻的補償，對於重建道德自我根本無濟於事，於是只能選擇逃避。例如，項羽因為指揮失當，害死了成千上萬的江東子弟，不管他以後能有什麼成就，也無法洗刷他的污名，因此他只有選擇在烏江自刎。日本當代著名細胞生物學家笹井芳樹在2014年被發現學術造假，作為學者的尊嚴蕩然無存，最後只能選擇自縊。南韓釜山市MERS對策本部健康體育組組長因未能防止中東呼吸綜合症疫情傳播至釜山，留下「對不起」等內容的遺書自殺。2014年「世越號」沉船事故(圖8.4)，檀園高中教導主任自殺身亡，留下的遺書寫道「200多名學生生死不明，我沒有信心活下去，我將承擔所有的責任」。[46]另外，由於東方的道德標準來

圖8.4　南韓「世越號」沉船事故

46　〈自殺副校長遺書：到陰間再當老師〉，《中央通訊社》網站，2014年4月18日，載：http://www.cna.com.tw/news/firstnews/201404185011-1.aspx。

自外在的人際關係，只要能逃離某種人際關係，也就不再受到它的道德約束，原本不道德的事也能一筆勾消。試看以下例子：桃應問曰：「舜為天子，皋陶為士，瞽瞍殺人，則如之何？」孟子曰：「執之而已矣。」「然則舜不禁與？」曰：「夫舜惡得而禁之？夫有所受之也。」「然則舜如之何？」曰：「舜視棄天下猶棄敝屣也。竊負而逃，遵海濱而處，終身訢然，樂而忘天下。」[47] 這裏又是一個道德兩難。舜作為天子，理應將殺了人的父親繩之於法，但他作為兒子，卻又應該保護父親。孟子認為問題不難解決，只要舜放下天子的身份，他就不再需要承擔作為天子的道德責任，他就可以心安理得地帶著父親逃走隱居。

然而，在東方道德觀下，犯了錯的人是否總是會選擇逃避呢？也不盡然。儒學有所謂工夫論，認為道德自我的建立需要透過日積月累的修行而得，不可能一蹴即就，如曾子曰：「吾日三省吾身：為人謀而不忠乎？與朋友交而不信乎？傳不習乎？」[48] 也就是說，人應該對每天的所作所為作出反省，思考有沒有做得不好的地方，「過則勿憚改」。[49] 當人犯錯時，雖然會因為受到眾人責難而感到羞恥，但真正的君子不會因此而逃避，反而會勇於改過，這就是子貢所說的「君子之過也，如日月食焉；過也，人皆見之；更也，人皆仰之」。[50] 這種透過小心觀察自己的一言一行，「勿以惡小而為之，勿以善小而不為」[51] 的修行，在東方文化盛行的儒學、佛學以至於日本的神道教都有其理論基礎。由此可見，雖然東方文化孕育出以道德自我建立

47　孟子：〈盡心章句上〉，頁293。
48　姚永樸撰，余國慶校：《論語解注合編》卷一，〈學而第一〉，頁11。
49　同上註，卷五，〈子罕第九〉，頁156。
50　同上註，卷十，〈子張第十九〉，頁330。
51　〈劉備遺詔〉，載陳壽撰，裴松之註：《三國志》（北京，中華書局，1982），〈蜀書・先主傳〉，頁891。

為目標和深受外在人際關係影響的羞恥感，但這種羞恥感在理論上不見得只有逃避問題而沒有作出補救過錯的傾向。

3——罪文化

如果説東方道德觀孕育出來的是恥文化，那麼孕育出西方罪文化的便是基督教的道德觀。這裏的基督教不是指由馬丁路德在十六世紀提倡的宗教改革下興起的新教 (Protestants)，而是泛指由公元一世紀開始，經歷羅馬時代、中世紀以至於現代，包含天主教、東正教、新教在內的基督宗教。誠然，不同宗派對於如何理解諸如救贖、因信稱義等基本信條存在重大分歧，這亦影響了他們如何理解罪疚這個概念。在這一節，我將嘗試從一些較少爭議的概念入手，解釋何以基督教所衍生的罪疚感是由於違反內在而非外在的道德標準而生，以及何以它會有驅使人作出補償的傾向。然而，出於對救贖與恩典的不同詮釋，罪疚感的歸咎對象既可以是自我的缺陷，可以是行為的過失，與第一節所談到的罪疚的特質並不完全脗合。

相對於以不同的人際關係來界定對與錯的處境倫理學，基督教相信真正的道德律是永恒而普遍的，不會因為人所處的具體情況和關係之不同而改變，因為道德律是由全知全能的唯一的上帝訂立的。上帝創造天地萬物，將管理大地的工作交給人類，人只要遵守與上帝的約定，便能在死後進入天國，得到永遠的幸福，此中的神與人的約定便是一切道德的根源。《聖經》多次記載了神與人所訂立的契約，這些契約有著絕對的權威，只有遵守與不遵守，沒有半點妥協的餘地。例如，上帝與生活在伊甸園的阿當和夏娃作出約定，「園中各樣樹上所出的，你可以隨意吃，只是知善惡的樹所出的，你不可吃，因為你吃它的日子必定死！」[52] 結果他們受到了蛇的誘惑，

52　《聖經和合本修訂版 (神)》，〈創世記〉2:16–17。

吃了善惡樹上的果子，雖然上帝依然愛他們，亦知道他們是受魔鬼
所蒙騙，但絕對公正的上帝不可能無視毀約的罪行，於是便將他們
逐出伊甸園，從此過著艱苦的生活。上帝眼見罪惡充斥人間，決定
以洪水滅世，只讓義人挪亞與他的家人建方舟逃過一劫。洪水過
後，上帝對挪亞說：「這是我與你們，以及和你們一起的一切生物所
立之永約的記號，直到萬代：我把彩虹放在雲中，這就是我與地立
約的記號了。我使雲遮地的時候，會有彩虹出現在雲中，我就記念
我與你們，以及各樣有血肉的生物所立的約：不再有洪水氾濫去毀
滅一切有血肉的了。」[53] 這契約立下以後，就連上帝也不可以違反
它。之後即使人類繼續行惡，甚至鑄造了一頭金牛作為偶像拜祭，
使得上帝憤怒得對摩西說：「我看這百姓，看哪，他們是硬著頸項的
百姓。你且由著我，我要除滅他們，從天下塗去他們的名。」[54] 但滅
世的事畢竟再沒有發生，因為絕對的契約連全能的上帝也必須遵守。

《聖經》舊約中最著名和重要的契約是「摩西十誡」。摩西接受上
帝的指示，帶領四百萬以色列人逃離埃及，一眾人在曠野中流浪了
四十年後，摩西獨自登上西奈山頂，不吃不喝祈求上帝為他和族人
們指出未來的道路。四十天後，天空雷鳴電閃，地動天搖，上帝將
刻上誡命的兩塊石版交給摩西，其內容包括以下十條：[55]

(1) 我是耶和華 —— 你的神，⋯⋯ 除了我之外，你不可有別的神；

(2) 不可為自己雕刻偶像，⋯⋯ 不可跪拜那些像；

(3) 不可妄稱耶和華 —— 你神的名；

(4) 當記念安息日，守為聖日；

(5) 當孝敬父母；

53　同上註，〈創世記〉9:12–16。

54　同上註，〈申命記〉9:13–14。

55　同上註，〈出埃及記〉20:2–17。

(6) 不可殺人；

(7) 不可姦淫；

(8) 不可偷盜；

(9) 不可做假見證陷害你的鄰舍；

(10) 不可貪戀你鄰舍的房屋，不可貪戀你鄰舍的妻子、奴僕、婢女、牛、驢，以及他一切所有的。

這十條誡命，前四條強調人對上帝的義務，後六條則為一般生活倫理規則，合起來成為了西方千年以來不可動搖的道德律令。然而，要成為一個道德的人，不能只在外在行為上遵守十誡，更要將十誡內化於心中，時刻使之監督個人的意念和動機。耶穌降生以後，有見世人只知僵化、形式化地執行十誡的要求，而忘卻十誡背後上帝的心意，於是乎重新解釋十誡。當時有一位法利賽律法師問耶穌：「老師，律法上的誡命哪一條是最大的呢？」[56] 耶穌便對他說：「你要盡心、盡性、盡意愛主——你的神。這是最大的，且是第一條誡命。第二條也如此，就是要愛鄰如己。這兩條誡命是一切律法和先知書的總綱。」[57] 可見十誡的關鍵在於愛——愛神和愛人，若非出於愛，即使人的行為符合十誡的要求，依然不算做了道德的事。在福音書中亦記載了耶穌對十誡中某些條文的新理解。例如，耶穌說：「你們聽過有對古人說：『不可殺人』；『凡殺人的，必須受審判。』但是我告訴你們：凡向弟兄動怒的，必須受審判；凡罵弟兄廢物的，必須受議會的審斷；凡罵弟兄是白癡的，必須遭受地獄的火。」[58] 耶穌又說：「你們聽過有話說：『不可姦淫。』但是我告訴你們：凡看見婦女就動淫念的，這人心裏已經與她犯姦淫了。」[59] 由此

---

56 同上註，〈馬太福音〉22:36。

57 同上註，〈馬太福音〉22:37-40。

58 同上註，〈馬太福音〉5:21-22。

59 同上註，〈馬太福音〉5:27-28。

可見，「不可殺人」、「不可姦淫」不只是行為上的要求，更是對人內心的意念的規範，只要動了殺人的念頭，即使沒有人知道，但其罪已與殺人無異；只要對婦女起了淫念，即使行為上什麼也沒有做，但其罪已與姦淫無異。

讓我們作一個小結：由普遍而永恒的誡律構成的基督教道德觀，重視的不在於外在行為，而在於內在的意念和動機是否符合誡律，由於上帝頒布的誡律是絕對的，因此其他人怎樣看你在具體情況下所犯的罪、又或是其他人怎樣理解某一條誡律的具體應用根本無關重要，唯一重要的是你的行為是否經得起內在道德律的反省。當一個基督徒做了錯事或是動了惡念，他所感受到的道德譴責來自內在的道德律而非外在的群眾，即使沒有人知道他犯的錯，他也逃不過自己的良心責備，這樣便解釋了罪疚的第一個特質。

如果說基督教的道德觀根源於上帝與人的契約，那麼所謂行惡也就是破壞了這契約，甚至可以說，一切的惡歸根咎底都在於破壞了上帝與人之間的親密關係。殺人之所以是惡，不在於你奪去了他人生存的權利，而在於人承諾了上帝「不可殺人」。不照顧年老的父母之所以是惡，不在於你沒有盡作為子女的責任，或是沒有報答父母的養育之恩，而在於人承諾了上帝要「孝敬父母」。既然一切的惡都源於對上帝的虧欠，而上帝是絕對公義且無所不知的，因此要逃避一己的過錯根本絕無可能。

就上帝的公義而言，〈詩篇〉中道：「惟耶和華坐著為王，直到永遠；他已經為審判擺設寶座。他要按公義審判世界，按正直判斷萬民。」[60] 又云：「神是公義的審判者，又是天天向惡人發怒的神。若有人不回頭，他的刀必磨快，弓必上弦，預備妥當。」[61] 可見上帝

60　同上註，〈詩篇〉9:7–8。
61　同上註，〈詩篇〉7:11–12。

對惡行絕不姑息，就連摩西——一個被上帝如此信任的人，都因為對神不夠信心而不獲准進入上帝應許給以色列人的福地。〈民數記〉記載了摩西如何犯誡，當時摩西帶領以色列人走在曠野上，遇上缺水，群眾就埋怨摩西，埋怨上帝不保守他們。摩西向上帝禱告，上帝就吩咐他：「你拿著杖去，和你的哥哥亞倫召集會眾，在他們眼前吩咐磐石湧出水來，水就會從磐石流出，給會眾和他們的牲畜喝。」[62] 摩西和亞倫就照著上帝的吩咐，聚集群眾到磐石，「用杖擊打磐石兩下，就有許多水流出來，會眾和他們的牲畜都喝了。」[63] 可是，事後上帝卻對摩西和亞倫說：「因為你們不信我，沒有在以色列人眼前尊我為聖，所以你們必不能領這會眾進入我所要賜給他們的地去。」[64] 神學家解釋，這是因為摩西沒有遵循上帝的指示「吩咐」磐石流出水，而是「用杖擊打」磐石使其流出水，這是對神沒有信心的表現，即沒有「尊我（上帝）為聖」，由此可見上帝的絕對公義。而這有惡必懲的上帝更是無所不知的。大衛曾云：「耶和華啊，你已經鑒察我，認識我。我坐下，我起來，你都曉得；你從遠處知道我的意念。我行路，我躺臥，你都細察；你也深知我一切所行的。耶和華啊，我舌頭上的話，你沒有一句不知道的。你前後環繞我，按手在我身上。這樣的知識奇妙，是我不能測的；至高，是我不能及的。」[65] 對於基督徒而言，犯錯就是開罪了這樣絕對正義的全知的上帝，神與人的關係是人間一切關係的根源，你可以選擇朋友、同事、夫妻，但你不能選擇不當神的兒女，因此跟以外在關係決定對錯的東方道德觀不同，基督徒犯錯根本不存在逃避的可能性。

　　既然犯了的錯無法逃避，那便只有努力去補償。《聖經》說：

62　同上註，〈民數記〉20:8。

63　同上註，〈民數記〉20:11。

64　同上註，〈民數記〉20:12。

65　同上註，〈詩篇〉139:1–6。

「你們要洗滌、自潔,從我眼前除掉惡行,要停止作惡,學習行善,尋求公平,幫助受欺壓的人,為孤兒伸冤,為寡婦辯護。」[66] 這也就是有錯必改的意思。自中世紀始,教會便有「修和聖事」(sacrament of penance and reconciliation) 的做法。所謂「修和」,就是修補因為犯罪而被破壞了的神人關係,其中一般包含以下五個步驟:[67]

(1) 省察:呼求聖神光照,按照《聖經》或十誡等,用心查考自己從領洗或上次告解至今所冒犯天主的罪過。

(2) 痛悔:悔恨自己曾得罪天主的行為。

(3) 定改:立定志向,從今以後不敢再犯罪。

(4) 告明:向神父說出所犯過的一切罪過及次數。

(5) 補贖:神父按罪過的輕重給予的聖功,可以是誦唸經文或其他善行。

當中的補贖與罪疚感引起的補償傾向有關。《天主教教理》如此解釋補贖這概念:「赦罪去掉罪過,但未補救所有因罪過而造成的混亂。被解除罪惡後,罪人仍應使靈性的健康完全復元。他為此應該做些事情,以彌補他的罪過:他應以適當的方式來『賠補』或『補償』他的罪過。這樣的賠補也稱為『補贖』。」[68] 也就是說,雖然人的罪因為耶穌的死得以赦免,但因為罪而衍生的問題,包括對他人和自己的傷害,卻必須要由犯罪的人來補償,當中常見的做法包括行善、禁食、讀經、祈禱等。教會對於犯了罪的人應當作何種補贖有詳細的指引,其中以流行於七世紀愛爾蘭教會的《昆米安補贖條例》較為有名。《昆米安補贖條例》共9條32款,仔細地說明了不同的罪應作

---

66 同上註,〈以賽亞書〉1:16–17。

67 〈個別修和聖事儀式〉,聖瑪加利大堂網站,載:http://smc.catholic.org.hk/reconciliation/。

68 梵蒂崗教廷:〈基督奧跡的慶典〉,《天主教教理》,載:http://www.vatican.va/chinese/ccc/ccc_zh-t-1420.pdf。

怎樣的補贖。例如偷竊：[69]

（1）犯偷竊一次的人須作補贖一年；犯第二次則須作補贖兩年。

（2）犯者若是男孩，須作補贖40或30天，視年齡大小和知識深淺而定。

（3）由於無知，把剩下的東西藏到第二天的人，要把這些東西分送給窮人。

（4）若違反上主和使徒的命令，奪回被拿走的東西，就得把這些東西分贈給窮人。

（5）無論用什麼方法盜取別人的財物，均須四倍償還那受損失的人。

又如姦淫罪：[70]

（1）犯股部手淫的人須作補贖兩年。

（2）那實際上不能犯淫行，卻在思想中犯罪的人，須作補贖一年，特別在那三個40天的期間內作補贖。

（3）僅以語言或眼目犯不潔的罪，但不願在肉體上犯罪的人，須作補贖20或40天，按照罪情輕重而定。

（4）為劇烈邪念所激動而犯罪的人須作補贖7天。

（5）久遭邪念引誘，在想像上犯淫，且未努力驅除此種邪念的人，須依照邪念存留的時間久暫，作一天、兩天或更多的補贖。

（6）希望在夢中和婦女犯淫的人，須起床跪唱9篇聖詩。第二天只能吃麵包、喝清水，或唱30篇聖詩，並在每篇終結時跪下。

69　J. McNeill, "Early Irish Penitentials," in *Medieval Handbooks of Penance: A Translation of the Principal Libri Poenitentiales and Selections from Related Documents*, 29th ed. (New York: Columbia University Press, 1938).

70　〈論私通〉，《天主教教理》。

　　以上的補贖傳統屬於天主教的概念，自馬丁路德起的基督新教不講究補贖而強調信心，有所謂「因信稱義」的講法，意即憑著對上帝的信心就能得到救贖。然而，這並不代表新教因此不講究行善或改過。〈雅各書〉清楚指出，信心跟行為不能分開：「信心也是這樣，若沒有行為是死的。」[71] 書中並以信心之父亞伯拉罕作為例子：「我們的祖宗亞伯拉罕把他的兒子以撒獻在壇上，豈不是因行為得稱義嗎？可見信心是與他的行為相輔並行，而且信心是因著行為才得以成全的。這正應驗了經上所說：『亞伯拉罕信了神，這就算他為義。』可見人稱義是因著行為，不僅是因著信心。」[72] 由此可見，不論是天主教或是基督新教都認同人犯錯是破壞了人與神的關係，在正義而全知的神面前，逃避一己的錯是不可能的，只有透過努力去補償和改正過錯，才能重修神與人的關係。在基督宗教下，犯錯的人傾向於補償而非逃避，這樣便構成了罪疚的第二個特質。

　　罪疚的最後一個特質是以行為而非自我為歸咎對象。由於由上帝頒布的道德律令是普遍而絕對的，基督徒不必成為東方式的聖人，學習判斷在怎樣的情況下應該執行什麼道德律，只要在任何情況下都嚴格地遵守每一條誡命就可以了。更重要的是，跟東方的道德觀不同，人要成為徹底不違誡命的無罪的聖人在基督教理論下是不可能的。奧古斯丁在《懺悔錄》中反省自己為什麼總是做著各種壞事（圖 8.5），[73] 根據〈羅馬書〉「人人都犯了罪」[74] 這一句話，他提出了「原罪論」，自人類始祖亞當在伊甸園犯了罪後，所有人類便生而帶有原罪，這種原罪使得人全然敗壞（total depravity），即在肉體和心

71　《聖經和合本修訂版（神）》，〈雅各書〉2:17。

72　同上註，〈雅各書〉2:21–24。

73　見：https://prelectur.stanford.edu/lecturers/brown/images/augustinebook.jpg。

74　同上註，〈羅馬書〉5:12。

靈上都只能行惡，失去了向善的自由，
人只能透過無罪的耶穌的死才能得到救
贖，自己要成為耶穌乃不可能的事。由
於成聖的路已絕，基督徒很自然不會以
建立完美的道德自我為目標，而是依靠
著救恩一點一點地改善自己的行為，修
補自己永遠修補不完的罪，因此基督徒
犯錯時的確會較傾向於怪罪自己的行為
而非自我。

圖8.5　奧古斯丁《懺悔錄》

　　然而，要說基督徒不重視道德自我的發展，似乎過於武斷。
《聖經》也有「成聖」的講法。例如，保羅曾說：「現在也要照樣將肢
體獻給義作奴僕，以至於成聖」；[75] 以及：「就當潔淨自己，除去身體
和靈魂一切的污穢，藉著敬畏神，得以成聖。」[76] 成聖的希伯來文
Qadash 有「分別為聖」的意思，希臘文 Hagiasmos 同樣指「分別出來歸
給神」，所以成聖的意思就是將自己從充滿罪惡的世界分隔開，將自
己獻給聖潔的上帝。這裏要「分別」、「分隔」的不是善與惡的行為，
而是墮落的與聖潔的自我。在此意義上，基督教不排斥道德自我的
建立，甚至乎對於具體行為的監督和改善，亦是為了建立與罪惡分
隔的聖潔的自我。由此可見，基督徒在犯錯時既會歸咎於具體行為
的過失，亦會歸咎於自我的不完善，跟上一節談到的罪疚感的第三
個特點不完全脗合。

75　同上註，〈羅馬書〉6:19。
76　同上註，〈哥林多後書〉7:1。

第三節　恥罪交纏

1——恥中有罪，罪中有恥

在上一節，我們以東西方不同的道德觀，解釋人如何從孩提時期的恥罪不分，演變出羞恥和罪疚兩種截然不同的情緒。在東方處境倫理學下，東方人犯錯時感到的是羞恥，因為他們的錯普遍因違反外在人際關係的要求而起，他們一般以道德自我的缺陷為歸咎對象，並有逃避問題的傾向。而在西方基督宗教下，西方人犯錯感到的是罪疚，因為他們的錯普遍因違反內化的絕對的道德律而起，他們一般以個別行為的過失為歸咎對象，並有補救問題的傾向。潘乃德提出的恥文化／罪文化觀當然有著種種的理論限制，最明顯的莫過於東方人不見得沒有罪疚的概念，西方人亦不見得不會感到羞恥。將東方文化等同於恥文化、西方文化等同於罪文化，甚至以此解釋何以西方文化在現代的發展優於東方文化，都是過於籠統且缺乏根據的說法。即便如此，為幫助我們理解文化中的道德觀如何塑造情緒，這一對概念還是有不可忽視的價值。

然而，我們在恥文化與罪文化的討論中，已察覺到羞恥與罪疚不見得能用道德的起源、對象與行為傾向三個特質清晰地加以區分。東方的儒學佛學不見得鼓勵人犯錯便逃避而不作補償改過，而西方的基督教亦不見得只看重行為上的過錯而漠視道德自我的缺陷。這種區分亦受到人類學家和心理學家的進一步質疑。芝加哥大學人類發展委員會和印第安事務局曾共同贊助了一項印第安教育計劃（Indian education project），研究五個位於美國中西部的恥文化部族：Hopi、Navaho、Papago、Sioux 和 Zuni。Laura Thompson 和 Alice Joseph 訪問 Hopi 和 Sioux 的小孩，發現他們普遍將「個人的不良行為和攻擊性」（personal bad behavior and aggressiveness）視為其中一項引起

他們的羞恥感的因素，[77] 而這項目卻普遍被西方小孩視為引起罪疚的因素，由此可見，羞恥不一定以自我的缺陷、亦可以不良行為為對象。另外，他們發現印第安小孩的羞恥感亦會因違反內化的道德觀而引起。研究員對小孩說了以下故事：「傑克和保羅一起走到蜜瓜園，他們各自偷了一個蜜瓜，卻被園的主人看到，主人捉住了傑克並懲罰了他，而保羅則順利逃走。在同一個下午，當保羅在砍木時，斧頭突然滑落，割傷了他的腳。」[78] 結果顯示，大多數小孩相信保羅之所以會受傷是因為他偷了蜜瓜所致，如果他沒有偷，斧頭就不會滑落。他們相信存在客觀的公義，犯了錯的人即使不為人知也應該受到懲罰。既然恥文化的小孩也會因違反內在道德律而感到羞恥，這就證明羞恥感不一定因違反外在人際關係的要求而起，亦可因違反內在道德律而生。

Tangney等人的心理學研究進一步發現，區分恥罪的三個特質並不常常符合我們實際的恥罪經驗。[79] 他們邀請了182個大學生進行調查，請他們以問卷的形式匯報他們經歷羞恥與罪疚時的感受。結果發現，羞恥不會比罪疚更容易受到違反外在道德標準而引發；跟羞恥一樣，罪疚同樣會在旁觀者為戀人、自己喜歡的人和長輩時較多被引發，在旁觀者為自己討厭的人、陌生人以及後輩時則較少被引發。同樣地，罪疚不會比羞恥更容易受到違反內在道德律而引起，

77　Gerhart Piers and Milton B. Singer, *Shame and Guilt: A Psychoanalytic and a Cultural Study* (New York: W.W. Norton, 1971).

78　Gene Roland Medinnus, *An Investigation of Piaget's Concept of the Development of Moral Judgment in Six- to Twelve-Year-Old Children from the Lower Socio-economic Group* (Minneapolis: University of Minnesota, 1957).

79　June Price Tangney, Rowland S. Miller, Laura Flicker and Deborah Hill Barlow, "Are Shame, Guilt, and Embarrassment Distinct Emotions?," *Journal of Personality and Social Psychology* 70, no. 6 (1996): 1256–1269.

在引發罪疚的事件當中，有10.4%為獨處的情況，令人訝異的是，引發羞恥的事件當中獨處的情況更多，佔18.2%。這兩組結果表示，罪疚感可以在違反外在道德標準時出現，而羞恥感亦可以在違反內在道德律時出現。就犯錯時歸咎的對象而言，「罪疚是以行為而非自我為對象」這講法亦受到挑戰，參與者經歷罪疚時，他們感到的「對自我的快樂與不滿」和「對自我的憤怒」的程度跟經歷羞恥時沒有顯著分別，當被問及他們感罪疚和羞恥時會怪罪自己的人格還是具體行為時，在兩種情緒下，怪罪自我和怪罪行為的比率相若。由此可見，罪疚不一定以行為為歸咎對象，羞恥亦不一定以自我為歸咎對象。最後，「羞恥比罪疚更傾向於驅使人逃避而非彌補過失」這講法亦難以成立，參與者經歷羞恥時，他們感到「想承認自己的過錯」和「想彌補自己的過錯」的程度跟經歷罪疚時沒有顯著分別。

由以上可見，從東西方的道德觀、人類學研究和心理學實驗，在在表示羞恥與罪疚的分野沒有我們想像的明顯。羞恥和罪疚同樣可因違反外在標準或內在道德律而起，同樣可以自我和行為為歸咎對象，同樣會有逃避和修補過錯的傾向。在文化的塑造下，我們由孩提時期的恥罪不分，慢慢演變出羞恥和罪疚兩種截然不同的情緒，然後隨著人類文化的繼續發展，我們似乎又回到恥罪交纏的狀態，我們不單不能簡單歸納某一文化為恥文化或罪文化，甚至未必能清楚界定我們犯錯時感到的是羞恥還是罪疚。要理解我們如何從恥罪不分變成恥罪分明再變成恥罪交纏，單純以先天／後天這樣的概念作解釋顯然並不足夠，如果羞恥和罪疚是由先天的基因決定，那為什麼他們會演變得恥罪難分？如果它們是由後天的社會文化建構而成，那世界上成千上萬的文化，何以大部分都擁有類似的恥罪之感？

2——模因

要回答上述的問題，我們須要引入基因(gene)以外另一個解釋情緒發展的重要概念：模因(meme)。道金斯(Richard Dawkins)在1976年出版的《自私的基因》中首次提出了模因這概念，用達爾文式的演化思維來解釋人類的文化發展。Meme是一種文化傳播單位，改造自希臘詞Mimeme，帶有模仿、記憶、相同等意思，例子包括「旋律、觀念、宣傳句、服裝的流行、製罐或建房子」。道金斯解釋道：「正如同在基因庫中繁衍的基因，藉著精子或卵，由一個身體跳到另一個身體以傳播；庫瀰(即模因)中的瀰，繁衍方式是經由所謂模仿的過程，將自己從一個頭腦傳到另一個頭腦。」[80] 他以學術交流為例，當一個科學家聽到一個精彩的觀點時，他會透過講學、寫作或閒聊的方式將這觀點傳播給他的朋友或學生，這時候我們便可以說模因在進行繁殖了。道金斯認為，人類一切的文化發展，包括宗教和道德觀，都可以用模因的傳播和繁殖來理解。

哲學家丹尼爾‧丹尼特(Daniel Dennett)是模因學說的重要推動者。他認為模因的演變能用達爾文的天擇論來解釋，是因為模因跟基因一樣，能夠符合生物學家Richard Lewontin提出的三個天擇出現的必要條件：差異(variations)、不同適應度(differential fitness)與遺傳(heredity)。[81] 讓我們先以基因作說明。想像一群羚羊在漫長的演化史中跑得愈來愈快，這種速度上的演化之所以有可能發生，是因為天擇的出現，跑得快的羚羊比跑得慢的羊被其他動物獵殺的機會較低，因而得到更多繁殖的機會，牠們那種跑得快的基因在羊群中

80　道金斯著，趙淑妙譯：《自私的基因：我們都是基因的俘虜？》(臺北：天地文化，1995)，頁293。

81　Daniel C. Dennett, "Memes and the Exploitation of Imagination," *The Journal of Aesthetics and Art Criticism* 48, no. 2 (1990): 127–135.

的比例也就愈來愈高。這樣的天擇要發生，首先羊群中的羊必須有奔跑速度的差異，否則牠們便不會有繁殖率的分別，天擇就不會出現；其次，奔跑的速度必須要與它們的繁殖率相干，如果牠們生活在沒有捕獵者的環境，或捕獵者的速度比最慢的羚羊還要慢，那牠們奔跑速度的差異便不會影響牠們的生存以至於繁殖率，天擇亦不會發生；最後，這種跑得快的基因必須要能遺傳到下一代，如果跑得快的羊雖然繁殖率較高，但牠們所生的子孫不比其他的羊跑得快，那整體羊群的奔跑速度亦不會提升。反過來說，只要符合這三個條件，即使羚羊的跑速只有些微的不同，而這不同只輕微地影響它們的繁殖率，只要有足夠的時間，演化還是會以天擇的方式出現。

丹尼特指出，這三個天擇推動演化的條件不一定以基因為單位，任何東西只要符合這些條件，演化都會出現，模因就是其中一個例子。讓我們以音樂這種模因為例：首先，音樂的種類繁多——古典音樂、爵士樂、民族樂、流行音樂等多不勝數，滿足了「差異」這一要求。其次，人的記憶空間有限，不可能記住所有聽過的音樂，一些比較觸動人心的樂章便較平庸枯燥的音樂更能佔據我們腦中的位置，這可以理解為不同的音樂在我們腦中的適應度的不同。最後，音樂亦可以以演奏、錄音、電腦拷貝等形式「遺傳」下去。滿足了這三個條件，音樂便會以天擇的方式進行演化，一些曠世傑作，例如貝多芬《命運》交響樂中的「短、短、短、長」的主題開頭便以不同的形式，如唱片、電影配樂、現場演奏甚至電視廣告配樂等被不斷複製，在人類的腦子中一代接一代地廣泛流傳，以至於成為不朽的經典。而那些比較平庸的地方流行曲，在風靡一時以後便不再被複製下去，可以說是在音樂的演化中被淘汰而「絕種」。丹尼特認為，模因的演化能夠應用在不同的文化範疇，解釋何以某些哲學想法、文學作品、科學思維以至社會現象會流芳百世，另一些則只如曇花一現。如果羞恥與罪疚是不同文化塑造而成的情緒，而文化

的演變受著模因的演化影響，那麼，模因研究便提供了一個理解這兩種情緒的演變的重要切入點。

那麼，影響著羞恥和罪疚演變的模因是什麼呢？從第二節的討論，我們知道這模因便是道德觀。在諸多的道德觀中，西方的基督教和東方的處境倫理學脫穎而出，成為千年以來的主流道德觀，使得相應而生的羞恥感和罪疚感亦長久地存在，成為類似於由基因決定的基本情緒。根據模因理論，這兩種道德觀必定擁有獨到之處，使人將它們不斷複製，無間斷地由一個腦子傳到另一個腦子。道金斯談到宗教這種模因的演化優勢時，指出宗教不是一個單獨的模因，而是一組模因複合體（memeplex）。Susan Blackmore 解釋道：「就像自私的基因會為了得到彼此的保護而組成一個群體，當模因成為群體的一員比它們單獨行動更能傳播自己時，它們就會組成共同演化的模因複合體，例子如語言、宗教、科學理論、政治意識形態和針灸或占星學等信念系統。」[82] 道金斯認為，基督教這模因複合體有三個重要的模因，使得它擁有極強的複製能力，在演化中長期保持主導地位。第一是「上帝」（God），它能夠解釋世界上萬事萬物存在的理由，對於對世界充滿好奇但又無知的人類相當具有吸引力。第二是「地獄火」（Hell Fire），是對不遵守教義，包括不努力將基督教義傳播開去的罪人的終極懲罰，對於恐懼死亡的人類相當有震懾力。最後是「信仰」（Faith），是對於沒有證據仍然篤信無疑的能力的讚揚，以及對於任何形式的反省或懷疑的譴責，對於保護基督教教義免受批評起著關鍵作用。由上帝、地獄火和信仰組成的基督教模因複合體，既滿足人的求知慾，又在心理上帶來自我複製的動力，因此在諸多的宗教中，成為領導西方文化的道德觀，其相應的罪疚感亦普遍流傳（圖8.6）。

82　Susan Blackmore, "Meme, Myself, I," *New Scientist* (Mar. 13, 1999), 43.

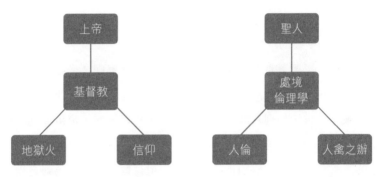

圖8.6　基督教模因複合體　　　圖8.7　東方處境倫理學模因複合體

　　至於東方的處境倫理學，我們也可以理解為一模因複合體，當中最重要的模因為「聖人」，聖人能達致幸福，理論上所有人都可以成為聖人，而歷史上亦曾出現諸多聖人如周公、孔子等，這便給予人得到幸福的希望，在心理上相當具有吸引力。第二個重要的模因是「人倫」，指人與人之間的關係，如五倫就是指「父子有親，夫婦有別，君臣有義，長幼有序，朋友有信」，[83] 這些倫理如同自然定律一樣，每個人只要順著天性，自然而然便能遵守當中的義務。最後是「人禽之辨」，指出人之為人的特質在於遵循人倫的要求，自強不息以成聖，若背棄仁義，則淪為禽獸，失去人的尊嚴。由聖人、人倫、人禽之辨組成的處境倫理模因複合體，既為人追求幸福提供希望，又在心理上對違反處境倫理的人施以譴責，因此在諸種文化中，成為領導東方文化的道德觀，而其相應的羞恥感亦普遍流傳（圖8.7）。

　　模因的概念解釋了為什麼羞恥和罪疚這兩種由文化塑造而成的情緒會像由基因決定的基本情緒般在人類群體中廣泛出現，然而，何以這兩種情緒又會慢慢進入恥罪交纏的狀態？這跟模因的複製過

83　孟子：〈滕文公章句上〉，載楊伯峻譯注：《孟子譯注》，頁56。

程有關。基因透過染色體進行複製，出錯的機率相對地低；模因的複製模式卻豐富得多，單是一齣莎士比亞劇，自古至今抄錄下來的劇本、演出的舞台劇、改編而成的音樂、錄製的電視劇和電影，便有成千上萬的版本，每一個版本都可以說是對原莎劇的複製，但每一個版本都有其獨特的詮釋，正是這種複製上的「出錯」演化出文學藝術的長足發展。這種「出錯」同樣會出現在道德觀模因的複製上，尤其當複製過程涉及與另一種道德觀的接觸時。歷史上基督教與東方的處境倫理學在傳播的過程中經歷多次的接觸，在根本原則不變下，雙方學習彼此的教義，取長補短，豐富了各自的理論內容。例如，基督新教由馬禮遜（Robert Morrison）於1807年傳入中國後，就祭祖一事與中國士紳發生激烈爭議，當時西方傳教士認為祭祖是拜偶像的異端所為，主張全面禁止。隨著雙方長時間的交流，西方人漸漸明白中國人祭祖重視的不是向鬼神祈福，而是體現「慎終追遠」的孝道，丁韙良牧師（William Alexander Parsons Martin）就在1877年的「上海第一次宣教士會議」中，主張中國基督徒可以繼續進行祭祖的儀式。及至1928年於耶路撒冷召開的世界宣教會議，美國傳教士司徒雷登（John L. Stuart）明確肯定祭祖的道德價值和社會功能。自此以後，基督教一般不反對祭祖，更將東方人重視家庭倫理的價值觀融入教義與宗教儀式之中。另一方面，自五四運動以降，包括基督教在內的西方學說大量擁入中國，對傳統儒學提出了前所未有的挑戰。最早期的新儒家包括梁漱溟、熊十力等，以區分西方文化與中國文化的特質、肯定傳統儒學的當世價值為主。至1950年代以後，一批以唐君毅、牟宗三為首的知識份子，積極從西方哲學、特別是深受基督教精神影響的德國觀念論中汲取養份，以革新的角度提出了新儒家學說。趙德志在《現代新儒家與西方哲學》這樣形容：「現代新儒家既是一個由西學東漸的刺激而產生，又是經援西學入儒學而發展的學術思想派別。從它的奠基者到當代海外新儒家，對西

方哲學採取了一種從單純比附到內在融合，再到融入現代西方哲學思考的越來越開放的態度，在理論上經歷了一個從單純維護儒學傳統到將儒學知性化、邏輯化、最後將新儒學投入到社會生活實踐領域的越來越現代化、現實化的過程。」[84] 由此可見，新儒學汲取的不是基督教的教義本身，而是基督教以至於整個西方哲學背後的理性主義和邏輯思維，這種思維讓知識份子以新的角度去理解傳統儒學，促使他們重新發掘能與西方文明、特別是基督教接軌的儒學理論資源，例如宋明理學的良知論（內在道德標準）、工夫論（修補過錯的做法）等。在儒學與基督教的內在模因的相互影響下，因著兩種道德觀而生的羞恥和罪疚亦變得帶有彼此的特質，它們同樣可因違反外在標準或內在道德律而起，同樣可以自我和行為為歸咎對象，同樣會有逃避和修補過錯的傾向。因此我們可以說，由恥罪分明變成恥罪交纏，是兩種情緒背後的道德觀模因在複製的過程中交互影響的結果。

綜合第二、三節所述，我們看到羞恥與罪疚是由處境倫理學和基督教塑造而成的社會建構情緒。然而，正如「天生」的概念一樣，「社會建構」亦不是非黑即白的概念，當中有著程度之分。羞恥和罪疚雖由兩種不同的道德觀建構而成，但卻因著建構兩者的道德觀模因在演化中脫穎而出，使得活在其道德觀下的人彷彿天生便有這些情緒。在兩種道德觀模因的交互影響下，兩種情緒慢慢汲取彼此的特質，以至於形成一種恥罪交纏的新情緒，普遍地存在於不同的文化之中。在這意義下，羞恥和罪疚亦算得上是「生而有之而普遍存在」的情緒。因此，我們可以說，羞恥與罪疚的社會建構度比憤怒或恐懼這些基本情緒為高，但比 Fago 或 Amae 為低。

84　趙德志：《現代新儒家與西方哲學》（瀋陽：遼寧大學出版社，1994），頁 8。

小 結

關於情緒是天生還是後天決定、是由基因決定還是環境塑造而成的討論，我們在這一章得到了新的看法。從嬰兒時期的恥罪不分，到文化上的恥罪分明，到文化交融下的恥罪交纏，我們看到情緒的發展比我們想像的要複雜得多。一個受基因決定的情緒，它可以在出現後受到文化模因的改造而演變成不同的情緒，而在模因與模因的相互影響下，不同的情緒又會帶有彼此的特質，使得相同的情緒存在於不同文化之下。因此，將情緒說成是一件自然物或文化製成品都是過於簡單的講法；我們可以說，不同情緒在其「天生」與「後天」的程度上都有所不同，而這程度亦非一成不變。

於此，我們可以說是打破了情緒要麼是生而有之、要麼是後天習得的絕對二分的想法，那麼這對於我們思考情緒是身體反應還是認知活動這問題，有什麼啟發呢？身體反應一般為生而有之而人所共有，而認知活動則一般深受社會文化所影響，故此相信情緒是生而有之的人一般視情緒為身體反應，而相信情緒是後天習得的人則一般視情緒為認知活動。現在，既然我們知道情緒是在先天的基因與後天的模因的交互影響下不斷改變的產品，那麼我們便有理由相信情緒是一種混合了身體反應與認知活動、在兩者的交互影響下不斷改變的心理狀態。在最後一章，我們將以快樂為例子，說明情緒中的身體成分與理性成分如何互相影響，以及不同情緒的身體性和理性如何共同建構成一種關於情緒的情緒——幸福。

第九章　安知魚樂

約翰·斯圖爾特·密爾：「作一個不滿足的人，勝過一隻安逸的豬；作一個不滿足的蘇格拉底，勝過一個安逸的傻子。如果傻子或豬有異議，那是因為他們未體驗過更高級的快樂。」[1]

范仲淹：「不以物喜，不以己悲；居廟堂之高，則憂其民，處江湖之遠，則憂其君。是進亦憂，退亦憂。然則何時而樂耶？其必曰：先天下之憂而憂，後天下之樂而樂。」[2]

引　言

1880年，一個小女孩出生於美國阿拉巴馬州的塔斯比亞城，她在19個月大時患上急性腦炎，從此變得又盲又聾。她猶如被困在漆黑的房間中，失去了一切與世界的聯繫，不管她多麼渴望與人交流，卻苦無方法讓別人了解自己。可是，她沒有放棄，在家教莎莉

1　John Stuart Mill, "What Utilitarianism Is," in *Utilitarianism*, ed. George Sher (Indianapolis: Hackett Publishing Company, 2001), 6–26.

2　范仲淹：〈岳陽樓記〉，載葉國良校閱，王興華、沈松勤註譯：《范文正公選集》（臺北：三民書局，2014），頁114。

文（Anne Sullivan）的悉心指導下，她學會了閱讀和寫作點字書，並對各種文學作品產生了濃厚的興趣。在廿歲時，她已能說話，四年後更學會了法語、英語、德語、希臘語和拉丁文五種語言，在哈佛大學取得了文學學士學位。她將自己的經歷寫成了《假如給我三天光明》（圖9.1），勉勵了無數殘疾人士，給予他們面對困難的勇氣，她更身體力行，擔任美國全球盲人基金會的國際關係顧問，訪問共35個國家，畢生以為盲人、聾啞人士、黑人、貧民和被壓迫的女性爭取權益為己任。[3]

　　她的名字叫海倫凱勒（Helen Keller）。聽過她的故事的人，無不對她的毅力和人格肅然起敬。然而，如果我們問誰願意過跟她一樣的人生時，大概沒有人會願意，畢竟一個不能看、不能聽、不能說的身體帶來太多的不快樂，無法欣賞這個美麗的世界，無法聽到各種天籟和音樂，無法對最愛的人說一句「我愛你」，這樣的人生縱使名成利就，又有什麼意義呢？儘管海倫凱勒在幫助別人時能夠獲得片刻的快

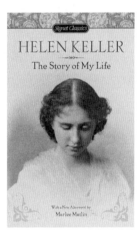

圖9.1　《假如給我三天光明》

樂，但她的人生又怎能算是幸福美滿？然而，她認為自己的人生不僅快樂，並且幸福。當她為了自己生活的不足苦惱時，她說：「我一直哭著沒有鞋子穿，但等到我知道有人連雙腳也沒有，我又覺得很幸運了。」當她為了自己得不到別人輕易得到的快樂而憂傷時，她說：「當一扇幸福的門關起的時候，另一扇幸福的門會因此開啟，但我們卻經常看這扇關閉的大門太久，而忘了注意

3　見：https://www.penguinrandomhouse.com/books/328398/the-story-of-my-life-by-helen-keller/9780451531568/。

到那扇已經為我們開啟的幸福之門。」[4] 我們不禁要問，海倫凱勒經歷的到底什麼是怎樣的快樂？是不是有一種存在於慾望滿足以外的、更有價值的快樂等著我們去追尋？如果我們每一天都過得很快樂，這些快樂加起來是不是就等於一個幸福的人生？

在前八章，我們看到情緒兼具身體性與理性的一面，這兩個因素在先天基因與後天環境影響下，塑造出各種各樣複雜的情緒。在這最後一章，我們將以快樂為例，進一步闡述以上的主旨。首先，我們將審視快樂跟深藏在我們身體內的原始慾望的關係，看看不同的慾望滿足後所帶來的快樂有什麼不同。我們同時發現，不少如聽笑話或欣賞藝術作品等帶來的快樂，都難以為慾望滿足所解釋。要理解這些快樂，需要從我們的各種認知能力的實踐（包括規範思維和想像力）入手，由是反映出快樂具有理性的一面。最後，我們將以哲學家Robert Nozick的「體驗機」作思想實驗，論證不管多少快樂都不足以帶來幸福。筆者認為，幸福藏身於身體與理性兩端之間那一片色彩斑斕的情緒之中，在我們每天經歷的愛慕、恐懼、憤怒、妒忌、噁心、哀痛、罪疚、羞恥和快樂之內，它既是理性的，又是身體性的，既受先天基因決定，又受後天環境影響，它是一種關於情緒的情緒，在一切情緒之中，也在一切情緒之上。

第一節　慾望的滿足

1——快樂熱點

快樂是我們生活中最常出現的情緒，然而它卻意外地最不受到心理學家、哲學家和生物學家重視，我們可以在文獻中找到大量關

---

4   Helen Keller, *We Bereaved* (1929; repr., Isha Books, 2013).

於憤怒、悲傷、嫉妒、恐懼、羞恥或罪疚感的研究，但關於快樂的
卻是寥寥可數。古往今來的學者對負面的情緒特別感興趣，其中的
原因很簡單，正因為它們對人生造成問題，帶來痛苦，所以須要深
入研究它們，以找出應對之策。快樂不會造成問題，我們也沒有需
要「應付」帶來快樂的事或物，只需要投入其中盡情享受即可，因此
也就沒有反思快樂的必要性和迫切性。從演化生物學的角度看，負
面情緒能為人類帶來演化優勢，扮演著提高我們的生存率和繁殖率
的重要角色。在之前幾章，我們已說明恐懼和憤怒的機制如何幫忙
我們逃離甚至擊退威脅物、妒忌的機制如何保障伴侶的忠貞、噁心
的機制如何防止我們進食或接觸不潔之物等，這些情緒的演化優勢
是明顯的。那麼，正面的快樂情緒有什麼用呢？當我們飢渴時，一
頓豐富的晚餐和一杯乾淨的水可以讓我們快樂，然而解除我們的飢
渴是食物和水，不是快樂這情緒。那麼，快樂何以能在演化中流傳
下來？

　　當代神經科學的出現，驅使科學家從一個新的角度審視快樂的
功能。神經科學家以最新的腦部深層刺激術 (deep-brain stimulation)，
發現人腦中存在多個快樂熱點 (hedonic hotspots)，這些熱點會在人經
歷慾望滿足時釋放出類似嗎啡的腦克啡 (enkephalin)，誘發類似大麻
的極樂醯胺 (anandamide)，從而讓人感到快樂 (圖9.2)。[5]

　　有趣的是，為數不少的熱點存在於我們的報償迴路 (reward
circuit) 之中，包括伏隔核的內殼和腹側蒼白球 (ventral pallidum)。
報償迴路負責透過分泌多巴胺 (dopamine) 與血清素 (serotonin) 等神
經元，刺激我們持續進行特定的行為，而快樂正是這些神經元引起

5　見：https://www.semanticscholar.org/paper/%27Liking%27-and-%27wanting%
27-food-rewards%3A-brain-and-in-Berridge/4f251a4bf8cf483000250a70f5ab
c15dc4bd8795/figure/0。

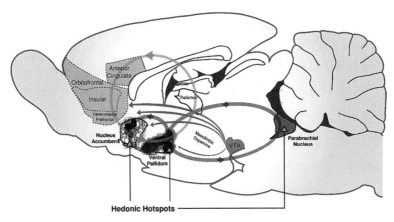

圖9.2 　快樂熱點

的情緒。就好像我們訓練小狗，當牠成功做到了某個動作時（例如坐下），我們會給牠一塊肉以作獎勵。為了再得到那塊肉，小狗會在我們再次喊出指令時迅速坐下。我們的身體就如這小狗，腦內的報償迴路就如訓練員，而快樂就是那塊肉。快樂的作用正在於對我們成功滿足慾望作出獎勵，並鼓勵我們持續地滿足慾望。這種對慾望滿足的追求為人類帶來明顯的演化優勢，不難想像，將滿足食慾和性慾視為首要目標的生物，顯然比忽視慾望的生物享有更高的生存和繁殖機會，而吃美食（例如甜食）和與健康的人交配之所以能帶來更大的快樂，則是因為追求高能量的食物和高質素的性伴侶能帶來更高的生存和繁殖率。以神經科學的研究結果配合演化心理學的解釋，我們便明白為什麼快樂經常會在食慾或性慾滿足後產生。

2——愈富有，愈快樂？

就引起快樂的對象而言，科學家將那些能夠直接滿足我們的食慾或性慾的東西（例如朱古力、美女等）稱為內在獎勵（intrinsic reward），而將那些本身不能引起快樂、但因為與食慾或性慾的滿足建立了連繫而間接引起的快樂稱為外在獎勵（extrinsic reward）。在我

們的現代社會中，最普遍的外在獎勵莫過於金錢。金錢代表一個人的購買力，反映他能在市場上獲得多少食物或生活必需品，也代表他能為伴侶提供的物質水平，某程度上反映他對異性的吸引力；換言之，我們能透過金錢滿足食慾和性慾，而愈多的金錢則愈能提高我們的生存和繁殖率。從這意義上來看，金錢應該最能為我們帶來快樂，而事實上，自從十八世紀的工業革命和資本主義的誕生，人類整體的工作條件和環境因為機械化而變得愈來愈輕鬆，但人類花在工作的時間卻愈來愈長，究其原因，說穿了不過為了薪金；於是乎，透過賺取金錢以換取快樂，成為大部分人所相信的不證自明的真理。我們要問的是，金錢與快樂的關係是如此單純的正比例嗎？

2012年，聯合國發表了全球第一份以快樂為基礎的調查報告，報告採用諮詢公司蓋洛普 (Gallop World Poll) 的數據，以著名的坎特里爾量表 (Cantril Ladder) 調查全球150多個國家、40多億人口的快樂指數。坎特里爾量表是一種「自我標定梯形量表」(self-anchoring scale)，它要求受訪者想像一道十級的梯子，將自己所能想像的最好的生活界定為10，最差的生活為0，然後匯報自己現在的生活在0與10之間的哪個位置；得到數據後，再由聯合國的研究團隊將不同國家人民的快樂指數作出排名。同樣的調查亦在2013、2015至2018年進行。表9.1、9.2顯示這六年間最快樂和最不快樂的十個國家。[6]

6　John Helliwell, Richard Layard and Jeffrey Sachs, *World Happiness Report 2012* (New York: Sustainable Development Solutions Network, 2012); *World Happiness Report 2013* (New York: Sustainable Development Solutions Network, 2013); *World Happiness Report 2015* (New York: Sustainable Development Solutions Network, 2015); *World Happiness Report 2016* (New York: Sustainable Development Solutions Network, 2016); *World Happiness Report 2017* (New York: Sustainable Development Solutions Network, 2017); *World Happiness Report 2018* (New York: Sustainable Development Solutions Network, 2018).

	2012	2013	2015	2016	2017	2018
1	丹麥	丹麥	瑞士	丹麥	挪威	芬蘭
2	芬蘭	挪威	冰島	瑞士	丹麥	挪威
3	挪威	瑞士	丹麥	冰島	冰島	丹麥
4	荷蘭	荷蘭	挪威	挪威	瑞士	冰島
5	加拿大	瑞典	加拿大	芬蘭	芬蘭	瑞士
6	瑞士	加拿大	芬蘭	加拿大	荷蘭	荷蘭
7	瑞典	芬蘭	荷蘭	荷蘭	加拿大	加拿大
8	紐西蘭	奧地利	瑞典	紐西蘭	紐西蘭	紐西蘭
9	澳洲	冰島	紐西蘭	澳洲	澳洲	瑞典
10	愛爾蘭	澳洲	澳洲	瑞典	瑞典	澳洲

表9.1　全球最快樂的十個國家（2012–2013、2015–2018）

	2012	2013	2015	2016	2017	2018
1	多哥	多哥	多哥	布隆迪	中非共和國	布隆迪
2	貝寧共和國	貝寧共和國	布隆迪	敘利亞	布隆迪	中非共和國
3	中非共和國	中非共和國	敘利亞	多哥	坦桑尼亞	南蘇丹
4	塞拉利昂	布隆迪	貝寧共和國	阿富汗	敘利亞	坦桑尼亞
5	布隆迪	盧旺達	盧旺達	貝寧共和國	盧旺達	也門
6	科摩羅	坦桑尼亞	阿富汗	盧旺達	多哥	盧旺達
7	海地	幾內亞	布基納法索	幾內亞	幾內亞	敘利亞
8	坦桑尼亞	葛摩	象牙海岸	利比里亞	利比里亞	利比里亞
9	剛果共和國	敘利亞	幾內亞	坦桑尼亞	南蘇丹	海地
10	保加利亞	塞內加爾	乍得	馬達加斯加	也門	馬拉維

表9.2　全球最不快樂的十個國家（2012–2013、2015–2018）

　　從以上兩個圖表可以看到，最快樂的十個國家大都處於北歐和澳紐等已發展地區，這些國家的人均國民生產總值（GDP per capita）處於全球最頂尖的水平，人民普遍得到政府的全面照顧，生活無憂，平均人口壽命在80歲以上。相反，最不快樂的國家大都位於非

洲撒哈拉沙漠以南和中東地區，這些國家長期處於戰爭與飢荒之中，國家的人均國民生產總值處於全球最低的水平，人民三餐不繼，政府無力提供各種生活所需，人民的平均人口壽命不足60歲。2016年的全球快樂報告解釋，頭十位與尾十位的國家的快樂指數相差一倍以上，最主要的原因是人均收入差異，因為在眾多原因中（例如社會支援、貪污程度等），兩組國家的人均收入差異最為顯著，排名頭十位的國家的人均收入足足比尾十位的國家高25倍！由此可見，愈富有的國家人民愈快樂，愈貧窮的國家人民愈不快樂，這數據為證明「金錢能帶來快樂」提供了重要的證據。

然而，人的情緒往往沒有這麼簡單。針對金錢與快樂的關係，經濟學家Richard Easterlin於1974年提出了「快樂－收入悖論」（happiness–income paradox），[7]引起學界的廣泛討論。經過多次修正後，他於2011年對此悖論作出以下定義：「在一個特定的時間點上，快樂指數的變化（國內和國際間）與其國家收入的變化成正比例，但在長期下，快樂指數不會隨著國家收入的上升的上升。」[8]也就是說，國家整體的快樂度短期內會隨著收入增長而上升，但長期下來升幅會逐漸收窄，甚至跌至負數的水平。Easterlin援引了數個大型的跨國調查，例如拉丁美洲指標（Latinobarometer）、世界價值觀調查（World Values Survey）和歐洲指標（Eurobarometer），當中包括了17個拉丁美洲國家、17個已發展國家（日本及位於歐洲的）、11個由社會主義轉型到資本主義的東歐國家，以及9個位於亞洲、拉丁美洲和非洲的低發展度國家。Easterlin發現，雖然這些國家處於不同的經

7　Richard A. Easterlin, "Does Economic Growth Improve the Human Lot?: Some Empirical Evidence," *Nations and Households in Economic Growth* (1974), 89–125.

8　Easterlin et al., "The Happiness–Income Paradox Revisited," IZA Discussion Paper, no. 5799 (June 2011).

濟水平，亦經歷著不同的經濟增長速度，但它們的快樂指數卻一致地沒有隨著經濟增長的波幅而相應地上升，[9] 當中以中國、南韓和智利最為明顯。這三個國家的人均國民生產總值在20年以內上升了一倍，但她們的快樂指數卻反而輕微地下跌。Easterlin的後設研究（meta-analysis）為他的快樂－收入悖論提供了強而有力的證據，說明在國家的層面上，經濟增長並不能為人民帶來快樂。

　　心理學家Daniel Kahneman和經濟學家Angus Deaton的研究以不同的方法得出了相似的結論。他們認為個人的幸福感（subjective well-being）由兩個因素組成，分別為情感（emotional well-being）和生活評價（life evaluation）。[10] 情感指人每天所體驗的具體情緒，包括快樂出現的頻率和強度；而生活評價則指人們對其整體生活的想法或滿意度，是一種反省性的綜合評價。他們認為傳統的快樂研究（包括上文的「世界快樂報告」）所使用的坎特里爾量表只能測量人的生活評價，卻忽視了人的情感，因此即使報告能證明人對自己的生活評價會隨著收入上升而變好，但也不能證明收入上升會使人經歷更多快樂的情緒。針對這個問題，他們所設計的問卷同時包含了情感（你最近有沒有感受到快樂／壓力／其他情緒？）和生活評價（你最近對於你的人生有多滿意？）兩種問題；結果顯示，收入與生活評價的關係密切，低收入的人出現較多負面的情感和較低的生活評價，而隨著收入的上升，人們對生活的評價也會上升。有趣的是，雖然人的情感也會隨著收入上升而變好，但當人的年總收入達到75,000美元時，快樂度便再沒有提升。這個研究結果印證了Easterlin的收入－

9　按統計學來說，這些國家的經濟增長與快樂指數的上升之間不存在統計上的顯著關係。

10　D. Kahneman and A. Deaton, "High Income Improves Evaluation of Life but Not Emotional Well-Being," *Proceedings of the National Academy of Sciences* 107, no. 38 (2010): 16489–16493.

快樂悖論：當你三餐不繼、流離失所時，金錢確實能滿足你的基本慾望，讓你感到快樂，但當你擁有一定的財富，各種慾望已基本得到滿足時，再多的收入便無法讓你更快樂。由此可見，除非你是活在赤貧世界的人，否則金錢的累積不能為你帶來長久的快樂。

3——快樂水車

我們不禁要問，為什麼能滿足各種慾望的金錢只能為我們帶來短暫的快樂？要回答這個問題，就要從快樂的特性談起。Brickman 和 Campbell 提出了快樂水車 (hedonic treadmill) 的概念，指出人的快樂度有一種「回復正常」的傾向，即在面對生命中正面或負面的事件時，隨之而改變的快樂度，會迅速回復到事件未發生之前的水平。[11] 這理論得到了不少數據支持。Brickman、Coates 和 Janoff-Bulman 研究中了鉅額彩票和經歷半身癱瘓的人，發現前者的快樂度在短期內急升，後者的快樂度在短期內急跌，但兩者的快樂度都在一年多後便回復到與事情未發生時、與實驗組相若的平均水平。[12] 同樣的現象亦出現在離婚、喪偶、生子、女性失業上。[13] 快樂就像一架不斷運作的水車，在高峰時會不斷下降，在低谷時又會不斷上升，總是慢慢回歸於正常水平。從正面看，我們在面對人生的苦難時不會永遠感到

---

11 P. Brickman and D. Campbell, "Hedonic Relativism and Planning the Good Society," in *Adaptation-Level Theory: A Symposium*, ed. M. H. Apley (New York: Academic Press, 1971), 287–302.

12 P. Brickman, Dan Coates, and Ronnie Janoff-Bulman, "Lottery Winners and Accident Victims: Is Happiness Relative?," *Journal of Personality and Social Psychology* 36, no. 8 (1978): 917–927.

13 Richard E. Lucas, Andrew E. Clark, Yannis Georgellis, and Ed Diener, "Reexamining Adaptation and the Set Point Model of Happiness: Reactions to Changes in Marital Status," *Journal of Personality and Social Psychology* 84, no. 3 (2003): 527–539.

悲傷，否極泰來至少在個人感受上是可預期的；但從負面看，則一切對於快樂的追求似乎都是徒勞無功，今天讓你再快樂的事，轉瞬間便不能再感動你。

為什麼我們的快樂會像水車般運作呢？莎士比亞在〈一報還一報〉中道出了當中的關鍵：「你並不快樂，因為你永遠追求著你所沒有的事物，而遺忘了你所已有的事物。」[14] 人會遺忘曾經讓自己快樂的事，是因為適應了，就像你買了一雙新鞋子，起初走每一步都感到鞋子與你的腳磨擦，你會在意鞋帶是否綁好、鞋的設計是否符合你的腳型，當你慢慢適應了這雙鞋子後，你走路時就不會再注意到它，甚至忘記它的存在了。同樣地，我們會適應讓我們快樂之事物，最初當它們滿足我們即時的慾望時，我們會感到快樂；慢慢地，我們卻會視這些慾望的滿足為正常狀態，正如喝一口清水、呼吸一口新鮮空氣一樣，沒有什麼值得快樂。這種適應性在吸毒者身上最容易看見：毒品能令人產生興奮的感覺，但當吸毒者的身體適應了毒品後，同樣劑量的毒品便不能再使他興奮，他必須將吸食的劑量不斷提升，以至於即使他吸食比初嚐時多十倍的毒品，他也不會感到興奮，繼續吸食只為了暫時擺脫毒癮發作時的痛苦。[15] 相對於毒物之適應於我們的身體，快樂水車所涉及的適應性更在於心理上而非身體上。設想你得到了一份心儀的工作，你很快樂，因為你的工資可以讓你搬進一所比你現有的大一倍的房子。當你剛踏進新房子，看到那偌大的客廳、美輪美奐的主人房、精緻的花園時，你由衷地微笑了，因為這是你夢寐以求的家，你看到家人對新屋的欣賞，也不禁自豪起來。問題是，當你住了一個月，每天都看著同樣

---

14 威廉‧莎士比亞著，朱生豪譯：《莎士比亞全集（一）》（北京：人民文學，1978），〈一報還一報〉，頁 323–324。

15 George Loewenstein, "Out of Control: Visceral Influences on Behavior," *Organizational Behavior and Human Decision Processes* 65, no. 3 (1996): 272–292.

的房子時，你不會再感到客廳有多大、花園有多美，你的家人也不會再對著新屋露出欣賞的神態，因為你們都習慣了。於是乎，新房子帶給你的快樂便會減少，慢慢回到跟你的舊房子相若的水平，這便是快樂水車的原理。

有趣的是，我們不是對所有引起快樂的事物都有同樣的適應性。金錢之所以難以長期為我們帶來快樂，正在於我們對金錢以及透過金錢換來的奢侈品的高度適應性。心理學家 Sonja Lyubomirsky 指出，快樂的適應度取決於對象的多樣性和可預測度。變化愈大、愈難預計其出現的時機和形式的東西，我們愈難適應，因而它所引起的快樂亦愈持久；相反，愈是單一、愈是以相同形式不斷出現的東西，我們愈容易適應，因而它所引起的快樂亦愈短暫。[16] 社會心理學家 Heidi Halvorson 說：「眾所周知，變化是生命的調味料，但它也是對付適應性的有效武器，因為當我們的經驗是新穎而不可預測時，我們是不會對之習慣的。相反，若一個愉快的經驗不斷重覆出現──你完全知道它會怎樣出現──你便不會從中得到相同的快樂。」[17] 奢侈品之所以難以長期帶來快樂，正在於它的單一性和高預測度。這裏的奢侈品是指滿足生活所需以外、缺少了也不會破壞你的正常生活的東西，它主要可以分為兩類型，第一種是生活型奢侈品，例如豪宅、豪華房車、美食等，它們滿足我們的基本生存慾望（衣食住行），不過擁有遠高於維持基本生存所須的價值。這些東西自購入後便不會發生變化，千呎洋房不會變成二千呎，寶馬不會變

16　Armenta et al., "Is Lasting Change Possible? Lessons from the Hedonic Adaptation Prevention Model," in *Stability of Happiness*, ed. Kennon M. Sheldon and Richard E. Lucas (San Diego, CA: Elsevier, 2014), 57–74.

17　Heidi Grant Halvorson, "How to Keep Happiness from Fading," *Forbes* (Aug. 14, 2012), https://www.forbes.com/sites/heidigranthalvorson/2012/08/14/how-to-keep-happiness-from-fading/#d615ec619515.

成法拉利，而且由於我們幾乎每天都會使用到它們，於是乎很容易
會對之習慣，將它們視為基本生活條件。Schwarz、Kahneman和Xu
說：「名貴房車車主不會比一般兩門汽車車主快樂，除非他們在駕駛
時會一直想著車子的性能。」[18] 又例如美食，當一個人每天都吃著珍
饈百味時，吃再名貴的食物都不會讓他快樂，反而一頓青菜白粥卻
能讓他食慾大振，這正是單一性使得我們迅速適應快樂對象使然。
另一種為炫耀型奢侈品，例如首飾、名牌衣物等，這類東西本身不
能滿足我們的基本慾望，因此並不具有內在價值，它們的價值在於
與其他人比較時顯出的比較價值，用來滿足我們建立名譽的慾望，
經濟學上稱之炫耀性商品 (conspicuous commodity)。這種優於他人
的慾望在群體社會中相當普遍，有研究發現，當參加者被要求在
(1) 其他人年薪25,000美元和自己年薪50,000美元，與 (2) 其他人年
薪200,000美元而自己年薪100,000美元作選擇，56%的人會選 (1)，
儘管 (2) 的絕對價值要高得多。[19] 問題是，這種來自比較的快樂有
著不對稱的適應性：對於自己比別人優越這件事，人的適應性很
高，當你戴著勞力士而別人只是戴精工錶時，你的自豪感能帶給你
快樂，但慢慢地，你會習慣了這種高人一等的感覺，就算看到連精
工錶也戴不起的人，也不會給你加倍的快樂；可是，對於自己跟別
人的差距縮窄這件事，人的適應性卻相當低，當愈來愈多人能負擔
得起戴勞力士時，你便感到你的勞力士變得一文不值，它不再能讓
你快樂，你感到非買一隻比勞力士更名貴的手錶不可。換句話說，

18　Norbert Schwarz, Daniel Kahneman, and Jing Xu, "Global and Episodic Reports
　　of Hedonic Experience," in *Calendar and Time Diary Methods in Life Course
　　Research*, ed. Robert F. Belli, Frank P. Stafford, and Duane F. Alwin (California:
　　Sage Publications, 2009), 167–168.

19　E. Diener and R. Biswas-Diener, *Happiness: Unlocking the Mysteries of Psychological
　　Wealth* (US: Blackwell Publishing, 2008), 107.

炫耀性奢侈品的不對稱適應性的問題在於，當自己與別人的差距擴大時，你不會更快樂，但當自己與別人的差距縮小時，你卻會懊惱不已。

最後，金錢除了用作購買奢侈品外，財富累積本身更逐漸成為人追求的目標，也就是說，金錢不再是得到別的東西的手段，而是目的本身。社會學家馬克斯‧韋伯（Max Weber）在討論資本主義精神時說道：

> 這種倫理的「至高之善」，即盡量地賺錢，加上嚴格規避一切本能的生活享受、毫無幸福可言的混合物，更不用說享樂了。把賺錢純粹當作目的本身，從個人幸福或對個人的效用的觀點看，顯然是完全超然和絕對不合理的。賺錢、獲利支配著人，並成為他一生的最終目的。獲取經濟利益不再從屬於人，不再是滿足他自己物質需要的手段。[20]

從韋伯的說話可見，這種對於財富本身的追求跟基本慾望滿足無關，人不是為了食得好穿得暖而賺錢，甚至不是為了炫耀自己的社會地位而賺錢，人只是單純地為了賺錢而賺錢，這種看似荒謬的做法，在資本主義社會下卻成為平常不過的事。當我們問及別人為什麼選擇某份工作，為什麼每天早上九時上班、晚上九時還未回家時，別人說是為了賺錢，我們便不會追問下去，彷彿已得到最合理的答案。然而，這種財富累積本身比奢侈品具有更高的單一性和可預測性，銀行存款只是一組抽象的數字，當它對我們的實質生活沒有直接影響時，我們轉眼便會適應它。一個千萬富翁不會每天為了

20　馬克斯‧韋伯著，彭強、黃曉京譯：《新教倫理與資本主義》（西安：陝西師範大學出版社，2002），〈資本主義精神〉，頁25。

自己擁有鉅富而快樂，他只會將擁有鉅富視為他的身份的一部分，認為是平常不過的事。同樣地，一個人的月薪由一萬加到兩萬，這種固定加薪由於具有高度預測性，我們很快便不會再為加薪本身而快樂，反而會將新的薪金水平視為正常水平。Kahneman 和 Thaler 說：「隨著時間流逝，收入的改變會變得令人不再感到新鮮或驚訝，生活中其他的追求、挫折、成功、困難會引起新的情緒反應，將人的注意力從收入改變帶走，並將它融入人的心理背景中。」[21] 由此可見，將財富累積視為目的本身之所以難以為我們帶來長期的快樂，正是因為我們對它的高度適應性。

那麼，根據快樂水車的理論，有什麼慾望的滿足能帶來比較持久的快樂？或是說，有什麼東西具有高度多樣性和多變性，使得我們不會輕易適應它帶來的快樂？在世界各地眾多的快樂調查中，有一種慾望的滿足能普遍地讓人快樂，那就是與人建立關係的慾望：不論貧富貴賤，缺少家庭和朋友的人普遍都不快樂。而跟食慾和性慾不同的是，與他人相處、與人建立親密關係是一項多變而難以掌握的活動，時刻在變化的人，使得每段關係在不同階段也有不同的義務和要求。Lyubomirsky 說：「大部分人都會同意人難以如對物件般適應他人。明顯地，金錢買不到愛，而能用金錢買到的東西大都容易被我們適應。建立人與人之間的關係則能創造出一系列正面而多樣的經驗，可靠地避免所產生的快樂輕易被我們適應掉。」[22] 以親子之樂為例，父母每天看著子女的成長，花盡心思讓她們得到最好的教育，小心翼翼地照顧她們的健康；子女時而乖巧、時而頑皮，

21　Daniel Kahneman and Richard H. Thaler, "Anomalies: Utility Maximization and Experienced Utility," *The Journal of Economic Perspectives* 20, no. 1 (2006): 221–234.

22　Sonja Lyubomirsky, "Hedonic Adaptation to Positive and Negative Experiences," *Oxford Handbooks Online* (2010).

惹得父母哭笑不得；隨著子女的長大，她們會在學校、朋友圈子與社會中經歷各種各樣的事，父母也就與她們同喜同悲。在父母眼中，孩子的每一個表情、每一個動作都是新奇的和意味深遠的，每一次的相處都要用心去明白和理解對方。正因為當中的多樣性和多變性，每一段親子關係都是獨一無二的，父母從中得到的快樂也就永遠保持新鮮，不會如金錢或奢侈品般轉眼便習慣、視之為正常狀態。相對於滿足物慾時產生的快樂，Easterlin 的研究發現，人在滿足婚姻和生兒育女的慾望後，其快樂不會顯著地減退，正是這個原因造成。[23]

除了建立人際關係以外，滿足實現長遠而重要的人生目標的慾望，也是帶來長期快樂的有效方法。跟旋起旋滅的食慾和性慾不同，對人生目標的追求需要周詳的計劃一步一步去完成，當中涉及對未來的預算、對自己能力的評估和對環境因素的把握，在漫長的實現過程中，會出現數之不盡的變數和困境，時刻需要依靠個人的判斷和行動去化解，很多時候更要與別人建立關係去共同面對。由於人生目標的追求既豐富多樣又難以預測，因此我們對於不斷接近目標時得到的快樂不會輕易感到習慣。設想一個人以成為小提琴家為目標，她必須四出訪尋名師，學習各種各樣的演奏技巧；她須要制定長久而有效的練習計劃，每天持之以恆地磨練技術，她更要透過欣賞不同類型的音樂作品（古典音樂、流行樂、爵士樂等）來培養音樂感。除此以外，她須要積極爭取與別人合奏的機會，與不同的音樂家互相切磋砥礪，以建立個人的風格，她甚至要學習小提琴的製作過程和發聲原理，以幫助她找到一把最能發揮她的個性的小提琴。在練習的過程，她會碰到無數的樽頸，須要費盡心思去超越；

---

23 Richard A. Easterlin, "A Puzzle for Adaptive Theory," *Journal of Economic Behavior & Organization* 56, no. 4 (2005): 513–521.

在一次又一次的表演中，她會遇上緊張、怯場、失手的情況，須要以無比的毅力和勇氣去克服。每一天都有新的挑戰，每一次的努力都讓她進一步接近目標，於是乎，每一刻她都感到快樂，她還未來得及習慣，新的「挑戰－努力－快樂」又接踵而來，讓她長期處於快樂的狀態。以黑人平權為己任的馬丁路德金、以照顧痲瘋病人和愛滋病人為己任的德蘭修女，還有數之不盡、為人類的幸福獻上一生努力的志士仁人，雖然他們生命遇上無數的挑戰，但正是其遠大的目標持續為他們帶來快樂，使他們能一直堅持下去。

讓我們作一個小結：人的慾望滿足能帶來快樂，但在快樂水車之下，這些快樂卻因為適應性而無可避免地減褪，從前讓你快樂的事，今天變成了「正常狀態」，再也引不起你的快感。愈是單一和可預測的慾望對象，其帶來的快樂愈容易被適應掉，金錢和各種奢侈品正是其中的表表者。要克服快樂水車，關鍵在於以多變而不可預測的東西為慾求對象，例如親密的人際關係和長遠而重要的人生目標。渴望得到快樂的現代人為了追求更多的金錢，不惜放棄理想、放棄與親朋好友共聚的時光，可謂本末倒置、適得其反。

第二節　知性之樂

在上一節，我們談到不同的慾望滿足所帶來的不同持久度的快樂，然而這些快樂只有量上的不同，本質上都是慾望滿足的結果。我們要問：是不是所有的快樂都可以用慾望滿足去解釋？觀乎我們的生活，答案似乎是否定的。當你站在少女峰之上，眺望群山白雪皚皚，倒映在一塵不染的湖泊上，你感到身心舒暢極了，你有什麼慾望被滿足了呢？當你讀著柯南道爾的《福爾摩斯》，你為了巧妙的故事佈局而拍案叫絕，又或是你聽到一個精彩的笑話失聲大笑，那一刻你

有什麼慾望被滿足了？慾望滿足論最大的問題在於，它假設我們必須先對一個東西或事情有了慾望，在獲得這東西時才會感到快樂。可是，快樂有時候說來就來，我們壓根兒對引起快樂的東西沒半點認識，更談不上什麼慾望。在這一節，我們將探討一種有別於慾望滿足的快樂——透過發揮理性能力而獲得的快樂（或曰知性之樂），並說明這種人類獨有的快樂在性質上跟慾望滿足之樂有什麼分別。

1——不做快樂的豬

英國哲學家約翰·斯圖爾特·密爾（John Stuart Mill）以其效益主義理論著稱，效益主義認為人應該做能為最大多數人帶來最大快樂的事。那麼，將人類好像家畜一樣地圈養，每天讓所有人吃得飽穿得暖，放任其交配、生兒育女，是否就是最合乎道德的事？密爾明確地反對這樣的主張，他認為人的快樂是不能跟動物的快樂相提並論的。他說：「沒有人類會願意變成低等動物，即使那樣做能讓他完全地享受野獸的快樂，沒有聰明的人會同意做一個蠢材，沒有受過教育的人會同意變得無知，沒有有感覺和良知的人會同意變得自私和刻薄，即使他們相信變成蠢材、傻瓜、無賴能比現在的他們更快樂。」[24] 湯瑪斯·摩爾在《烏托邦》中也論及何以烏托邦人不會過於重視這種動物本能快樂，他說：「如有人主張這種享樂構成他的幸福，他就勢必承認只有過這樣的生活，不斷飢渴，不斷吃喝，不斷發癢，不

圖9.3　摩爾《烏托邦》

24　Mill, "What Utilitarianism Is."

斷用指甲撓，那才算非常幸福。誰不知這樣的生活是可厭而悲慘的呢，那些快樂是最低級的、最不純的，因為伴隨這種快樂的決不能沒有痛苦作為其對立物。例如進食的快樂和飢餓有聯繫，而且兩者不均衡，痛苦較強烈而且更持久。痛苦產生於快樂之前，直到快樂和它一同消失它才結束。」[25] 摩爾認為，當快樂建基於慾望滿足之上，則邏輯上我們必先有慾望才能有快樂，於是乎，為了不斷地得到快樂，我們需要不斷地產生慾望，但慾望本身是一種缺失，它的本質是痛苦的，從慾望滿足得來的快樂因此也只是痛苦的暫時消失，不可能是真正的快樂。

如果我們同意快樂是人類終極的追求，又同意沒有人會願意沉溺於動物本能的快樂，那麼，是否意味著必然存在一種比動物本能快樂更高級、更有價值、只為人類所獨有的快樂？那麼，這種為人類所獨享的高等快樂到底是什麼？早在柏拉圖的《斐力柏斯篇》，蘇格拉底已給出了答案。他說：「斐力柏斯認為享受、快感、愉快和其他相類似的感覺對所有生物都是好的，而我認為對於能夠參與理性活動的人來說，智慧、理智、記憶以至於正確的意見和推理相比於快感更好和更為可欲，甚至是所有事物中最具優越性的。」[26] 問題是，為什麼理性運用比慾望滿足帶來的快樂更有價值？亞里士多德對此提出了他的功能論證（function argument）。[27] 他認為人與物的好與壞皆取決於它是否能卓越地發揮其功能：一支能夠讓人流暢地書寫的筆便是好的筆，如果一支筆有非常漂亮的雕飾，卻不能書寫，它一定不是一支好的筆，因為筆的功能在於書寫，不在裝飾。同樣

25　托馬斯・莫爾著，戴鎦齡譯：《烏托邦》（北京：商務印書館，1982），〈關於烏托邦人的旅行等等〉，頁80。

26　Plato, "Philebus," in *Philebus*, trans. Benjamin Jowett (Champaign, IL: Project Gutenberg, 1990s), 44.

27　Aristotle, *Nicomachean Ethics: Book I*, trans. F. H. Peters (London: Kegan Paul, Trench, Truebner & Co, 1983).

道理，一個好的笛手、雕刻家或文學家必須能夠發揮其演奏或藝術創作的功能，否則他便不算是好的藝術家。既然世事萬物都有其功能，人類自然不能例外。相對於植物靈魂和動物靈魂，亞里士多德認為人的靈魂具有其他生物無可比擬的理性能力，這正是人之為人的功能，只有發揮這功能的人生才算是好的人生，亦只有好的人生才能為我們帶來真正的快樂。

密爾同意亞里士多德關於知性之樂具有更高價值的講法。他說：「人類具有的官能要高於動物的慾望，當這些官能一旦被人意識到之後，那麼，只要這些官能沒有得到滿足，人就不會感到幸福。」[28] 但是，作為一個經驗論者，密爾難以接受功能論證這種形而上的說法，他提出以實證的方法比較不同快樂的優劣。他說：「就兩種快樂來說，如果所有或幾乎所有對這兩種快樂都有過體驗的人，都不顧自己在道德感情上的偏好，而斷然偏好其中的一種快樂，那麼這種快樂就是更加值得慾求的快樂。如果對這兩種快樂都比較熟悉的人，都認為其中的一種快樂遠在另一種快樂之上，即便知道前一種快樂帶有較大的不滿足也仍然偏好它，不會為了任何數量的合乎他們本性的其他快樂而捨棄它，那麼我們就有理由認為，這種被人偏好的快樂在質量上佔優，相對而言快樂的數量就變得不那麼重要了。」[29] 密爾認為理性的運用比慾望的滿足能帶來更高等的快樂，正是因為所有同時經驗過這兩種快樂的人，都會毫不猶豫地選擇前者。他說：「作一個不滿足的人，勝過一隻安逸的豬；作一個不滿足的蘇格拉底，勝過一個安逸的傻子。如果傻子或豬有異議，那是因為他們未體驗過更高級的快樂，同時體驗過兩種快樂的人都會作如此選擇。」[30]

28　Mill, "What Utilitarianism Is."

29　同上註。

30　同上註。

亞里士多德的功能論證與密爾的實證比較法，分別從人性論與實證的角度，說明知性之樂何以比慾望滿足之樂更有價值。對於這兩個論證的優劣，哲學家歷來有很多不同的看法，不過有一點卻是得到共識的：知性之樂是一種性質上完全不同於慾望滿足之樂的快樂，它隨著我們運用理性能力而生，不必預設我們對快樂的對象有任何慾望。這種快樂在日常生活中隨處可見。當我們在苦思一道艱深的數學題目、一個危機四伏的棋局、一堆錯綜複雜的機械組件或是一堆互為因果的方程式時，那靈光一閃、看透真相背後的玄機的一刻，那種無以名狀的快樂，就是知性之樂。你事後可能會因為解開那道數學或工程難題得到的讚賞和實際利益而快樂，但在你解開謎團的一刻，你壓根兒不會想到這些「好處」，讓你感到滿足的只是你的理性能力的發揮。這種知性之樂不一定是短暫的，亦可以在長期的學習和研究過程中獲得。孔子說：「學而時習之，不亦說乎？」[31]表達的正是學習的樂趣，他形容自己為「發憤忘食，樂以忘憂，不知老之將至云爾」，[32]就是說做學問讓他快樂得忘了飢餓，忘了自己即將變老。他的弟子顏回以好學著稱，孔子評價他時說：「賢哉回也！一簞食，一瓢飲，在陋巷，人不堪其憂，回也不改其樂。賢哉回也。」[33]顏回生活清苦，卻依然用功做學問，並從中感到莫大的樂趣，連孔子也佩服他，自愧不如。古往今來，多少科學家為了做研究廢寢忘餐，生活刻苦，無名無利，能堅持下去，只為那盡展一己所長以窺探自然奧秘的快感。以開創放射性理論和發現釙和鐳成名的居里夫人（圖9.4），一生清貧而自得其樂，《居里夫人傳》中這樣描述她的生活：「每天每天，我都守在實驗室裏，生活就像一個苦讀的

31　姚永樸撰，余國慶校：《論語解注合編》卷一，〈學而第一〉（安徽：黃山書社，2014），頁7。

32　同上註，卷四，〈述而第七〉，頁118。

33　同上註，卷三，〈雍也第六〉，頁96。

學生一般，我常常在實驗室裏吃最廉價的午餐。與其說我們只抱著一個希望，毋寧說是生活在唯一的夢想中。」[34] 她不是沒有致富的機會，兩次贏得諾貝爾獎，她都將大部分獎金分給親友和助手，她又堅持不為她發明的鐳分離法申請專利，以方便志同道合者的研究。對她來說，科研本身帶來的快樂，比一切物慾的享受更有價值，她說：「我是那些相信科學含有至美的人。科學家在實

圖9.4　居里夫人

驗室中不只是一個技術人員，他更是一個被自然現象猶如童話般感動著的小孩。」[35] 這種不帶有任何目的、純粹以發揮理性能力而得到的快樂，跟慾望滿足得到的快樂不可同日而語。

以上所說的知性之樂，所發揮的都是理性中的思辯和推理能力，然而人類理性所包含的能力遠遠不止於此，其中還包括想像力、創意思維、範疇思考等。在以下兩小節，我們將會探討這些能力的交互作用如何產生審美上的愉悅和幽默的快感。

2──審美的愉悅

北宋文學家范仲淹在〈岳陽樓記〉描述了他登樓後看到的美景：「春和景明，波瀾不驚，上下天光，一碧萬頃」有時，「長煙一空，皓月千里，浮光躍金，靜影沉璧」有時，面對如詩如畫的自然景色，范仲淹概嘆說：「登斯樓也，則有心曠神怡，寵辱皆忘，把酒臨風，其

34　Eve Curie, *Madame Curie: A Biography*, trans. Vincent Sheean (New York: Da Capo Press, 1986).

35　同上註，頁341。

喜洋洋者矣。」[36] 似乎個人的得失榮辱在如斯美景之前已變得不重
要。這種因美而生、使人忘憂的快樂，可稱為審美的愉悅。它可以
是平靜而舒暢的，如身處在一望無際的蒙古大草原或是靜謐雅致的
星夜之下；它也可以是激昂而壯烈，如面對飛流直下三千丈的尼亞
加拉大瀑布或是陡峭巍峨的西部大峽谷。這種快樂不一定以自然美
為對象，一件美的藝術品同樣能讓我們產生愉悅之感，莫札特的音
樂，莫內、梵高、塞尚的油畫，莎士比亞的劇作，都為無數人帶來
審美的愉悅。我們要問：這種快樂是怎樣產生的呢？它跟我們的慾
望與理性有著怎樣的關係？

　　德國哲學家康德對美感經驗的看法可以給予我們一些啟示。康
德將審美得到的快樂稱為「無私的滿足」（disinterested satisfaction）。
他說：「當我說某物很美，或者鑑賞一物時，我所關心的，顯然不是
該事物的存在對我有何用處，而是該事物的形象給予我何種感受。
我們必須知道，美感判斷若是涉入絲毫的利害，就會嚴重偏差，不
再是純粹的鑑賞。」[37] 這種與美感不能共存的「利害」關係，在美學家
朱光潛的例子中得到說明：

> 假如你是一位木商，我是一位植物家，另外一位朋友是畫家，
> 三人同時來看這棵古松。我們三人可以說同時都「知覺」到這一
> 棵樹，可是三人所「知覺」的卻是三種不同的東西。……你心裏
> 盤算它是宜於架屋或是製器，思量怎樣去買它，砍它，運它。
> 我把它歸到某類某科裏去，注意它和其他松樹的異點，思量它
> 何以活得這樣老。他們的朋友卻不這樣東想西想，只在聚精會

36　范仲淹：〈岳陽樓記〉，頁113。

37　Immanuel Kant, "Analytic of the Beautiful," in *Critique of Judgement*, trans. James Creed Meredith (New York: Oxford University Press, 2007), 37.

神的觀賞它的蒼翠的顏色，它的盤屈如龍蛇的線紋以及那一股昂然高舉、不受屈撓的氣概。[38]

木商眼中看到的是實用關係，即對象如何滿足他的物質慾望。植物學家看到的是認知關係，即對象擁有怎樣的客觀特質和是怎樣的一種存在物。這兩種眼光之所以與審美的愉悅不能相容，因為它們都是「有私」的；根據康德的理論，對美的對象的擁有慾和求知慾會使我們看不到它本身的美，因此也就無法從中得到純粹審美的滿足。對於藝術品的鑑賞亦如是，假想你站在梵高的《星夜》(圖9.5)[39]之前，你心中想的盡是：這幅畫值多少錢？如果我買下來，應該將它放在家中哪個位置，才能顯出我的品味？別人看到我在鑑賞這畫時，會不會佩服我的藝術修養？以至於：梵高是在怎樣的心理狀態下畫這畫？畫中描繪的是哪個地方？以波浪型出現的星星，到底是真實的天文現象，還是畫家的幻想？康德認為，當你的心盡為這些慾念佔據時，你是不可能以無私的眼光去鑑賞藝術品的美的。

以上的例子說明何以審美的愉悅是一種不涉及慾望滿足的快樂，那麼這種快樂是怎樣產生的呢？康德認為，審美的愉悅是我們的理解力 (understanding) 和想像力 (imagination) 之間的自由遊戲 (free play) 的結果。這裏的「想像力」跟我們的一般用法不同，康德認為想像力是一種「將不同的感觀訊息集結成一個圖像」[40]的能力，例如當我們看到四條小木柱連在一個四方平面上，想像力就會將這些資訊集結成「書檯」的圖像，而使我們看到一張書檯。在這個過程中，想像力需要理解力提供的概念作為指引，才能將零散的感觀資訊看成

38 　朱光潛：《談美》(臺北：金楓出版社)，頁3。
39 　見：https://en.wikipedia.org/wiki/The_Starry_Night。
40 　Immanuel Kant, "Analytic of the Beautiful," 49.

圖9.5　梵高《星夜》

為某一個特定圖像，在這認知過程中，想像力是不自由的，因此也就不能產生審美的愉悦。真正的美感判斷不是這樣的，康德説：「美感判斷沒有一定的概念把它局限在一個特殊的認識規律裏，且美感涉及各種認識能力（包括快感、理解力和想像力），於是取得了自由活動之餘地。」[41] 對康德而言，美的形式具有「無目的而合目的性」，所謂「無目的」是指它不能為任何概念去把握，所謂「合目的性」是指它合乎人類的一般認知能力。所謂「無目的而合目的性」，就是指美的對象符合人類一般認知能力、卻不受制於任何個別的認知概念，換句話説，在感知美的對象時，想像力不視理解力所提供的概念為法則，可以自由地創造出對象，而我們對這非概念的對象仍感覺到可以理解，在想像力與理解力的相互協調的狀態裏，產生了審美的愉悦。例如，當我説「這一朵花很美」時，我並不是以一個特定的概念（如玫瑰）去統合這花的線條、顏色與形態而將它理解為某一種

41　Immanuel Kant, *The Critique of Judgment*, trans. J. H. Bernard (London: Macmillan, 1914), 63.

花，我是以想像力將這些線條、顏色與形態理解為一種無以名狀的美的形式，這形式雖然無法被概念表述，卻依然能被我感受到，我因而從中得到審美的愉悅。又以《星夜》為例，畫中那火舌般的柏樹、湍動的渦狀星系、昏黃而半蝕的月亮，籠罩在靜謐而齊整的村落之上，當我認為這幅畫很美時，我並不是以一個特定的概念（如一種揉合著躁動與冷靜的矛盾感或不安感）去理解梵高表達的情緒，而是任由我的想像力將畫中的諸種色彩和線條理解為一種抽象的美的形式，從而得到美的快感。由此可見，審美愉悅的產生不在於慾望的滿足，而在於想像力與理解力相互協調下的認知反應，由於想像力和理解力是我們的理性能力的一部分，因此審美的愉悅亦可以算是一種知性之樂。

康德的理論點出了理性的運作如何驅使審美愉悅的產生，卻為後世的美學家留下無數的問題，例如：為什麼我們的想像力在缺乏理解力提供的概念幫助下，仍能感知到美的形式？這種美的形式是由對象的什麼特質構成？理解力與想像力的「自由遊戲」又為什麼會產生審美的愉悅？當代心理學家提出了處理流暢度論（processing fluency theory），能為我們回答這些問題提供一點線索。[42] 處理流暢度是指我們的大腦處理外界刺激的速度和準確度，受對象的複雜性、對象所處的背景，以及對象與我們的認知結構的關係所影響。著名的史楚普效應（Stroop effect）量度的正是我們處理文字的流暢度。[43] 試看下圖：

42　Rolf Reber, Norbert Schwarz, and Piotr Winkielman, "Processing Fluency and Aesthetic Pleasure: Is Beauty in the Perceiver's Processing Experience?," *Personality and Social Psychology Review* 8, no. 4 (2004): 364–382.

43　J. Ridley Stroop, "Studies of Interference in Serial Verbal Reactions," *Journal of Experimental Psychology: General* 121, no. 1 (1992): 15–23.

RED	RED
GREEN	**GREEN**
BLUE	BLUE
BLACK	BLACK

讀者不難發現，基於文字的顏色與它的意義一致，讀出左欄文字所需要的時間比右欄的要短，亦即代表處理前者的流暢度比後者高。研究指出，高處理流暢度能帶來正面的情緒，因為它代表人處理該對象的過程沒有出錯及成功地辨認對象。[44] 建基於這些發現，Reber、Schwarz 和 Winkielman 提出，審美的愉悅正是由人對美感對象的處理流暢度決定，處理流暢度愈高，所產生的審美愉悅就愈大。[45] 對稱的圖像相比於不對稱的圖像、[46] 在背景中突出的圖像相比於朦朧不清的圖像[47] 更令人喜愛，正是因為前者的訊息較易被我們處理。藝術界中的所謂黃金分割 (golden section) 之所以能普遍引起人的審美快感，亦與其高處理流暢度有關。米開朗基羅的《大衛》雕像、米勒的《拾穗》、達文西的《蒙娜麗莎》以至於雅典的巴特農神

---

44 Diego Fernandez-Duque, Jodie A. Baird, and Michael I. Posner, "Executive Attention and Metacognitive Regulation," *Consciousness and Cognition* 9, no. 2 (2000): 288–307; N. Schwarz, "Feelings as Information: Informational and Motivational Functions of Affective States," in *Handbook of Motivation and Cognition: Foundations of Social Behavior*, Vol. 2, ed. E. T. Higgins and R. Sorrentino (New York: Guilford Press, 1990), 527–561; V. S. Ramachandran and William Hirstein, "The Science of Art: A Neurological Theory of Aesthetic Experience," *Journal of Consciousness Studies* 6 (1999): 15–51.

45 Reber, Schwarz, and Winkielman, "Processing Fluency and Aesthetic Pleasure."

46 W. R. Garner, *The Processing of Information and Structure* (Potomac: Erlbaum, 1974); S. E. Palmer, "Goodness, Gestalt, Groups, and Garner: Local Symmetry Subgroups as a Theory of Figural Goodness," in *The Perception of Structure: Essays in Honor of Wendell R. Garner*, ed. G. R. Lockhead and J. R. Pomerantz (Washington DC: American Psychological Association, 1991), 23–39.

47 Robert L. Solso, ed., *Mind and Brain Sciences in the 21st Century* (Cambridge, MA: MIT Press, 1997); R. Reber, P. Winkielman, and N. Schwarz, "Effects of Perceptual Fluency on Affective Judgments," *Psychological Science* 9 (1998): 45–48.

殿，都是符合黃金比例而能為我們帶來審美愉悦的表表者。

然而，這豈不是説愈簡單的東西愈能引起我們的審美愉悦？孩童的塗鴉比莫內捕捉光影變化的《乾草堆》更讓我們快樂嗎？千篇一律的通俗小説比情節錯綜複雜的莎劇能帶來更大的審美快感？這顯然與我們的審美經驗不符。Berlyne的研究就指出，對象的複雜性與人的喜愛度呈現拱形關係，當複雜度提升，喜愛度亦會提升，隨著複雜度愈來愈高，喜愛度的提升會減慢，以至於下降。[48] Reber等人提醒我們，處理流暢度亦包括感觀流暢度與概念流暢度，有時候感觀的複雜性會帶來概念上的簡單意義，從而導致整體的高流暢度，[49]例如傑克遜‧波洛克 (Jackson Pollock) 的畫作就以極其複雜的色彩和線條交集表現諸如自由等單一價值，印度的曼荼羅沙畫則以不同的幾何圖案和數之不盡的彩沙表現大千世界的虛無。另外，一個對象的處理流暢度除了取決於該對象的客觀性質外，亦取決於觀賞者對這對象的經驗與信念，例如對一個受過長期古典音樂訓練、接觸過大量不同類型樂曲的音樂家來説，處理一首千頭萬緒的交響樂的流暢度就比一般人高得多。Reber等人更發現，當觀賞者意識到自己對審美對象之所以有高處理流暢度是因為美感以外的原因造成時（例如以前曾經見過、當下重複地觀看，甚至是身體狀態或背景音樂），她從中能得到的審美愉悦便會大大減少。因此，當觀賞者知道自己能輕易處理一個對象只是純粹因為對象的結構或形式相當簡單時（如一個普通的正方形），她是不會從中得到審美的愉悦的。[50]

現在，讓我們看看處理流暢度論如何回答康德的美學問題。首先，所謂美的形式不是指審美對象的客觀性質，而是這些性質與我們

48　D. E. Berlyne, *Aesthetics and Psychobiology* (New York: Appleton-Century-Crofts, 1971).

49　Reber, Schwarz, and Winkielman, "Processing Fluency and Aesthetic Pleasure."

50　同上註，頁370。

的主觀認知結構之間的和諧關係；而所謂和諧關係，可以用我們處理對象的訊息的流暢度來理解。審美判斷涉及的和諧關係由想像力和判斷力的自由遊戲構成，可以理解為：我們在未經過或缺乏個別概念的引導下，依然感到自己能流暢地理解對象（無目的而合目的性）；又或是說，我們感到對象具有一種無以名狀的美的形式，冥冥中符合我們的認知結構。最後，想像力和判斷力的自由遊戲之所以能帶來快感，是因為遊戲背後的高處理流暢度代表我們認知行為的成功與無誤。筆者必須指出，這種理解不是指康德的美學本來就是這個意思，而是透過當代心理學提供的證據，說明我們可以回應康德提出的美學問題，進而說明審美的愉悅在怎樣的意義下，是一種與慾望滿足無關、依靠我們的想像力和判斷力的和諧運作產生的快樂。[51]

3——幽默式快感

> 兩名從新澤西來的獵人在森林中，其中一位突然不支倒地。他好像沒了呼吸，兩眼呆滯、失神地望向遠方。另一個老兄匆忙掏出手機，打給急救服務。他喘著氣說：「我想我朋友死了！我該怎麼辦？」接線生說：「先冷靜下來，我會幫你。首先，確定他是真的死了。」片刻沉默後是砰的一聲槍擊。那老兄再次

---

51 後世美學家對康德美學的批評主要有兩點。其一，它過份重視審美對象的形式而忽視其內容，以致不能解釋那些不符合美的形式卻又普遍被認為美的對象，例如立體派的油畫或某些後現代的裝置藝術。其二，它要求審美的愉悅必須不涉及慾望，因此不能解釋一些與我們的慾望無法分割的審美對象，如一個美人或一件精緻的美食。筆者無意在此深入探討康德如何回應這些批評，亦不認為康德美學能解釋所有種類的審美愉悅。就著本章節的推論需要，筆者只倡議一個相對保守的立場，即有好一部分的審美愉悅，例如本節所引述的諸多例子，是由康德所倡議的想像力和判斷力的和諧合作產生，我們不必否認有些審美的愉悅是從其他途徑而生。

接起電話，説：「好了，那現在呢？」[52]

　　這個號稱世界上最好笑的笑話，不知道能否博得讀者一笑？如果我們確實從中得到一刻的快樂，這種快樂似乎跟慾望滿足沒有關係。相信大部分讀者從前都沒有讀過這笑話，亦即表示不會存在著「渴望讀到這笑話」的慾望，正常來說，在讀的一刻也不會無故出現「希望讀到一個精彩的笑話」的慾望。然而，在對故事沒半點慾望下，我們還是笑了，這笑聲背後的快樂是什麼造成的呢？所謂故事的「笑點」是什麼意思？在這一節，我們將會以「失諧－解困」論解釋笑話之所以好笑的原因，並分析這種「失諧－解困」的心智活動跟我們的理性能力的展現有什麼關係。

　　笑話作為一個能引起快感的故事，跟它獨特的故事結構有關。差利・卓別靈説：「所謂幽默，就是在我們看來正常的行為中察覺出的細微差別。通過幽默，我們在貌似正常的現象中看出了不正常的現象，在貌似重要的事物中看出了不重要的東西。」卓別靈透過無數實踐而得來的關於幽默的睿見，在失諧－解困論（incongruity–resolution theory）中得到理論化的闡述。[53] 所謂失諧，是指笑話的內容會出現邏輯上、概念上或常識上的不協調，這不是指我們無法理解該故事，而是我們雖然理解故事的字面意思，但卻感到故事並不符合我們慣常的理解範疇（categories）或捷徑性思維（heuristic reasoning style）。[54] 陷入疑惑的我們，當意識到故事原來用另一個範疇或思維模式去理解才説得通時，我們便會感到解困，這時候幽默式的快感便會應運而生。試看以下故事：

52　Richard Wiseman, "LaughLab," http://www.laughlab.co.uk/.

53　Jerry Suls, "Cognitive Processes in Humor Appreciation," in *Handbook of Humor Research*, Vol. 1, ed. Jeffrey H. Goldstein and Paul E. McGhee (New York: Springer, 1983), 39–57.

54　見本書第三章，頁86。

侍應：「請問你想將薄餅切開四件或八件呢？」

胖虎：「切四件好了，我正在減肥。」

正常來說，同一個薄餅切成四大件或八小件後的總份量根本沒有分別，但胖虎卻為了減肥而要求切成四件，彷彿他能因此吃少一點，這種邏輯上的失諧使我們陷入困惑之中。當我們意識到，胖虎之所以會這樣說，是因為他漠視了切出來的薄餅片有多大，純粹以薄餅片的數量去判斷自己的進食量時，我們便會感到解困，因而產生幽默式的快感。如果聽這故事的人，對於邏輯沒有半點認識，甚至不具備一般人的邏輯直覺，他對於「將同一個薄餅切少些份數以減少吃的份量」這做法便不會感到失諧，他也就不會對故事產生任何情緒。即使他能明白以上做法不合邏輯之處，如果他無法換個角度，單純從份數的多少去理解胖虎的決定，他便會對胖虎的話百思不得其解，沒有解困也就不會產生快感。因此，所謂聽不懂一個笑話，可以理解為(1)不明白故事的失諧之處，和(2)雖感到失諧卻未能解困兩種狀況。

再看看一幅網上流行的連環圖（圖9.6）。圖上的女生說：「統計數據顯示，現在三個人中就有一個是腦殘。」圖中，女生強調：「我肯定不是腦殘。」身旁的男性也說：「我也肯定不是。」這時讀者不禁問，那誰是腦殘呢？當讀者期待在圖下得到答案時，卻發現圖下兩個人都沒有說話，讀者於是感到失諧，因為正常來說一組連環圖通常都會在最後一張圖交待故事的結尾。當讀者細心觀察圖下，發現畫中的兩

圖9.6　網上連環圖

人其實是看著自己時，才明白原來漫畫暗示腦殘的是自己，困惑解開了，幽默式的快感相應而生。如果讀者不懂得最基本的排除法，從「三個人中就有一個是腦殘」和兩個人否定自己是腦殘而去追問腦殘的是誰，他就不會對沒有對白的圖下感到失諧。就算他懂得排除法，如果他不能擺脫「圖內的故事只會在圖內發生」這種正常的思考範疇，嘗試轉換故事發生的背景，他就想像不到自己成了故事的一部分，不能達到解困。缺少了失諧或解困的感受，他就不會感到好笑，我們也就可以理解為他根本看不懂這笑話。以上例子，第一個涉及邏輯上的失諧和簡單數學的解困，第二個涉及推理上的失諧和理解背景的解困。不難想像，在「失諧－解困」的理論下，可以有無數種類的失諧，同時亦有無數種類的解困，因而構成無窮無盡的笑話形式，諸如反語、諷刺、嘲笑、誇大或少報、自貶、戲弄、反問、戲謔、雙關語、名言戲說等。[55] 這些形式的共通之處就是，出現一種難以用我們慣常的認識範疇去理解的情況，迫使我們換個新的角度去思考才能理解。因此我們可以說，根據「失諧－解困」論，幽默式的快感是在我們慣常的思考模式或方向受到挑戰下，換個新的思考模式或方向成功解決難題的結果。

然而，似乎有些幽默的例子並不明顯地以「失諧－解困」這次序出現，Elliott Oring 舉了以下兩個笑話作例子。[56] 第一個是這樣的：有一個男人去見心理醫生。醫生問他：「你感到有什麼不妥？」那病人說：「醫生，我說的話別人全都不相信！」醫生說：「開玩笑！」在這個故事中，失諧和解困同時在醫生最後那句話中出現，「開玩笑」既表示醫生不相信他說的話別人全都不相信，同時醫生的不相信又

---

55 見岳曉東：《幽默心理學：思考與研究》（香港：香港城市大學出版社，2012），頁14，表1.1。

56 Elliott Oring, "Appropriate Incongruity Redux," in *Engaging Humor* (Champaign, IL: University of Illinois Press, 2010), 1–4.

表示病人的話是真的，這種自我推翻的謬誤表現為一種失諧，而醫生的自打嘴巴，想質疑病人反而證明了病人的話，又解釋了為何這種自我推翻會發生，可以理解為一種解困；於是乎，失諧和解困可謂同時發生。Oring的另一個例子涉及英文的雙關語，必須以英文引述以作討論：

Why should you always wear a watch in the desert? Because a watch has springs in it.

其中文的意思就是，為什麼在沙漠中必須要戴手錶？因為手錶中有彈弓。彈弓的英語為springs，同時亦解作泉，能提供在沙漠生存必不可少的食水。在這個例子中，springs一字既是失諧，又是解困。當它解作彈弓時，我們難以理解為什麼在沙漠中非要彈弓不可，當它解作泉時，我們立刻明白為什麼它在沙漠是必需品。於是乎，失諧和解困在我們讀到springs一字時同時出現。這種情況亦不獨出現在笑話中，在Nerhardt的研究中，參加者被指示舉起幾個外形完全相同的物體，其中一個的重量比其他的輕很多，當參與者舉起它時，他們都不禁笑了出來。[57]物體的實際與預期重量之差構成了失諧，參與者意識到這是一種實驗設計便是解困，但失諧與解困卻是同時出現的。相類似的行為幽默包括站在哈哈鏡之前看到自己變胖或變瘦、聽到剛學會說話不久的小孩說髒話、看到人踏在蕉皮上滑倒等，這些行為幽默的失諧和解困有時同時出現，有時解困甚至出現在失諧之前：即我們先察覺到解困的線索，在感覺到失諧時便

57　Göran Nerhardt, "Humor and Inclination to Laugh: Emotional Reactions to Stimuli of Different Divergence from a Range of Expectancy," *Scandinavian Journal of Psychology* 11, no. 1 (1970): 185–195.

立即感到快樂。[58] 由此可見，「失諧－解困」不一定須要依次出現才能構成幽默，這種「失諧－解困」論的變型更能解釋非故事性的、瞬間而起的幽默式快感何以依然是我們的認知系統運作的結果，而非單純的非理性的身體反應。

最後，並非所有符合「失諧－解困」結構的故事或行為都會引起我們的快感。哲學家 Noël Carroll 就指出，當一個失諧的行為或故事冒犯了我們重視的價值時，它就不會引起我們的快感。[59] 例如以下笑話：

> 一個黑人猶太少年從學校跑回家問他的爸爸：「爸爸，我更多的是猶太人還是黑人？」爸爸問：「兒子，你為什麼想知道？」少年回答道：「因為學校有個小孩以 $50 賣他的單車，我想知道我應該說服他以 $40 賣給我還是乾脆偷了它！」[60]

這個故事符合了失諧和解困的結構：少年以自己的種族決定其行為就是一種失諧，而意識到故事在嘲諷猶太人市儈和黑人都是小偷，便是一種解困。可是，我們不覺得這笑話有趣，因為它表現了強烈的種族歧視，嚴重地冒犯了我們「人皆生而平等」的道德價值。另外，當「失諧－解困」的行為引起我們的不安或同情心時，我們也不會感到快樂。之前提及，我們看到有人踏在蕉皮上滑倒會發笑，但如果那是一個老人家或傷殘人士，又或是他滑倒後摔破了頭，血

58　Victor Raskin, *Semantic Mechanisms of Humor* (Dordrecht: D. Reidel, 1985); Elliott Oring, *Engaging Humor: Exploring the Structure, Motives, and Meanings of Humor in Everyday Life* (Champaign, IL: University of Illinois Press, 2003).

59　Noël Carroll, "A Very Short Introduction," in *Humour: A Very Short Introduction* (Oxford: Oxford University Press, 2014), 1–3.

60　Talmer, "Joke #3569," Unijokes, https://unijokes.com/joke-3569/.

流如注，我們便笑不出來。又例如我們看到哈哈鏡中的人頭變小會
發笑，但看到因為寨卡病毒而患上小頭症的嬰兒，便絕對笑不出
來。因此，笑話或喜劇的創作者往往須要用一些特殊的方法去暫時
麻痺我們的價值觀或同情心，例如表明這只是一個笑話或只是劇情
需要，又或是以不會感受到痛楚或冒犯的動物來當故事的主角。馬
戲團中的小丑總是穿上誇張的化妝、怪異的衣服，行為舉止皆不像
正常人，正是為了讓觀眾看到他被作弄或是撞板時不會產生同情之
心，這樣才能盡情發笑。由此可見，幽默不單涉及推理與範疇思
考，更涉及道德價值判斷，可以說是相當複雜的理性產品，這也是
為什麼其他動物難以感到連帶的幽默式快感的原因。[61]

4 —— 快樂水車下的知性之樂

在這一節，我們探討了一種透過發揮人之為人所擁有的理性能
力而獲得的快樂。單純如小孩學會一道數學算式，複雜如科學家從
大爆炸到夸克的研究，背後所包含的知性之樂，都是我們的推理和
演算能力體現的結果。這種知性之樂不只會在我們主動地、有意識
地運用理性時產生，有些更是我們的理性在無意識下運作的結果，
例如有一些審美的愉悅和幽默式的快感。[62] 那麼，這些知性之樂是否
如密爾所說的，是比慾望滿足更高級的快樂呢？對於快樂的等級如
何釐訂，哲學家與心理學家似乎沒有共識，一個比較有客觀準則的

61　對於「失諧－解困」論是否能解釋所有形式的幽默，學界有相當大的意
見分歧。由於幽默的種類與表現形式可謂無窮無盡，因此針對此論提
出的反例亦為數甚多。按照本章節的推論需要，筆者對於此論的解釋
範圍存而不論，只倡議一個相對保守的看法，即有好一部分的能引起
快感的幽默形式具有「失諧－解困」這樣的理性結構，而不必否認有其
他不具有此結構的幽默形式。

62　關於何以筆者於此強調兩個「一些」，見本章註51、61。

問題是：知性之樂是否比慾望之樂更長久？依照快樂水車的思路，我們要問的是：人對於引起知性之樂的對象的適應度，是否較引起慾望之樂的對象較低？

誠然，跟慾望滿足一樣，知性之樂同樣會因為適應性而減弱。小時候我們會因為解開了一道加法或減法算式而感到快樂，但當我們熟練地掌握當中的技巧時，同樣類型的題目便再不能引起我們的快感，我們需要挑戰更艱深的幾何學或是代數方程式，才能重拾當初的知性之樂。在創意和想像力的運用上亦一樣，初學者能在演奏一首小曲或繪畫一幅簡單的水果素描得到快感，但隨著技巧與修養的進步，藝術家往往需要挑戰更高難度的作品，音樂由小曲發展到奏鳴曲、協奏曲、交響樂，繪畫由寫實派發展到浪漫派、印象派以至於立體主義，都可以說是為了克服知性的適應性以求取審美的愉悅的努力。儘管如此，基於兩個原因，知性之樂還是比慾望之樂更能克服快樂水車的適應性。第一，理性展現的方式比慾望滿足的方式要豐富得多。人的食慾、性慾與其他動物的食慾、性慾在本質上沒有分別，都是相當簡單而缺少變化，吃一百種魚不會帶給你一百種不同的口舌快感，跟一百個異性交配甚至會使你對性愛厭倦。相對而言，理性能力的運用方式是多姿多采的，宇宙永遠有無盡的謎題等待科學家去探索，自然的美與人的價值永遠等待藝術家以各種各樣的形式去表達和呈現，人類社會中的種種政治與經濟活動亦永遠需要理性的指導和引領。從科學探索到藝術創作，從建設社會到人文關懷，在我們短短的人生中，要適應所有的理性展現活動，談何容易？第二，理性展現的目標比慾望滿足要深邃而長遠得多。慾望是旋起旋滅的，這一刻無論你有多肚餓，一旦你吃飽了，你便對食物毫無興趣。理性展現卻不同，幾乎每一項理性展現都可以成為人一生的志業，無論你參與的是藝術還是科學，你會發現你的想像力、判斷力、創意與批判思維永遠有進步的空間，永遠有新的難題等著

你去面對，而在每一個新的挑戰中，你的理性能力亦可以有新的展示方式，從而為你帶來新的知性之樂。古往今來，多少志士仁人窮畢生之力，為人類的文明作出貢獻，支撐著他們的，正是這種持續不斷地邁向目標的知性滿足。總括而言，無論在深度與廣度、多樣性與變化度上，知性之樂都比慾望之樂優勝，因此知性之樂可以説比慾望之樂更能克服快樂水車，是一種更持久、更「高等」的快樂。

第三節　幸福之路

1——你快樂，但你幸福嗎？

在以上兩節，我們看到了快樂的兩面：透過慾望滿足而生的快樂代表其身體性的一面，透過智力展現而生的快樂則代表其理性的一面。這些身體性和理性的快樂構成了我們日常生活中絕大多數行為的動機，我們決定吃什麼、穿什麼、見什麼人、做什麼工作，大抵而言都以某種快樂為目的。那麼，快樂便是人生最高的目標嗎？美國獨立宣言開宗明義寫道：「我們認為下面這些真理是不言而喻的：人人生而平等，造物者賦予他們若干不可剝奪的權利，其中包括生命權、自由權和追求幸福的權利。」[63] 這裏提及的是幸福而不是快樂。雖然我們每天都以追求快樂為目標，但我們一般卻將人生的終極目標稱之為幸福，人追求幸福，就如追求生命與自由一樣理所當然，甚至我們可以想像人在特定的環境下放棄追求生命或自由，卻不能想像人有放棄追求幸福的一天。我們不禁要問：快樂等於幸福嗎？如果我們每天都過得很快樂，我們的人生算幸福嗎？

63　UShistory.org, "The Declaration of Independence," April 4, 1776, http://www.ushistory.org/declaration/document/.

對於何謂幸福，亞里士多德曾提出 eudaimonia 的概念以作解釋。他認為能稱為幸福的東西必須符合兩個標準：第一，它是終極的（ultimate），沒有比幸福更有價值的東西，亦沒有人會願意用幸福去換取其他事物；第二，它是自足的（self-sufficient），當你得到幸福後，你的生命已經完整，不再需要其他東西。依這兩個標準看，很多人日以繼夜追求的東西根本不能算是幸福。例如金錢，它不是終極的，因為我們願意用金錢去換取健康和愛等更有價值之物；它也不是自足的，再富有的人，如果生命中沒有跟他分享快樂的親人和朋友，他的生命也算不得完整。按照這樣的思路，快樂似乎也不等於幸福，因為它不是終極的，人常常願意犧牲一己的快樂去實現更高的價值，例如在災難中奮不顧身救人的消防員、到戰地拯救生命的醫護人員等，正如孔子所説：「富與貴，是人之所欲也，不以其道得之，不處也。貧與賤，是人之所惡也，不以其道得之，不去也。」[64] 人不一定會接受富貴帶來的快樂，也不一定會逃避貧賤帶來的不快樂，因為在快樂與不快樂背後，有著更高的價值指導我們的行為，例如道德和尊嚴。由此可見，快樂不是終極的。

快樂也不是自足的，一個時時刻刻都快樂的人生不一定是幸福的人生。在 Olds 和 Milner 的實驗中，一隻老鼠的腦袋被插入電極，電極連上盒子（Skinner's box）中的開關掣，每當開關掣被按下時，老鼠腦袋中的獎勵系統（前額葉的胼胝體下區域 [subcollosal area] 和終板旁回 [paraterminal gyrus]）會被刺激，讓牠感到快感（圖9.7）。[65] 研究員發現，老鼠為了獲取這種快感，在12小時內按了開關掣超過7,500次，高峰時期一小時按742次，即每5秒按一次，盒子內雖然

---

64 姚永樸撰，余國慶校：《論語解注合編》卷二，〈里仁第四〉（安徽：黃山書社，2014），頁60。

65 見：https://trojantopher.wordpress.com/tag/peter-milner/。

提供了食物和水，但老鼠為了按掣
而不顧飲食。[66] 如果單就快樂的量
來說，這隻老鼠可以說是地球上最
快樂的生物。老鼠作為一種沒有自
我反省能力的動物，牠會選擇不停
按下去，直到死亡為止。然而，我
們願意過這樣的生活嗎？如果有人
選擇了將自己關在相同的盒子內不

圖9.7 「快樂老鼠」

停按開關掣，我們會認為他的人生幸福嗎？答案明顯是否定的。由
此可見，不管快樂的量有多大，它都不能構成幸福。

反對者或許會說，老鼠從按掣得來的快樂本身沒什麼不妥，人
之所以不願意當這老鼠，是因為時時刻刻在按掣帶來的苦悶與痛
苦，蓋過了按掣得來的快樂。再者，從按掣得來的快樂屬於低等的
快樂，人作為萬物之靈，只有從理性運用得來的高等快樂才能構成
人的幸福。正如時時刻刻地吸食毒品之所以不好，是因為毒品會對
身體造成嚴重的損害，以至於帶來的不快樂比吸毒的快樂還要多，
以及吸毒這種透過慾望滿足引起的快樂太過低級，所以吸毒的快樂
才不能構成幸福。只要我們得到的是較高等的快樂，而這些快樂又
不會帶來痛苦，那麼這些快樂還是可以帶來幸福的。如果以上的兩
個原因的確使我們不選擇做時刻快樂的老鼠，那麼我們不妨以哲學
家羅拔‧諾齊克（Robert Nozick）的思想實驗重新思考這問題。諾齊
克說：

66　James Olds and Peter Milner, "Positive Reinforcement Produced by Electrical
　　Stimulation of Septal Area and Other Regions of Rat Brain," *Journal of
　　Comparative and Physiological Psychology* 47, no. 6 (1954): 419–427.

假設有一種體驗機，它能給你任何你想要的體驗。卓越的神經心理學家可以刺激你的大腦，以至於你會認為並感覺到你正在寫一部偉大的小說，或者在交一個朋友，或者在讀一本有趣的書。其實這時你正漂浮在一個罐子裏，你的腦袋插有各種電極。你應該鑽進這個機器中生活，並預先編製好你生活體驗的程序嗎？[67]

在體驗機中，我們得到的不是純粹的快樂，而是從自我選擇的體驗中得來的快樂。喜歡旅遊的你，會感到自己走遍天涯海角；喜歡美食的你，會感到自己吃盡各國佳餚；喜歡交際應酬的你，會感到自己相識滿天下；喜歡建功立業的你，會感到自己苦心經營的公司、社區甚至國家在你的帶領下蒸蒸日上。如果對你來說，只有運用理性的高等快樂才能構成幸福，你可以選擇當一個科學家、音樂家或是騷人墨客。更重要的是，當你在體驗機之中，你是不會意識到自己是在機中的，這些體驗跟真實的體驗不會有任何分別，你不會有被困機內或自我欺騙的痛苦。諾齊克認為，即使如此，亦不會有人會願意花一生在體驗機之中，而願意這樣做的人，即使我們不會否認他時刻經歷著快樂，但沒有人會認為他過著幸福的人生。由此可見，再多再高等的快樂也不會使人感到幸福。

2——幸福作為一種後設情緒

快樂雖然不能構成幸福，但一個人如果時刻都不快樂，我們亦斷不會認為他的人生幸福；顯然地，幸福與快樂之間存在著密不可分的關係。要理解這個關係，我們可以回到諾齊克的思想實驗，追

---

67 羅伯特・諾奇克著，姚大志譯：《無政府、國家和烏托邦》（北京：中國社會科學出版社，2008），〈第三章：道德約束和國家〉，頁51–52。

問為什麼體驗機不能為人帶來幸福。諾齊克列舉了三個原因。[68] 第一，我們想要真正地做一些事，而非只去體驗做那些事的感覺。換句話說，這些感覺只是我們做這些事的副產品，而不是驅使我們去做的目的。例如，無國界醫生到戰地救人，在過程中固然能得到諸多快樂的體驗，如拯救生命的快樂、發揮個人能力的快樂、得到別人感謝的快樂等，但如果事實上沒有人因為他的付出而得救，那對無國界醫生來說，這些快樂的體驗都變得沒有意義。相反，即使他在救人的過程中遇上種種挫折，時刻面對失望與難過，但只要事實上有人因為他的行動而得救，他也會選擇這一份工作。其他職業亦如是：音樂家想寫出一首動人的樂曲，而非只擁有寫出名曲的感覺；建築師想建成一座大廈，而非只享受大廈落成時的快感；科學家想知道宇宙的真相，而非只是感受找到真相時的興奮等等。我們希望世界會因為我們的行為而變得更好，如果這種改變只是一個假象，即使這假象為我們帶來真實的快樂，我們也不會感到幸福。除了改變世界，我們亦渴望自己能與世界中的人建立真實的關係。諾齊克在1989年出版的《反省的人生》中指出，體驗機內的人存在於自己設定的幻想，無法與人分享自己的生活，亦無法參與別人的生活，是一種徹底孤獨的存在。[69] 儘管體驗機可以讓我們感到自己相識滿天下，但這感覺卻無法滿足那種與別人建立真實憂戚與共的關係的渴望；我們渴望活在一個不孤獨的世界，而非只是在孤獨的世界中不感到孤獨。

第二，我們想要成為具有某種個性的人，而非只是感受某種人的經歷。單純地經歷著勇敢、善良、孝順、堅強的人所面對的事，

68　同上註，頁 52–54。

69　Robert Nozick, *The Examined Life: Philosophical Meditations* (New York: Simon & Schuster, 2006).

不會使我們變得勇敢、善良、孝順、堅強，因為決定我們是否擁有某一個性 (trait) 的，並非我們曾經做過什麼事，而是我們面對特定處境時會選擇怎樣做。譬如說，一個曾經在戰場上出生入死的人不一定是個勇敢的人，只有當他每次遇上危險都能本著維護正義的心去面對，他才算是勇敢；如果他在戰場上毫不退縮，只是因為害怕被長官責罵，或是為了得到升職的機會，那他便是懦弱或貪婪而非勇敢。也就是說，即使我們安排自己在體驗機內經歷勇敢的人所經歷的一切事，我們也不會因此成為勇敢的人。更有甚者，如果一個人只是在藥物的影響下沒有意識地盲目作戰，那我們根本不能對他的個性作出任何評價，因為他的行為並非出於自我的選擇。在體驗機內的人所做的一切行為，都是由他進入機器前渴望得到何種經歷所決定，當他進入機器後，他的一切選擇便由寫好的程式決定，他本身已不會再作任何選擇，亦因此不能具有任何個性。因此，諾齊克說：「漂浮在罐子裏的人不過是一團黑乎乎的東西而已。長期處於罐子裏的人是什麼樣的，對於這個問題，不會有任何答案。他是勇敢的、和善的、理智的、聰明的、親愛的？不僅僅是這些問題難以回答，而且還在於他根本就沒有辦法成為什麼。鑽進這個機器就是一種自殺。」

第三，諾齊克認為體驗機使我們無法接觸到世界「更深的真實」 (deeper reality)。這種更深的真實是指超越人類經驗的宗教體驗，對不少人來說，這些體驗構成了他們生命中不可或缺的一部分，賦予了他們生存或行善的意義。由於體驗機所能安排的一切體驗均由人類的經驗構成，這樣便斷絕了我們接觸超越經驗的宗教體驗的可能性。對於宗教體驗是否人類幸福的必要部分，諾齊克自己亦抱著懷疑的態度。筆者認為，將「更深的真實」理解為保持開放性的世界，更符合我們對幸福的直覺。邏輯上，體驗機安排的經歷都必然曾經發生在自己或別人身上，因此在體驗機內，我們是不可能接觸到世

界未知的一面的。安排自己去觀賞黑洞另一面的光景、探索還未有人類去過的熱帶雨林、體會比民主更好的政治體制下的生活又或是閱讀米蘭昆德拉還未寫出來的小說等，即使這些事發生的可能性極低，在現實生活中它們還是有實現的機會，但是在體驗機中卻絕對不會發生。更有甚者，體驗機中的世界是一切都被安排好的世界。你每一天的生活、每一段經歷的起承轉合、每一種快樂的強弱長短都是預先決定的結果，絕對不可能會出現意外，即使有時你為某些事情的出現或發展感到意外，這些意外事實上也是故意安排的。電影《廿二世紀殺人網絡》描述的正是這種狀態。[70] 故事講述2199年的世界，所有人類的大腦都連接上母體 (Matrix) 以電腦程式編寫的虛擬世界，母體將視覺、聽覺、嗅覺、味覺、觸覺和心理等訊號傳遞到人類大腦，使人類感到自己活在真實的世界。主角尼歐遇上了逃離虛擬世界的莫菲斯，他對尼歐說：「什麼是『真實』？你如何定義『真實』？如果你指的是你所感覺到的一切⋯⋯你所聞到，嚐到和看到的⋯⋯那麼所謂『真實』僅僅是被大腦所解譯的電子訊號。」在莫菲斯的帶領下，尼歐明白自己一直以來認識的世界都不真實的，自己的生活都是已被安排好的。即使這樣的世界和生活有多美好，尼歐知道這樣活著的人類是沒有幸福可言的。在電影的最後一幕，尼歐對母體說：「我要讓人類看到你們所隱藏的真相，給人類看一個沒有你們的世界，一個沒有規則、沒有控制、沒有界限的世界，一個凡事都可能發生的世界。」這正正表現出活在一個充滿可能性的未知世界對人類有多重要。

我們不會否認體驗機能為人帶來快樂，然而，沒有人會選擇在體驗機中度過一生，因為它不能為人帶來幸福。諾齊克提出的三個

原因，既解釋了為什麼我們抗拒體驗機，同時亦透露了我們認為幸福所必須包含的要素：真實地改變世界、建立理想的自我和探索世界未知的一面。古往今來無數哲人在討論幸福應該是什麼時所提出的答案，籠統而言都可歸入其中之一類（當中亦自然存在無數細節上的分野）。筆者並不打算處理「幸福應該是什麼」這個規範性（normative）問題，亦不認為這些答案中有哪一個明顯地比其他的更合理。更令筆者感興趣的問題反而是，為什麼我們對幸福有如此不同看法，卻同樣認為體驗機中的快樂不能帶給我們幸福？我認為，諾齊克提出的三種對幸福的理解的共通點在於，我們都不為自己的快樂而感到快樂。這後一種的快樂是一種後設情緒（meta-emotion），它是關於情緒的情緒，包含我們對於自己所經歷的情緒的價值判斷。體驗機雖然能為我們帶來快樂，但在反思這種快樂後，出於上述種種原因，不同人皆不為得到這種快樂而感到快樂，而這種後設快樂正可以理解為我們日常所說的幸福感。例如，我們說能幫忙到別人是一件幸福的事，這不是單純因為我們會因此感到快樂，而是因為「我們為幫助別人感到快樂」這件事本身體現了我們重視的價值，或許它代表我們以正確的事（如讓世界變得更好）為努力的目標，或是它代表我們具有理想的個性、成為心目中理想的人等。於是乎，我們為自己的快樂而感到更高層次的快樂，亦即是幸福。如果我們不認為幫助別人能體現這些價值，那幫助別人帶來的快樂便跟看一套喜劇、聽一個笑話的快樂沒有分別，不能構成我們的幸福。更有甚者，如果我們立志要當一個「寧教我負天下人，休教天下人負我」的奸雄，幫助別人時雖然亦會因天生的良知而感到快樂，但我們卻會為自己的快樂而痛苦，因為會感到這種快樂代表自己距離人生目標愈來愈遠，這種快樂正是妨礙自己達到幸福的障礙。

　　如果幸福感的關鍵在於感到自己的情緒體現了重要的價值，那麼幸福似乎便不止於對自己的快樂感到快樂。哲學家羅拔·所羅門

（Robert Solomon）說：「我們可以說，幸福是一種後設情緒，一個關於我們的生命的持續的綜合價值判斷。它是一種包涵一切的情緒，不只關於我們生活中的某一面向，而是以生命整體作為對象⋯⋯它是一種以我們所有情緒的總和，以及這些情緒所構成的生命為對象的情緒。」[71] 如果幸福能以我們所有的情緒為對象，那麼當我們為自己的憤怒、悲傷、妒忌、恐懼感到快樂時，這種快樂也能構成幸福感。例如在第一章，我們談到了愛的困難之處，愛總會讓人牽腸掛肚、忐忑不安，更會像李莫愁般讓自己暴露在被背叛的危險之中，然而能不顧一切去愛與被愛，在這個有情世界中為了伴侶信守一生的承諾，正體現了人性最美麗的一面，於是乎，我們會為自己的愛而快樂。在第二章，我們談到中國人對二戰時日軍的暴行的憤怒，這種憤怒固然是難受的，但當我們反思這種憤怒，卻會意識到自己對於不公義的事的不滿不會隨時間而流逝，以及同胞之間憂戚與共的親密關係，於是我們會為自己的憤怒而快樂。在第三章中，我們談到努斯鮑姆的喪母之痛，在她那深刻的悲傷背後，揭示了她擁有一位多麼慈愛的母親，以及她們那種血濃於水的母女之情，我們可以想像，當努斯鮑姆反思她的悲痛時，亦會慶幸她能經歷如此沉甸甸的悲傷。在第四章，我們談到《追憶似水年華》中斯萬先生對交際花奧黛特的妒忌之情，使他時刻懷疑奧黛特正與別人幽會，在斯萬妒忌的背後，包含著他相信奧黛特是一個多麼完美的情人，以及他對奧黛特用情之深，這些都足以令他為自己的妒忌感到自豪。在第五章，我們談到了911事件身處世貿中心的人經歷著如何巨大的恐懼，這種恐懼代表著他們對生命的重視，以及為了活下去所付出的

71　Robert C. Solomon, "Part III: The Ethics of Emotion: A Quest for Emotional Integrity," in *True to Our Feelings: What Our Emotions Are Really Telling Us* (Oxford: Oxford University Press, 2008), 265–266.

最大努力，生還者當為他們那一刻的恐懼而欣慰。在第六章，我們談到對不道德的罪行的噁心之感，那種反胃作嘔的身體反應讓我們難受，亦讓我們知道自己的尊嚴不容踐踏，知道自己為了捍衛正義願意做到什麼程度，於是我們會為這噁心而快樂。在第七章，我們看到依伐露族人會為了不幸的人而Fago，這種Fago他人的能力代表著他們的心靈質素和社會地位，每個人都以能Fago為榮；日本人依賴他人時感到的Amae，則透視著人與人之間的緊密關係，讓他們有甘甜的感覺。在第八章，我們談到犯錯時感到的羞恥與罪疚，這兩種情緒使人坐立不安，難以面對自己和他人，但能反省一己的過失，努力去修補和完善自我，本身就是一件難能可貴的事，於是，我們亦會為自己知道羞恥和懂得內疚而快樂。簡而言之，當情緒的出現體現了我們珍而重之的價值時，即使他們本身讓我們感到痛苦，我們亦會為它們的出現感到快樂；這種關於情緒的快樂，就是幸福感。

按照以上的看法，當我們在日常生活中，說自己能做某件事感到很幸福時，我們所指的就是對這件事引起的快樂、憤怒、悲傷、恐懼等情緒都感到快樂。試想想，能讓我們感到幸福的東西，有哪一項不會使我們百感交集？而在我們反思後，又豈不會為這些高低起伏的情緒能夠出現感到欣慰？當一個女性訴說當上媽媽的幸福時，她所感到的又豈只是育兒的快樂？她會擔憂孩子的健康，為孩子的劣行而生氣，當孩子對別人過份關注時會感到妒忌，替孩子換尿布時會感到噁心，不慎疏忽照顧孩子時會感到罪疚，當中更有數之不盡的母愛。所謂當母親的幸福，便在於對這育兒過程中的一切情緒的出現都感到快樂，深深慶幸自己能身歷其中，親身感受當中的甜酸苦辣。當一個醫生說她為從事醫生這份職業感到幸福時，她既為自己能一展抱負、幫助到有需要的人而快樂，亦為施手術時的膽戰心驚、處理傷口和內臟時的噁心、誤診時的自責、病人去世時

的悲痛而快樂，因為這一切的情緒代表著她將生命的全部投入到自己的志願之中，在貫徹自己的理想時嚐盡了當中的喜怒哀樂，正是這樣的經歷讓她感到生命的完滿，從而對能從事這工作感到幸福。而當一個人為生命中不同的重要面向（例如家庭、事業、愛情、志趣等）當中的情緒百味都感到快樂時，我們便會說她的生命是幸福的，這也就是所羅門說幸福是以生命整體為對象的意思。

小　結

在這一章，我們以快樂為例子，說明情緒如何兼具身體性和理性的一面。快樂既可透過滿足我們身體的慾望而產生，亦可透過發揮我們的理性能力而產生。然而我們發現，不論滿足再多的慾望、以再理性的態度生活，似乎也難獲幸福。事實上，在慾望與理性之間，存在著一大片色彩斑斕的情緒之地。我們走在其中，雖然每每荊棘滿途、痛苦多於歡樂，但回過頭來，往往發現不同情緒都各自體現著人類最珍貴、最高尚的價值，在不知不覺間，遍體鱗傷的我們原來早已活在幸福之中。

結語

橫看成嶺側成峰
遠近高低各不同
不識廬山真面目
只緣身在此山中

人是情緒的動物，我們時刻都在或強或弱、或長或短、或甜或苦的情緒中，正因為身在其中，反而使我們永遠只看到情緒的一個面向，於是乎，每個人心目中的情緒都長得不一樣：有些人看到情緒衝動盲目的一面，有些人看到情緒理智深邃的一面。筆者希望本書能帶領讀者從一個鳥瞰的角度重新審視情緒的本質，看看情緒如何兼具身體性和理性、先天和後天的成分，從而了解情緒多姿多采的各種特質。

揭示情緒的複雜性是本書最重要的任務，然而情緒的複雜性卻遠遠超越本書所覆蓋的範圍。當代情緒研究處理著更多更深入的問題，例如：到底情緒中不同的生理反應是由腦中哪些神經元所控制？是否存在一組基因決定這些生理反應的強與弱？在一般認知系統以外的肉身認知（embodied cognition）和延展認知（extended cognition）如何影響情緒的產生？這些認知活動又會受到怎樣的文化模因所影

響？關於情緒控制和治療，到底認知療法 (cognitive therapy) 還是物理療法 (physical therapy) 對克服負面情緒比較有效？是情緒的身體性還是理性出了問題，才會使得它惡化為抑鬱症或狂躁症？所謂情緒智商 (emotional quotient) 是怎樣的一回事？當中的高低由什麼因素決定？還有政治情緒 (political emotion) 對民主化過程的影響，音樂情緒 (musical emotion) 對一首音樂的藝術價值的影響，情緒與心情 (mood) 和個性 (trait) 的關係，以至於本書未有討論的種種有趣的情緒，諸如思鄉、尷尬、驚訝、同情、無聊、寂寞、驕傲、怨恨等。如果本書說得上能為學術界帶來一點點的貢獻，或許便在於為讀者打開了了解情緒複雜性之門，門後是更遼闊的草原、更浩瀚的大海，有待諸賢各自開發。

參考書目

英文參考資料

Adler, Margot. "After a Court Battle, More Sept. 11 Tapes Released." National Public Radio. August 16, 2006. http://www.npr.org/templates/story/story.php?storyId=5658950.

Aristotle. *Nicomachean Ethics: Book I.* Translated by F. H. Peters. London: Kegan Paul, Trench, Truebner & Co., 1983.

Armenta et al. "Is Lasting Change Possible? Lessons from the Hedonic Adaptation Prevention Model." In *Stability of Happiness,* by Kennon M. Sheldon and Richard E. Lucas, 57–74. Burlington: Elsevier, 2014.

Averill, J. R. "A Constructivist View of Emotion." In *Emotion: Theory, Research and Experience. Vol. 1, Theories of Emotion,* edited by Robert Plutchik and Henry Kellerman, 305–339. New York: Academic Press, 1980.

Bahmanyar, Mir. *SEALs: The US Navy's Elite Fighting Force.* Oxford: Osprey, 2008.

Bahrick, Lorraine E., Lisa Moss, and Christine Fadil. "Development of Visual Self-Recognition in Infancy." *Ecological Psychology* 8, no. 3 (1996): 189–208.

Bard, Philip. "The Central Representation of the Sympathetic System." *Archives of Neurology & Psychiatry* 22, no. 2 (1929): 230–246.

Barrett, Karen Caplovitz, Carolyn Zahn-Waxler, and Pamela M. Cole. "Avoiders vs. Amenders: Implications for the Investigation of Guilt and Shame During Toddlerhood?" *Cognition and Emotion* 7, no. 6 (1993): 481–505.

Baumgartner, Thomas, Michaela Esslen, and Lutz Jäncke. "From Emotion Perception to Emotion Experience: Emotions Evoked by Pictures and Classical Music." *International Journal of Psychophysiology* 60, no. 1 (2006): 34–43.

Behrens, Kazuko Y. "A Multifaceted View of the Concept of Amae: Reconsidering the Indigenous Japanese Concept of Relatedness." *Human Development* 47, no. 1 (2004): 1–27.

Berlyne, D. E. *Aesthetics and Psychobiology.* New York: Appleton-Century-Crofts, 1971.

Blackmore, Susan. "Meme, Myself, I." *New Scientist* (March 13, 1999), 43.

Bless, H., G. Bohner, N. Schwarz, and F. Strack. "Mood and Persuasion: A Cognitive Response Analysis." *Personality and Social Psychology Bulletin* 16, no. 2 (1990): 331–345.

Borgomaneri, Sara, Francesca Vitale, Valeria Gazzola, and Alessio Avenanti. "Seeing Fearful Body Language Rapidly Freezes the Observer's Motor Cortex." *Cortex* 65 (2015): 232–245.

Brickman, P., and D. Campbell. "Hedonic Relativism and Planning the Good Society." In *Adaptation-Level Theory: A Symposium,* by M. H. Apley, 287–302. New York: Academic Press.

Brickman, P., Dan Coates, and Ronnie Janoff-Bulman. "Lottery Winners and Accident Victims: Is Happiness Relative?" *Journal of Personality and Social Psychology* 36, no. 8 (1978): 917–927.

Briggs, J. L. "'Why Don't You Kill Your Baby Brother?': The Dynamics of Peace in Canadian Inuit Camps." In *The Anthropology of Peace and Nonviolence,* by Leslie E. Sponsel and Thomas Gregor. Boulder: L. Rienner, 1994.

———. "Conflict Management in a Modern Inuit Community." In *Hunters and Gatherers in the Modern World: Conflict, Resistance, and Self-Determination,* by Peter P. Schweitzer, Megan Biesele, and Robert K. Hitchcock. New York: Berghahn Books, 2000.

Brontë, Emily. *Wuthering Heights.* Oxford: Oxford University Press, 2009.

Burrows, Edwin G., and Melford E. Spiro. *An Atoll Culture: Ethnography of Ifaluk in the Central Carolines.* New Haven, CT: Human Relations Area Files, 1953.

Buss, D. M., R. J. Larsen, D. Westen, and J. Semmelroth. "Sex Differences in Jealousy: Evolution, Physiology, and Psychology." *Psychological Science* 3, no. 4 (1992): 252.

Campbell, Anne, Steven Muncer, and Daniel Bibel. "Women and Crime: An Evolutionary Approach." *Aggression and Violent Behavior* 6, no. 5 (2001): 488.

Campos, J. J., K. C. Barrett, M. E. Lamb, H. H. Goldsmith, and C. Stenberg. "Socioemotional Development." In *Infancy and Developmental Psychobiology,* by P. H. Mussen, 783–915. New York: Wiley, 1983.

Canadian Criminal Justice Association. "Aboriginal Peoples and the Criminal Justice System." 2000. http://caid.ca/CCJA.APCJS2000.pdf.

Cannon, Walter B. "The James-Lange Theory of Emotions: A Critical Examination and an Alternative Theory." *The American Journal of Psychology* 100, nos. 3/4 (1987): 570.

Cannon, Walter Bradford. *Bodily Changes in Pain, Hunger, Fear, and Rage*. New York: Appleton, 1929.

Carroll, Noël. "A Very Short Introduction." In *Humour: A Very Short Introduction*, 1–3. Oxford: Oxford University Press, 2014.

———. "Why Horror?" In *Philosophy of Horror: or, Paradoxes of the Heart*, 159–195. New York: Routledge, 1990.

Charlesworth, W. R. "The Role of Surprise in Cognitive Development." In *Studies in Cognitive Development: Essays in Honor of Jean Piaget*, by David Elkind, Jean Piaget, and John H. Flavell, 257–314. London: Oxford University Press, 1969.

Chua, C. L. "A Review of *Laughable Love*." *Studies in Short Fiction* 12, no. 4 (1975): 419–421.

Closer. Directed by Mike Nichols. Produced by Mike Nichols, Cary Brokaw, and John Calley. United States: Columbia Pictures, 2004.

Curie, Eve. *Madame Curie: A Biography*. Translated by Vincent Sheean. New York: Da Capo Press, 1986.

Curtis, V. A., L. O. Danquah, and R. V. Aunger. "Planned, Motivated and Habitual Hygiene Behaviour: An Eleven Country Review." *Health Education Research* 24, no. 4 (2009): 655–673.

Curtis, Val, Adam Biran, Katie Deverell, Clarissa Hughes, Kate Bellamy, and Bo Drasar. "Hygiene in the Home: Relating Bugs and Behaviour." *Social Science & Medicine* 57, no. 4 (2003): 657–672.

Damasio, Antonio R. "Feeling Feelings." In *The Feeling of What Happens: Body and Emotion in the Making of Consciousness*. New York: Harcourt Brace, 1999.

Dancy, Russell. *Plato's Introduction of Forms*. Cambridge: Cambridge University Press, 2004.

Darwin, Charles. "General Principles of Expression." In *The Expression of the Emotions in Man and Animals*. London: Penguin Books, 2009.

De Souza, Altay Alves Lino, Michele Pereira Verderane, Juliana Tieme Taira, and Emma Otta. "Emotional and Sexual Jealousy As a Function of Sex and Sexual Orientation in a Brazilian Sample." *Psychological Reports* 98, no. 2 (2006): 531.

Dennett, Daniel C. "Memes and the Exploitation of Imagination." *The Journal of Aesthetics and Art Criticism* 48, no. 2 (1990): 127–135.

Departures. Directed by Yojiro Takita. Produced by Tashiaki Nakazawa. Japan: Shochiku, 2008.

Devlin, Patrick. "The Enforcement of Morals." In *Proceedings of the British Academy*, 143–144. Oxford: Oxford University Press, 2004.

Diener, E., and R. Biswas-Diener. *Happiness: Unlocking the Mysteries of Psychological Wealth.* US: Blackwell Publishing, 2008.

Doi, Takeo. *The Anatomy of Dependence.* Translated by John Bester. New York, NY: Kodansha USA, 2014.

Dolan, Ronald E., and Robert L. Worden. *Japan: A Country Study.* Washington: Library of Congress, Federal Research Division, 1992.

Easterlin, Richard A. "A Puzzle for Adaptive Theory." *Journal of Economic Behavior & Organization* 56, no. 4 (2005): 513–521.

———. "Does Economic Growth Improve the Human Lot?: Some Empirical Evidence." *Nations and Households in Economic Growth, 1974*, 89–125.

Easterlin et al., "The Happiness–Income Paradox Revisited." IZA Discussion Paper, no. 5799 (June 2011).

Eibl-Eibesfeldt, Irenäus. *Love and Hate: The Natural History of Behavior Patterns (Foundations of Human Behavior).* Translated by Geoffrey Strachan. London: Routledge, 1996.

Ekman, Paul. "Emotions Across Cultures." In *Emotions Revealed: Recognizing Faces and Feelings to Improve Communication and Emotional Life.* New York: Henry Holt and Company, 2003.

Ekman, Paul, and Wallace V. Friesen. "Constants Across Cultures in the Face and Emotion." *Journal of Personality and Social Psychology* 17, no. 2 (1971): 124–129.

———. "Why Mistakes Are Made in Understanding Facial Expressions of Emotion." In *Unmasking the Face: A Guide to Recognizing Emotions from Facial Clues*, 20. Cambridge, MA: Malor Books, 2003.

Ekman, Paul, et al., "Universals and Cultural Differences in the Judgements of Facial Expressions of Emotions." *Journal of Personality and Social Psychology* 53, no. 4 (1987): 712–717.

Ellis, Alissa J., Tony T. Wells, W. Michael Vanderlind, and Christopher G. Beevers. "The Role of Controlled Attention on Recall in Major Depression." *Cognition and Emotion* 28, no. 3 (2013): 523.

Farrell, Daniel M. "Jealousy." *The Philosophical Review* 89, no. 4 (1980): 529–534.

Fernandez-Duque, Diego, Jodie A. Baird, and Michael I. Posner. "Executive Attention and Metacognitive Regulation." *Consciousness and Cognition* 9, no. 2 (2000): 288–307.

Forgas, Joseph P. "Sad and Guilty?: Affective Influences on the Explanation of Conflict in Close Relationships." *Journal of Personality and Social Psychology* 66, no. 1 (1994): 60.

Frankl, Viktor E. "Experiences in a Concentration Camp." In *Man's Search for Meaning: An Introduction to Logotherapy*. New York: Washington Square Press, 1963.

Friesen, Wallace Verne. *Cultural Differences in Facial Expressions in a Social Situation: An Experimental Test of the Concept of Display Rules*. San Francisco: University of California, San Francisco, 1972.

Fromm, Erich. *The Art of Loving*. Edited by Ruth Nanda Anshen. New York: Harper & Row, 1956.

Galati, Dario, Barbara Sini, Susanne Schmidt, and Carla Tinti. "Spontaneous Facial Expressions in Congenitally Blind and Sighted Children Aged 8–11." *Journal of Visual Impairment & Blindness* 97, no. 7 (July 2003): 418–428.

Garner, W. R. *The Processing of Information and Structure*. Potomac: Erlbaum, 1974.

Gasper, K., and G. L. Clore. "Attending to the Big Picture: Mood and Global Versus Local Processing of Visual Information." *Psychological Science* 13, no. 1 (2002).

Goldie, Peter. "Culture, Evolution, and the Emotions." In *The Emotions: A Philosophical Exploration*, 99. Oxford: Clarendon Press, 2002.

Goodenough, F. L. "Expression of the Emotions in a Blind-Deaf Child." *The Journal of Abnormal and Social Psychology* 27, no. 3 (1932): 328–333.

Gould, S. J., and R. C. Lewontin. "The Spandrels of San Marco and the Panglossian Paradigm: A Critique of the Adaptationist Programme." *Proceedings of the Royal Society B: Biological Sciences* 205, no. 1161 (1979): 585–586.

Green, K. J. "Navy SEALs Mental Training." YouTube. February 15, 2012. https://www.youtube.com/watch?v=Ju4FojRkEKU.

Guadagno, Rosanna E., and Brad J. Sagarin. "Sex Differences in Jealousy: An Evolutionary Perspective on Online Infidelity." *Journal of Applied Social Psychology* 40, no. 10 (2010): 2636.

Haidt, J., P. Rozin, C. Mccauley, and S. Imada. "Body, Psyche, and Culture: The Relationship between Disgust and Morality." *Psychology & Developing Societies* 9, no. 1 (1997): 107–131.

Halvorson, Heidi Grant. "How to Keep Happiness from Fading." *Forbes* (August 14, 2012). https://www.forbes.com/sites/heidigranthalvorson/2012/08/14/how-to-keep-happiness-from-fading/#d615ec619515.

Hammond, David, Geoffrey T. Fong, Paul W. McDonald, K. Stephen Brown, and Roy Cameron. "Graphic Canadian Cigarette Warning Labels and Adverse Outcomes: Evidence from Canadian Smokers." *American Journal of Public Health* 94, no. 8 (2004): 1442–1445.

Harlé, Katia M., John J. B. Allen, and Alan G. Sanfey. "The Impact of Depression on Social Economic Decision Making." *Journal of Abnormal Psychology* 119, no. 2 (2010): 440–446.

Hart, Sybil L., Heather A. Carrington, E. Z. Tronick, and Sebrina R. Carroll. "When Infants Lose Exclusive Maternal Attention: Is It Jealousy?" *Infancy* 6, no. 1 (2004): 57–78.

Helliwell, John, Richard Layard, and Jeffrey Sachs, eds. *World Happiness Report 2012*. New York: Sustainable Development Solutions Network, 2012.

———. *World Happiness Report 2013*. New York: Sustainable Development Solutions Network, 2013.

———. *World Happiness Report 2015*. New York: Sustainable Development Solutions Network, 2015.

———. *World Happiness Report 2016*. New York: Sustainable Development Solutions Network, 2016.

———. *World Happiness Report 2017*. New York: Sustainable Development Solutions Network, 2017.

———. *World Happiness Report 2018*. New York: Sustainable Development Solutions Network, 2018.

Her. Directed by Spike Jonze. Produced by Megan Ellison, Spike Jonze, and Vincent Landay. United States: Warner Bros. Pictures, 2013.

Hill, S. E., and D. J. Delpriore. "(Not) Bringing Up Baby: The Effects of Jealousy on the Desire to Have and Invest in Children." *Personality and Social Psychology Bulletin* 39, no. 2 (2013): 5.

Hitler, Adolf. "Years of Study and Suffering in Vienna." In *Mein Kampf*, translated by Ralph Manheim, 53. London: Hutchinson & Co, 1974.

Hume, David. "Part III: Of the Will and Direct Passions." In *A Treatise of Human Nature*. Kitchener, ON: Batoche, 1999.

Izard, Carroll E. *The Face of Emotion*. New York: Appleton-Century-Crofts, 1971.

James, William. "What Is an Emotion?" *Mind* 9, no. 34 (April 1884): 190–191.

Johnson, Frank A. *Dependency and Japanese Socialization: Psychoanalytic and Anthropological Investigations into Amae.* New York: New York University Press, 1993.

Judah, Gaby, Robert Aunger, Wolf-Peter Schmidt, Susan Michie, Stewart Granger, and Val Curtis. "Experimental Pretesting of Hand-Washing Interventions in a Natural Setting." *American Journal of Public Health* 99, no. S2 (2009).

Kagan, Jerome. *The Second Year: The Emergence of Self-awareness.* Cambridge, MA: Harvard University Press, 1981.

Kahan, Dan M. "'The Anatomy of Disgust' in Criminal Law." *Michigan Law Review* 96, no. 6 (1998): 1649–1650.

Kahneman, D., and A. Deaton. "High Income Improves Evaluation of Life but Not Emotional Well-Being." *Proceedings of the National Academy of Sciences* 107, no. 38 (2010): 16489–16493.

Kahneman, Daniel, and Richard H. Thaler. "Anomalies: Utility Maximization and Experienced Utility." *The Journal of Economic Perspectives* 20, no. 1 (2006): 221–234.

Kamimura, Marina. "Teen Violence Rising in Japan." *World News* (March 14, 1998). http://edition.cnn.com/WORLD/9803/14/japan.teen.violence/.

Kant, Immanuel. *The Critique of Judgment.* Translated by J. H. Bernard. London: Macmillan, 1914.

———. *Critique of Judgement.* Translated by James Creed Meredith. New York: Oxford University Press, 2007.

Kass, Leon R. "The Wisdom of Repugnance: Why We Should Ban the Cloning of Humans." *Valparaiso University Law Review* 32, no. 2 (1997): 687.

Keller, Helen. *We Bereaved.* Leslie Fulenwider, 1929. Reprint, Isha Books, 2013.

"Kieslowski: The Cinema Lesson [*Three Colors: Blue*]." Interview by Dominique Rabourdin. La Sept Arte, 1994.

Kreibig, Sylvia D., Frank H. Wilhelm, Walton T. Roth, and James J. Gross. "Cardiovascular, Electrodermal, and Respiratory Response Patterns to Fear- and Sadness-Inducing Films." *Psychophysiology* 44, no. 5 (2007): 787–806.

Kübler-Ross, Elisabeth, and David Kessler. *On Grief and Grieving: Finding the Meaning of Grief through the Five Stages of Loss.* New York: Scribner, 2005.

Kundera, Milan. "Symposium." In *Laughable Loves*, edited by Suzanne Rappaport. New York: Harper Perennial, 1999.

Kunst-Wilson, W., and R. Zajonc. "Affective Discrimination of Stimuli That Cannot Be Recognized." *Science* 207, no. 4430 (1980): 557–558.

Laing, R. D. "Pretence and Elusion." In *Self and Others*. New York: Routledge, 1999

Lanzetta, John T., Jeffrey Cartwright-Smith, and Robert E. Eleck. "Effects of Nonverbal Dissimulation on Emotional Experience and Autonomic Arousal." *Journal of Personality and Social Psychology* 33, no. 3 (1976): 354–370.

Lazarus, Richard S. "The Cognitive-Motivational-Relational Theory." In *Emotion and Adaptation*, 122. New York: Oxford University Press, 1991.

Lebra, Takie Sugiyama. *Japanese Patterns of Behavior*. Honolulu: University of Hawai'i Press, 1976.

LeDoux, J. "A Few Degrees of Separation." In *The Emotional Brain: The Mysterious Underpinnings of Emotional Life*. New York: Simon & Schuster Paperbacks, 1998.

———. "The Emotional Brain, Fear, and the Amygdala." *Cellular and Molecular Neurobiology* 23, nos. 4–5 (October 2003): 727–738.

Leeuw, Maaike, Mariëlle E. J. B. Goossens, Steven J. Linton, Geert Crombez, Katja Boersma, and Johan W. S. Vlaeyen. "The Fear-Avoidance Model of Musculoskeletal Pain: Current State of Scientific Evidence." *Journal of Behavioral Medicine* 30, no. 1 (February 2007): 88.

Levenson, Robert W., Paul Ekman, and Wallace V. Friesen. "Voluntary Facial Action Generates Emotion-Specific Autonomic Nervous System Activity." *Psychophysiology* 27, no. 4 (1990): 363–384.

Levenson, Robert W., Paul Ekman, Karl Heider, and Wallace V. Friesen. "Emotion and Autonomic Nervous System Activity in the Minangkabau of West Sumatra." *Journal of Personality and Social Psychology* 62, no. 6 (1992): 972–988.

Lewis, M. "Aspects of Self: From Systems to Ideas"" In *The Self in Early Infancy Theory and Research,* by P. Rochat, 95–115. Amsterdam: Elsevier, 1995.

———. "The Self-Conscious Emotion." *Encyclopedia on Early Childhood Development,* 2001.

Lewis, Michael, and Douglas Ramsay. "Development of Self-Recognition, Personal Pronoun Use, and Pretend Play During the 2nd Year." *Child Development* 75, no. 6 (2004): 1821–1831.

Lewis, Michael, Jeannette M. Haviland-Jones, and Lisa Feldman Barrett. "Disgust." In *Handbook of Emotions*, 757–776. New York: Guilford Press, 2010.

Lim, Weng Marc. "Revisiting Kubler-Ross's Five Stages of Grief: Some Comments on the iPhone 5." *Journal of Social Sciences* 9, no. 1 (2013).

Lipka, Michael. "Appendix II: The Seizure of Cheese from the Altar of Orthia in Xenophon and the 'Diamastigosis' of the Later Sources." In *Xenophon's Spartan Constitution: Introduction, Text, Commentary*, 255–257. Berlin: Walter de Gruyter, 2002.

Loewenstein, George. "Out of Control: Visceral Influences on Behavior." *Organizational Behavior and Human Decision Processes* 65, no. 3 (1996): 272–292.

Lucas, Richard E., Andrew E. Clark, Yannis Georgellis, and Ed Diener. "Reexamining Adaptation and the Set Point Model of Happiness: Reactions to Changes in Marital Status." *Journal of Personality and Social Psychology* 84, no. 3 (2003): 527–539.

Lutz, Catherine A. "Need, Violation, and Danger: Three Emotions in Everyday Life." In *Unnatural Emotions: Everyday Sentiments on a Micronesian Atoll and Their Challenge to Western Theory*, 144–149. Chicago: The University of Chicago Press, 1988.

———. *Unnatural Emotions: Everyday Sentiments on a Micronesian Atoll and Their Challenge to Western Theory.* Chicago: The University of Chicago Press, 1988.

Lyubomirsky, Sonja. "Hedonic Adaptation to Positive and Negative Experiences." *Oxford Handbooks Online*, 2010.

Maclean, Paul D. "Psychosomatic Disease and the 'Visceral Brain': Recent Developments Bearing on the Papez Theory of Emotion." *Psychosomatic Medicine* 11, no. 6 (1949): 338–353.

Marsh, Abigail A., Reginald B. Adams, and Robert E. Kleck. "Why Do Fear and Anger Look the Way They Do? Form and Social Function in Facial Expressions." *Personality and Social Psychology Bulletin* 31, no. 1 (2005): 77.

Martin, Manuel L. Saint. "Running Amok: A Modern Perspective on a Culture-Bound Syndrome." *The Primary Care Companion to The Journal of Clinical Psychiatry* 01, no. 03 (1999): 66–70.

Mavis, Hetherington E., William Kessen, Paul H. Mussen, Marshall M. Haith, and Joseph J. Campos. *Handbook of Child Psychology.* New York: John Wiley and Sons, 1983.

mb243581. "Rwandan Genocide Project (RTLM Radio)." YouTube video, 0:52. Posted April 15, 2009. https://www.youtube.com/watch?v=GeVa6U9yLCc.

McMillan, T. M., and S. J. Rachman. "Fearlessness and Courage: A Laboratory Study of Paratrooper Veterans of the Falklands War." *British Journal of Psychology* 78, no. 3 (1987): 376–377.

McNeill, J. "Early Irish Penitentials." In *Medieval Handbooks of Penance: A Translation of the Principal Libri Poenitentiales and Selections from Related Documents.* 29th ed. New York: Columbia University Press, 1938.

Medinnus, Gene Roland. *An Investigation of Piaget's Concept of the Development of Moral Judgment in Six- to Twelve-Year-Old Children from the Lower Socioeconomic Group.* Minneapolis: University of Minnesota, 1957.

Meltzoff, Andrew N. "Understanding the Intentions of Others: Re-enactment of Intended Acts by 18-Month-Old Children." *Developmental Psychology* 31, no. 5 (1995): 838–850.

Meltzoff, Andrew N., and M. Keith Moore. "Early Imitation within a Functional Framework: The Importance of Person Identity, Movement, and Development." *Infant Behavior and Development* 15, no. 4 (1992): 479–505.

Mill, John Stuart. "What Utilitarianism Is." In *Utilitarianism*, edited by George Sher, 6–26. Indianapolis: Hackett Publishing Company, 2001.

de Montaigne, Michel. *The Complete Essays.* Edited by M. A. Screech. London, England: Penguin Books, 2003.

Montgomery, M. R. *Saying Goodbye: A Memoir for Two Fathers.* New York: Knopf, 1989.

Moore, Chris, and Valerie Corkum. "Infant Gaze Following Based on Eye Direction." *British Journal of Developmental Psychology* 16, no. 4 (1998): 495–503.

Morris, J. S., B. DeGeler, L. Weiskrantz, and R. J. Dolan. "Differential Extra-geniculostriate and Amygdala Responses to Presentation of Emotional Faces in a Cortically Blind Field." *Brain* 124, no. 6 (2001): 1241–1252.

Munoz-Rivas, Marina J., Jose Luis Grana Gomez, K. Daniel O'Leary, and Pilar Gonzalez Lozano. "Physical and Psychological Aggression in Dating Relationships in Spanish University Students." *Psicothema* 19: 102–107.

National Police Agency. "On the Publication of the White Paper on Police 2010." 2010. http://www.npa.go.jp/hakusyo/h22/english/White_Paper_2010.pdf.

———. "Situation of Juvenile Delinquency in Japan in 2006." 2007. https://www.npa.go.jp/english/syonen1/20070312.pdf.

Nerhardt, Göran. "Humor and Inclination to Laugh: Emotional Reactions to Stimuli of Different Divergence from a Range of Expectancy." *Scandinavian Journal of Psychology* 11, no. 1 (1970): 185–195.

Niiya, Yu, Phoebe C. Ellsworth, and Susumu Yamaguchi. "Amae in Japan and the United States: An Exploration of a 'Culturally Unique' Emotion." *Emotion* 6, no. 2 (2006): 279–295.

Nozick, Robert. *The Examined Life: Philosophical Meditations*. New York: Simon & Schuster, 2006.

Nuckolls, Charles William. "Spiro and Lutz on Ifaluk: Value Dialectics on a Micronesian Atoll." In *Culture: A Problem That Cannot Be Solved*, 66. Madison: University of Wisconsin Press, 1998.

Nussbaum, Martha Craven. "Emotions as Judgments of Value." In *Upheavals of Thought: The Intelligence of Emotions*. Cambridge, UK: Cambridge University Press, 2001.

Oakes, G. "Max Weber on Value Rationality and Value Spheres." *Journal of Classical Sociology* 3, no. 1 (2003): 27–45.

Öhman, Arne, and Joaquim J. F. Soares. "'Unconscious Anxiety': Phobic Responses to Masked Stimuli." *Journal of Abnormal Psychology* 103, no. 2 (1994): 231–240.

Olds, James, and Peter Milner. "Positive Reinforcement Produced by Electrical Stimulation of Septal Area and Other Regions of Rat Brain." *Journal of Comparative and Physiological Psychology* 47, no. 6 (1954): 419–427.

Oring, Elliott. *Engaging Humor: Exploring the Structure, Motives, and Meanings of Humor in Everyday Life*. Champaign, IL: University of Illinois Press, 2003.

———. "Appropriate Incongruity Redux." In *Engaging Humor*, 1–4. Champagne, IL: University of Illinois Press, 2010.

Pal, Kakali, Abigail Smith, Joseph Hayes, and Apu Chakraborty. "Othello Syndrome Secondary to Ropinirole: A Case Study." *Case Reports in Psychiatry* (2012): 1.

Palmer, S. E. "Goodness, Gestalt, Groups, and Garner: Local Symmetry Subgroups as a Theory of Figural Goodness." In *The Perception of Structure: Essays in Honor of Wendell R. Garner*, edited by G. R. Lockhead and J. R. Pomerantz, 23–39. Washington DC: American Psychological Association, 1991.

Papez, James W. "A Proposed Mechanism of Emotion." *Archives of Neurology and Psychiatry* 29 (1937): 217–224.

Pass, Olivia Mcneely. "Toni Morrison's Beloved: A Journey through the Pain of Grief." *Journal of Medical Humanities* 27, no. 2 (2006): 117–124.

Piers, Gerhart, and Milton B. Singer. *Shame and Guilt: A Psychoanalytic and a Cultural Study*. New York: W.W. Norton, 1971.

Plato. "Philebus." In *Philebus*, translated by Benjamin Jowett, 44. Champaign: Project Gutenberg.

———. *Meno; and, Phaedo*. Edited by David Sedley and Alex Long. Translated by Alex Long. Cambridge, UK: Cambridge University Press, 2011.

———. *Symposium: Plato*. Edited by C. J. Rowe. Warminster: Aris & Phillips, 1998.

Plutarch. "The Life of Lycurgus." In *The Parallel Lives*, Vol. 1, 263. Cambridge, MA: Harvard University Press, 1914.

Plutchik, Robert. "The Nature of Emotions." *American Scientist* 89: 344–350.

Porzig-Drummond, Renata, Richard Stevenson, Trevor Case, and Megan Oaten. "Can the Emotion of Disgust Be Harnessed to Promote Hand Hygiene?: Experimental and Field-Based Tests." *Social Science & Medicine* 68, no. 6 (2009): 1006–1012.

Prinz, Jesse J. "Basic Emotions and Natural Kinds." In *Gut Reactions: A Perceptual Theory of Emotion*, 91–92. Oxford: Oxford University Press, 2004.

Proust, Marcel. *The Past Recaptured*. Translated by F. A. Blossom. New York: Modern Library, 1932.

Quine, W. V., and J. S. Ullian. *The Web of Belief*. 2nd ed. New York: Random House, 1978.

Quinn, Naomi, and Jeannette Marie Mageo. "Adult Attachment Cross-Culturally: A Reanalysis of the Ifaluk Emotion Fago." In *Attachment Reconsidered: Cultural Perspectives on a Western Theory*, 215–240. New York: Palgrave Macmillan, 2013.

Raeff, Catherine. "Multiple and Inseparable: Conceptualizing the Development of Independence and Interdependence." *Human Development* 49, no. 2 (2006): 96–121.

Ramachandran, V. S., and William Hirstein. "The Science of Art: A Neurological Theory of Aesthetic Experience." *Journal of Consciousness Studies* 6 (1999): 15–51.

Raskin, Victor. *Semantic Mechanisms of Humor*. Dordrecht: D. Reidel, 1985.

Rawls, John. "The Reason for the Two Principles." In *A Theory of Justice*, 133. Cambridge, MA: Harvard University Press, 2009.

Reber, Rolf, Piotr Winkielman, and Norbert Schwarz. "Effects of Perceptual Fluency on Affective Judgments." *Psychological Science* 9 (1998): 45–48.

Reber, Rolf, Norbert Schwarz, and Piotr Winkielman. "Processing Fluency and Aesthetic Pleasure: Is Beauty in the Perceiver's Processing Experience?" *Personality and Social Psychology Review* 8, no. 4 (2004): 364–382.

Reiter, Paul L., Benjamin Broder-Oldach, Mary Ellen Wewers, Elizabeth G. Klein, Electra D. Paskett, and Mira L. Katz. "Appalachian Residents' Perspectives on New U.S. Cigarette Warning Labels." *Journal of Community Health* 37, no. 6 (2012): 1269–1278.

Ring. Directed by Hideo Nakata. Produced by Shinya Kawai and Takenori Sento. Japan: Toho, 1998.

Rochat, Philippe. "Five Levels of Self-Awareness As They Unfold Early in Life." *Consciousness and Cognition* 12, no. 4 (2003): 717–731.

Rochat, Philippe, and Susan J. Hespos. "Differential Rooting Response by Neonates: Evidence for an Early Sense of Self." *Early Development and Parenting* 6, no. 34 (1997): 105–112.

Rochat, Philippe, Jane G. Querido, and Tricia Striano. "Emerging Sensitivity to the Timing and Structure of Protoconversation in Early Infancy." *Developmental Psychology* 35, no. 4 (1999): 950–957.

Rozin, P., J. Haidt, and C. R. McCauley. "Disgust." In *Handbook of Emotions*, by M. Lewis, J. M. Haviland-Jones, and L. F. Barrett, 757–776. 3rd ed. New York: Guilford Press, 2008.

Rozin, Paul, Linda Millman, and Carol Nemeroff. "Operation of the Laws of Sympathetic Magic in Disgust and Other Domains." *Journal of Personality and Social Psychology* 50, no. 4 (1986): 703–712.

Russell, Bertrand. *History of Western Philosophy*. London: Routledge, 2004.

Safdar, Saba, Wolfgang Friedlmeier, David Matsumoto, Seung Hee Yoo, Catherine T. Kwantes, Hisako Kakai, and Eri Shigemasu. "Variations of Emotional Display Rules within and across Cultures: A Comparison between Canada, USA, and Japan." *Canadian Journal of Behavioural Science / Revue canadienne des sciences du comportement* 41, no. 1 (2009): 1–10.

de Saint-Exupery, Antoine. *The Little Prince*. Edited by Richard Howard. San Diego: Houghton Mifflin Harcourt Publishing Company, 2000.

Sartre, Jean-Paul. "Existentialism Is a Humanism." In *Existentialism from Dostoyevsky to Sartre*, by Walter Kaufman. Meridian Publishing Company, 1956.

———. "The Classic Theories." In *Sketch for a Theory of the Emotions*. London: Methuen, 1962.

———. *Existentialism and Humanism*. Brooklyn: Haskell House, 1977.

———. *Essays in Existentialism*. Citadel Press, 1993.

Schachter, Stanley, and Jerome Singer. "Cognitive, Social, and Physiological

Determinants of Emotional State." *Psychological Review* 69, no. 5 (1962): 379–399.

Scherer, Klaus R., Angela Schorr, and Tom Johnstone. "Appraisal Considered As a Process of Multilevel Sequential Checking." In *Appraisal Processes in Emotion: Theory, Methods, Research,* 92–120. Oxford: Oxford University Press, 2001.

Schreiber, M. "Grisly Sasebo Murder Defies Explanation." *The Japan Times* (August 16, 2014). http://www.japantimes.co.jp/news/2014/08/16/national/media-national/grisly-sasebo-murder-defies-explanation/#.VT3z8SGqpBc.

Schwarz, N. "Feelings as Information: Informational and Motivational Functions of Affective States." In *Handbook of Motivation and Cognition: Foundations of Social Behavior,* by E. T. Higgins and R. Sorrentino, 527–561. Vol. 2. New York: Guilford Press, 1990.

Schwarz, Norbert, Daniel Kahneman, and Jing Xu. "Global and Episodic Reports of Hedonic Experience." In *Calendar and Time Diary Methods in Life Course Research,* by Robert F. Belli, Frank P. Stafford and Duane F. Alwin, 167–168. California: Sage Publications, 2009.

Seating Arrangements Mrs. Rosa Parks. December 21, 1956. New York: United Press.

Sellars, John. *Stoicism.* Berkeley: University of California Press, 2006.

Seneca, Lucius Annaeus. "Of Consolation: To Helvia." In *On Clemency,* translated by Aubrey Stewart, by Lucius Annaeus Seneca. London: George Bell and Sons, 1900.

Seneca, Lucius Annaeus, Robert A. Kaster, Martha Craven Nussbaum. "On Anger." In *Anger, Mercy, Revenge.* Chicago: University of Chicago Press, 2010.

Shakespeare, William. *The Merchant of Venice.* Edited by Jay L. Halio. Oxford: Clarendon Press, 1993.

Sherwell, Philip. "9/11: Voices from the Doomed Planes." *The Telegraph* (September 10, 2011). http://www.telegraph.co.uk/news/worldnews/september-11-attacks/8754395/911-Voices-from-the-doomed-planes.html.

Solomon, R. C. *The Passions.* Indianapolis: Hackett Publishing Company, 1993.

———. *True to Our Feelings: What Our Emotions Are Really Telling Us.* Oxford: Oxford University Press, 2007.

Solso, Robert L., ed. *Mind and Brain Sciences in the 21st Century.* Cambridge, MA: MIT Press, 1997.

Statistics Bureau of Japan. "Employment Structure of the Population of 15 Years Old and Over and Households." 2012. http://www.stat.go.jp/english/data/shugyou/pdf/sum2012.pdf.

Stipek, D. "The Development of Pride and Shame in Toddlers." In *Self-Conscious Emotions: The Psychology of Shame, Guilt, Embarrassment, and Pride,* by J. P. Tangney and K. W. Foscier, 237–252. New York: Guilford Press, 1995.

Stipek, Deborah, Susan Recchia, Susan McClintic, and Michael Lewis. "Self-Evaluation in Young Children." *Monographs of the Society for Research in Child Development* 57, no. 1 (1992): 5–8.

Strack, F., L. L. Martin, and S. Stepper. "Inhibiting and Facilitating Conditions of the Human Smile: A Nonobtrusive Test of the Facial Feedback Hypothesis." *Journal of Personality and Social Psychology* 54, no. 5 (1988).

Stroop, J. Ridley. "Studies of Interference in Serial Verbal Reactions." *Journal of Experimental Psychology: General* 121, no. 1 (1992): 15–23.

Suls, Jerry. "Cognitive Processes in Humor Appreciation." In *Handbook of Humor Research*, Vol. 1, edited by Jeffrey H. Goldstein and Paul E. McGhee, 39–57. New York: Springer, 1983.

Talmer. "Joke #3569." Unijokes. https://unijokes.com/joke-3569/.

Tangney, June Price, Rowland S. Miller, Laura Flicker, and Deborah Hill Barlow. "Are Shame, Guilt, and Embarrassment Distinct Emotions?" *Journal of Personality and Social Psychology* 70, no. 6 (1996): 1256–1269.

Three Colours: Blue. Directed by Krzysztof Kie lowski. Produced by Marin Karmitz. France/Poland/Switzerland: MK2 Diffusion & Miramax, 1993.

Tov-Ruach, Leila. "Jealousy, Attention, and Loss." In *Explaining Emotions*, by Amélie Rorty, 465–488. Berkeley: University of California Press, 1980.

Tweed, Benjamin Franklin. *Grammar for Common Schools.* Boston: Lee and Shepard, 1888.

UShistory.org. "The Declaration of Independence." April 4, 1776. http://www.ushistory.org/declaration/document/.

Vogel, E. F. "Kinship Structure, Migration to the City, and Modernization." In *Aspects of Social Change in Modern Japan,* by R. P. Dore, 91–112. Princeton, NJ: Princeton University Press, 1961.

Vowles, Kevin E., and Richard T. Gross. "Work-Related Beliefs about Injury and Physical Capability for Work in Individuals with Chronic Pain." *Pain* 101, no. 3 (2003): 291–298.

Walden, Tedra A., and Tamra A. Ogan. "The Development of Social Referencing." *Child Development* 59, no. 5 (1988): 1230.

Watson, John B., and Rosalie Rayner. "Conditioned Emotional Reactions." *Journal of Experimental Psychology* 3, no. 1 (1920): 1–14.

Weiskrantz, L. "Behavioral Changes Associated with Ablation of the Amygdaloid Complex in Monkeys." *Journal of Comparative and Physiological Psychology* 29 (1956): 381–391.

Whitehead, Alfred North. *Process and Reality: An Essay in Cosmology—Gifford Lectures Delivered in the University of Edinburgh during the Session 1927–28.* New York: The Free Press, 1979.

Wilson, William Raft. *The Unobtrusive Induction of Positive Attitudes.* Ann Arbor: University of Michigan, 1975.

Wiseman, Richard. "LaughLab." http://www.laughlab.co.uk/.

Wood, Darryl S. "Violent Crime and Characteristics of Twelve Inuit Communities in the Baffin Region, NWT." Master's thesis, Simon Fraser University, 1997.

Woolf, Raphael. *Cicero: The Philosophy of a Roman Sceptic.* New York: Routledge, 2015.

Zajonc, Robert B. "Attitudinal Effects of Mere Exposure." *Journal of Personality and Social Psychology* 9, no. 2, Part. 2 (1968): 18–22.

中文參考資料（按筆畫排序）

土居健郎著，黃恒正譯：《日本式的「愛」：日本人「依愛」行為的心理分析》。臺北：遠流，1971。

〈日本少年殺人事件〉。Now新聞，2014年7月29日，載：http://news.now.com/home/international/player?newsId=108024。

〈日警擒獲騎劫巴士瘋子〉。《星島日報》，2000年5月5日，載：http://std.stheadline.com/archive/fullstory.asp?andor=or&year1=2000&month1=5&day1=5&year2=2000&month2=5&day2=5&category=all&id=20000505b01&keyword1=&keyword2=。

王肅著，廖名春、鄒新明校點：《孔子家語》，〈六本第十五〉，頁43。瀋陽：遼寧教育，1997。

包利民、李春樹：〈蘇格拉底「自知無知」的哲學意義〉。《浙江學刊》，第5期（2005），頁23–28。

古斯塔夫·克林姆：《吻》（1907–1908）。

朱光潛：《談美》。臺北：金楓出版社。

安東尼·聖修伯里著，張譯譯：《小王子》，第二版。臺北：高寶國際，1999。

托馬斯·莫爾著，戴鎦齡譯：《烏托邦》，〈關於烏托邦人的旅行等等〉，頁80。北京：商務印書館，1982。

池田信夫著，胡文靜譯：《失去的二十年：日本經濟長期停滯的真正原因》。中國：機械工業出版社，2012。

牟宗三：《圓善論》。臺灣：學生書局，1985。

米歇爾‧德‧蒙田著，辛見、沈暉譯：《蒙田隨筆集》。臺北：志文，1990。

米蘭‧昆德拉著，陳蒼多譯：〈談話會〉，載《可笑的愛》。香港：皇冠文化，1995。

〈自殺副校長遺書：到陰間再當老師〉，《中央通訊社》網站，2014年4月18日，載：http://www.cna.com.tw/news/firstnews/201404185011-1.aspx。

艾蜜莉‧勃朗特著，宋兆霖譯：《咆哮山莊》。臺北：商周，2006。

攸里辟得斯著，厄爾（Mortimer L. Earle）編，羅念生譯：《美狄亞》。長沙：商務印書館，1940。

李清照：〈一剪梅〉，載唐圭璋編：《全宋詞》，頁928。香港：中華書局，1977。

杜甫：〈蜀相〉，載彭定求等編：《全唐詩》，頁2431。北京：中華書局，1960。

杜甫著，蕭滌非注：《杜甫詩選注》。北京：人民文學，1979。

辛棄疾：〈青玉案〉，載《稼軒長短句》，卷七，頁89。上海：上海人民出版社，1975。

阮籍：〈鳩賦〉，載嚴可均輯，馬志偉審訂：《全三國文》，頁468。北京：商務印書館，1999。

岳曉東：《幽默心理學：思考與研究》。香港：香港城市大學出版社，2012。

周國平：《風中的紙屑》。海口：海南出版社，2003。

孟子著，楊伯峻譯注：《孟子譯注》。北京：中華書局，2015。

尚－多明尼克‧鮑比著，邱瑞鑾譯：《潛水鐘與蝴蝶》。臺北：大塊文化，1997。

屈原：〈離騷〉，載林家驪譯註：《楚辭》，頁19。北京：中華書局，2009。

帕拉秋著，吳宜潔譯：《奇蹟男孩》。臺北：天地雜誌，2012。

林逢祺：〈美感經驗與教育〉。《教育研究集刊》，第41輯，1998年7月，頁155–170。

林語堂著，張振玉譯：《蘇東坡傳》。長春：時代文藝，1988。

林顯宗：〈日本的終身僱用──勞資和諧之分析〉。《國立政治大學學報》，第64期，頁267–290。

邱淑婷：《中日韓電影：歷史、社會、文化》。香港：香港大學出版社，2010。

金庸：《神鵰俠侶》，第三版。香港：明河社，1959。

姚永樸撰，余國慶校：《論語解注合編》。安徽：黃山書社，2014。

威廉·莎士比亞著，朱生豪譯：《威尼斯商人》。北京：大眾文藝，2008。

———：《奧瑟羅》。上海：世界書局，2012。

柏拉圖著，徐學庸譯：《〈米諾篇〉、〈費多篇〉譯註》。北京：北京大學出版社，2015。

柏拉圖著，王曉朝譯：《饗宴——柏拉圖式愛的真諦》。臺北：左岸文化，2008。

范仲淹：〈岳陽樓記〉，載葉國良校閱，王興華、沈松勤註譯：《范文正公選集》，頁113–114。臺北：三民書局，2014。

唐琬：〈釵頭鳳·世情薄〉，載李華編：《宋詞三百首詳注》，頁188。江西：百花洲文藝，2009。

埃里希·弗羅姆著，趙正國譯：《愛的藝術》。中國：國際文化，2004。

徐志摩著、顧永棣編：〈致梁啟超〉，《徐志摩日記書信精選》，頁123。成都：四川文藝，1991。

納撒尼爾·霍桑著，王元媛譯：《紅字》。武漢：長江文藝，2006。

馬克斯·韋伯著，彭強、黃曉京譯：〈資本主義精神〉，《新教倫理與資本主義》，頁25。西安：陝西師範大學出版社，2002。

馬塞爾·普魯斯特著，李恒基、徐繼曾譯：《追憶似水年華——在家斯萬家那邊》。臺北：聯經，2010。

康德著，鄧曉芒譯：《實用人類學》。上海：上海人民出版社，2002。

張雅婷：〈日本「隱蔽青年」逐年增加，足不出戶自我封閉〉。環球網，2013年7月9日，載：http://world.huanqiu.com/exclusive/2013-07/4107509.html。

張端雄、林顯宗：《日本社會》。臺北：致良，2000。

梁實秋著，江虹編：〈怒〉，《梁實秋散文精品》。杭州：浙江文藝，1992。

莊子：外篇〈知北遊〉第五，載陳鼓應編：《莊子今注今譯（下）》，頁609。香港：中華書局，2012。

〈覓乳反射〉。臺灣：國家網絡醫藥，載：http://hospital.kingnet.com.tw/library/diagnose.html?lid=8981。

陶國璋：〈人生拋擲性〉。《信報財經新聞》，2009年8月17日。

陶淵明：〈歸去來辭〉，載洪本健、方笑一、戴從喜、李強著，吳乘權、吳大職編：《深入閱讀《古文觀止》：深入閱讀，匯集評論，故事精神不漏接》，頁464。臺北：五南文庫，2016。

程登吉：〈婚姻〉，載鄒聖脈編：《幼學瓊林》，頁98。昆明：雲南大學出版社，2007。

童妮·摩里森著，何文敬譯：《寵兒》。臺北：臺灣商務印書館，2003。

項羽：〈垓下歌〉，載司馬遷著，夏松涼、李敏編：〈項羽本紀第七〉，《史記今注》。南京：南京大學出版社，2010。

塞涅卡著，包利民譯，王之光校：〈憤怒〉，《強者的溫柔：塞涅卡倫理文選》。北京：中國社會科學出版社，2005。

《聖經和合本修訂版（神）》。香港：香港聖經公會，2015。

道金斯著，趙淑妙譯：《自私的基因：我們都是基因的俘虜？》。臺北：天地文化，1995。

達爾文著，余人譯：《人與動物的情緒表達》。四川：四川人民出版社，1999。

達爾文著，潘光旦、胡壽文譯：《人類的由來》。北京：商務印書館，2009。

達爾文著，周建人、葉篤莊、方宗熙譯：《物種起源——第一分冊》。北京：三聯書店，1955。

趙德志：《現代新儒家與西方哲學》。瀋陽：遼寧大學出版社，1994。

劉備遺詔：〈蜀書·先主傳〉，載陳壽撰，裴松之註：《三國志》，頁891。北京：中華書局，1982。

魯迅：《阿Q正傳》。北京：人民文學，2009。

蕭伯納著，姚克譯：《魔鬼的門徒》。上海：文化生活，2012。

羅成典：《西洋法律哲學導論》。臺北：秀威資訊，2013。

羅伯特·諾奇克著，姚大志譯：〈第三章：道德約束和國家〉，《無政府、國家和烏托邦》，頁51–54。北京：中國社會科學出版社，2008。

羅素著，何兆武、李約瑟譯：《西方哲學史：及其與從古代到現代的政治、社會情況的聯繫》，第一版，上卷，第28章〈斯多葛主義〉。北京：商務印書館，2009。

羅爾斯著，周文子、柯朝欽、吳宗昇編，李少軍、杜麗燕、張虹譯：《正義論》。臺灣：桂冠，2003。

蘇軾：〈江城子·乙卯正月二十日夜記夢〉，載李華編：《宋詞三百首詳注》，頁56。江西：百花洲文藝，2009。

露絲·潘乃德著，陸徵譯：《菊與刀》。新北：遠足文化，2012。

讓－保羅·薩特著，周煦良、湯永寬譯：《存在主義是一種人道主義》。上海：上海譯文出版社，1988。

「通識教育叢書」編者跋

「通識教育叢書」計劃始於1999年，2004年叢書的第一本面世。

香港中文大學自1963年創校以來即重視通識教育。上世紀末，我們深感老師為設計與教授通識教育，付出的心血良多，可是教學對象僅限於中大學生，而且社會上一般對通識教育亦缺乏認識。為與社會知識大眾分享老師的教研成果，提升社會文化氛圍，大學通識教育部推出了「通識教育叢書」出版計劃。過去出版的叢書，頗獲好評。其中陳天機教授的《大自然與文化》及張燦輝教授與本人合編的《凝視死亡：死與人間的多元省思》更分別獲選入2005年和2006年「香港書展名家推介」之中。然而其後大學通識教育部為準備2012年大學從三年制改為四年制的學制改革，須負責設計和推出全新的通識教育基礎課程，無暇兼顧，叢書出版計劃因而擱置。

時至今日，第一批入學修讀四年制的新生轉眼已到畢業年。這幾年間，通識教育亦經歷了幾個重要的變化。在香港中文大學內部來說，通識教育基礎課程順利推出；這個以閱讀和討論經典為主的課程，讓學生親炙古今中外、人文與科學的經典，頗得同學認同；在大專界，各高等教育院校在大學教育資助委員會極力鼓勵下，紛紛開設或增強既有的通識教育課程；中學方面，由於新學制高中課程增設了必修必考的通識教育科目，一批老師接受了教授通識的培

訓，而學生則從中四開始，就必須修讀關注時事、著重研討的通識科；社會大眾亦因中學學制的改革，對通識教育產生了前所未有的關注。對於熱心推動通識教育的教育工作者來說，這些都是可喜的發展。當然，中學的通識教育科與大學推行的通識教育，理念不盡相同，而不同大學的通識教育的設計，亦各具特色。但不同的通識課程共通之處，在於以擴闊學生視野、提升學生思考與自主學習能力為目標。理想的通識教育幫助學習者走出狹小單一的學科視野，讓他們對不同的知識和價值系統有基本理解，明白不同的真理準則，因而更能慎思明辨，不盲從權威，恰當地運用自主，作明智選擇與取捨。

我們在2015年重新啟動通識教育叢書的出版，是希望將通識教育的學習延續於課堂以外，讓社會上對通識教育有更多、更真切的認識。在通識教育叢書出版的書籍包括各種不同的學科題材，但它們承載的並不是寫得較為顯淺的專門學科知識。叢書是各位作者運用自己的學科專長，思考社會、人生、知識等大問題後作出有洞見的綜合。我們期望，通識教育叢書對培養具有開放心靈，對世界、對學問好奇，對於知識有渴求的廿一世紀公民，能有點滴貢獻。

2016年通識教育叢書能再度刊行，首先感謝參與寫作計劃的各位通識老師，不吝將教研思考心得與讀者分享。朱明中、伍美琴兩位教授和甘琦社長在百忙中擔任編輯委員會審閱寫作計劃的繁重工作；王淑英、石丹理、周敬流、邵鵬柱、張燦輝、潘偉賢諸位教授顧問對出版計劃鼎力支持；沈祖堯校長為新出版的一輯叢書作序；香港中文大學出版社在出版事務上專業的支援，本人謹在此致以由衷的感謝。

梁美儀　識

2016年6月3日